Menschlichkeit der Medizin

Hans Thomas (Hg)

Diehl • Ermacora • Gormally • Herranz • Kerdelhué • Kluth
Linke • Lutterotti • Nour Eldin • Solbakk • Spaemann • Thomas

Menschlichkeit der Medizin

Hans Thomas (Hg)

Lindenthal-Institut
Köln 1992/93

BUSSESEEWALD

Herford · Hamburg · Stuttgart

Das vorliegende Buch wurde erarbeitet aus Beiträgen zum Studienkreis Medizin-Recht-Ethik im Lindenthal-Institut Köln (vgl. S. 333) 1991–93, insbesondere zu dessen internationalem interdisziplinärem Colloquium zu Personwürde, Arztethos und Forschungsethik in der Medizin „LEIBLICHKEIT – Menschlichkeit der Medizin meint Achtung vor dem Leib“ in Köln am 9. und 10. Mai 1992. Der Studienkreis, die Ausrichtung des Colloquiums und die Textbearbeitung für das Buch wurden gefördert durch die Alfried Krupp von Bohlen und Halbach Stiftung in Essen, die Madaus AG in Köln, die Rhein-Donau-Stiftung e.V. in München sowie private Förderer und Helfer. Ihnen allen weiß das Lindenthal-Institut sich dankbar verpflichtet.

Die Deutsche Bibliothek - CIP-Einheitsaufnahme

Menschlichkeit der Medizin / [erarb. aus Beiträgen zum Studienkreis Medizin-Recht-Ethik im Lindenthal-Institut Köln (1991 - 93), insbesondere zu dessen Internationalem Interdisziplinärem Colloquium zu Personwürde, Arztethos und Forschungsethik in der Medizin "Leiblichkeit - Menschlichkeit der Medizin Meint Achtung vor dem Leib" in Köln am 9. und 10. Mai 1992]. Diehl ... Hans Thomas (Hg.). Lindenthal-Institut, Köln. - Herford ; Stuttgart ; Hamburg : Busse Seewald, 1993
ISBN 3-512-03110-2
NE: Diehl, Volker; Thomas, Hans [Hrsg.]; Internationales Interdisziplinäres Colloquium zu Personwürde, Arztethos und Forschungsethik in der Medizin - Leiblichkeit - Menschlichkeit der Medizin Meint Achtung vor dem Leib <1992, Köln>; Lindenthal-Institut <Köln>

Verlag Busse + Seewald GmbH, Herford 1993
Umschlag: I. Brosa
Fotos: Hartmut Vogler
Gesamtherstellung: Busse Druck, Herford
Printed in Germany

ISBN 3-512-03110-2

Inhaltsverzeichnis

Zur Einführung

Der vorliegende Band behandelt Fragen zu Personwürde, Arztethos und Forschungsethik in der Medizin. Er ist aus Studien und Gesprächen eines Jahres im Lindenthal-Institut hervorgegangen. In deren Mittelpunkt stand im Mai 1992 ein internationales interdisziplinäres Colloquium "Leiblichkeit - Menschlichkeit der Medizin meint Achtung vor dem Leib".

Seit dem Altertum gilt der menschliche Leib als etwas zu Beschützendes, wenngleich der schützenden Einflußnahme lange Zeit enge Grenzen gesetzt waren. Die Leiblichkeit des Menschen birgt das rätselhafte Ineinander von Körper und Seele. An die Stelle der geheimnisvollen Wahrheit des Seins hat die Moderne ein Programm der Weltveränderung gesetzt. Immer neue zukünftige Möglichkeiten treiben zur wahrheitsstiftenden Aktion. Die moderne Medizin hat uns viel Segensreiches beschert. Aber gilt nicht auch für sie, daß die Wahrheit im Machbaren gesehen wird? Wachsende biologische Kenntnisse erlauben heute immer verwegenere Pläne im Umgang mit der Leiblichkeit.

Unser Verfügungswissen ist gewaltig angewachsen, das Orientierungswissen zurückgeblieben. In der pluralistischen Gesellschaft zieht sich das Wertbewußtsein auf das Ergebnis eines Verfahrens zusammen. Dem demokratischen Mehrheitsbeschluß wird, wie es scheint, auch das Recht auf Leben und Sterben unterworfen werden.

Zu Recht wird der Respekt vor dem Willen des Patienten zu einem Grundsatz medizinischen Handelns erhoben. Aber reicht das hin? Übernimmt da der Arzt nicht die Rolle des bloßen Biotechnikers, der gegen entsprechende Bezahlung die Wünsche des Patienten erfüllt? "Der Konflikt entsteht da", schreibt Volker Diehl, "wo das Gewissen als subjektive Norm des sittlichen Handelns der objektiven legalen Norm, dem Erlaubten widerspricht, wo mein Gewissen mir verbietet, was das Gesetz erlaubt."

Wenn in der Medizin die Machbarkeit zum Leitgedanken wird, werden wir auch dort, wo Heilung nicht mehr machbar ist, das anbieten, was dann noch einzig machbar ist: das Leben zu beenden - das Leben des unheilbar Kranken ebenso wie das des mißgebildeten oder unerwünschten Kindes. Der bescheidene Samariterdienst, von dem wir ausgegangen sind, fällt der Vergessenheit anheim angesichts der diagnostischen, pharmakologischen und chirurgischen Höchstleistungen, die zum Wohle des Patienten erhofft, geglaubt, deklariert und auch verkauft werden. Aber was ist das Wohl des Patienten, wenn erst der Ernstfall eingetreten ist? Wer darf darüber befinden, wer verfügen oder unserem Handeln Grenzen setzen?

Klinische Praktiker wie medizinische Forscher rufen nach einem wegweisenden Wertesystem, das aber ohne ein verläßliches Bild vom Menschen nicht zu haben ist. Ein Leitprinzip wie Autonomie und individuelle Selbstbestimmung allein begründen nur ein Besitzrecht auf sich selbst, dem einerseits der Zugriff auf den eigenen Leib als selbstverständlich gilt, das andererseits oft nicht mehr ausgeübt werden kann. Eine existentielle Bescheidenheit, die uns die *condition humaine* und unsere eigenen Grenzen anzuerkennen gebietet, steht quer zum Geist der Zeit. Die Einsicht, daß wir Leib und Leben nicht uns selbst verdanken, droht verloren zu gehen.

Die Beiträge zu diesem Band lassen sich unschwer in vier Gruppen gliedern:

Erstens: Grundlagen zur Ethik in der Medizin aus medizinischer und philosophischer Sicht behandeln Diehl (Arztethos), Solbakk (Forschungsethik), Thomas (Leiblichkeit), Linke (Hirntod).

Zweitens: Der juristischen Bewältigung medizinischer Entwicklung und lebensrechtlicher Probleme widmen sich Ermacora (menschen- und staatsrechtlich) und Kluth (verfassungs-, gesetzes- und arztrechtlich).

Drittens: Mit dem Themenkomplex Sterbehilfe/Euthanasie/palliative Medizin befassen sich von Lutterotti (Schwerpunkt: Praxis), Gormally (Schwerpunkt: Diskriminierung der Alten und Gebrechlichen in der Gesundheitsökonomie), Herranz (Schwerpunkt: Herausforderung der Palliativmedizin). Abschließend eine philosophische Betrachtung Spaemanns zur Personaliät des Menschen.

Viertens: Der Anhang dokumentiert eine Diskussion vom 10. Oktober 1992 um Mifepriston (RU 486) mit Beiträgen von Kerdelhué (Centre National de Recherche Scientifique, Frankreich) und Nour Eldin (Hoechst AG, Frankfurt).

Die Abtreibungsproblematik wurde als solche ausgespart. Vor der Verabschiedung des Gesetzes zur Reform der §§ 218 ff. StGB im Deutschen Bundestag im Juni 1992 wurden die einschlägigen Argumente hinreichend öffentlich ausgetauscht. Im Frühjahr 1993 wird das Urteil des Bundesverfassungsgerichts über die Anfechtungsklagen gegen das Bonner Gesetz erwartet. Die damit entstehende Rechtslage zum Lebensschutz der Ungeborenen bietet dann Anlaß zu einem Folgeband.

Prof. Dr. med. Gerhard van Kaick
(Lindenthal-Institut)

Volker Diehl
Antje Diehl

Ethische Herausforderungen in der Medizin

Die Medizin als Wissenschaft steht heute an einer Grenze - und hat sie teilweise schon überschritten -, wo nach einer Formulierung von Gerhard Nagel[1] Heilkunde in "Unheilkunde" umzuschlagen droht, während die Patienten nicht nur Befreiung von ihrem Unheil suchen, das sich in ihrer Erkrankung manifestiert, sondern zunehmend von ihrem Arzt über die Gesundung von einem organischen Leiden hinaus Heilung ihrer ganzen Person erwarten.

Wir haben es also einerseits mit einer hochdifferenzierten Wissenschaft zu tun, deren Vertreter sich erst in den letzten Jahrzehnten manchmal erschrocken fragen, ob sie auch alles machen dürfen, was sie machen können, und andererseits mit Menschen, die in ihrem Leben immer nur in bestimmten Teilfunktionen oder Funktionsstörungen angesprochen werden und sich verzweifelt nach Einheit, Ganzheit und Identität sehnen.

Als Ärzte müssen wir uns fragen, ob unsere Wissenschaft und unser ärztliches Handeln noch im Dienste der Menschen stehen und uns also auch mit ethischen Fragen beschäftigen, zumal legales Handeln zunehmend unethisch und unmoralisch sein kann. Wir müssen unsere ethischen Normen auch überprüfen angesichts einer Entwicklung der Naturwissenschaft,

[1] G. NAGEL, *Medikamentöse Krebstherapie: Heilunde oder Unheilkunde,* Georgia Augusta Nr. 30, Mai 1979.

die einzelnen betroffenen Menschen nützt, aber unabsehbaren Schaden für die gesamte Menschheit bringen kann.

Gesetz - Sitte - Moral - Ethik

Unter den Wissenschaften hat sich nur die Medizin im Hippokratischen Eid einen verbindlichen ethischen Kodex geschaffen, der uns davor bewahren soll, daß unser Wissen und unser Forschungsdrang mit uns durchgehen, während die Gesetzgebung hinter uns herhinkt.

Während Recht und Gesetz das Leben der Gemeinschaft ordnen, zielt die Ethik auf das vernünftige sittliche Handeln des Menschen, auf seine Selbstvervollkommnung. Die Befolgung des Gesetzes wird erzwungen; die Einhaltung ethischer Normen wird nicht erzwungen, ihre Nichtbefolgung allenfalls von der Gemeinschaft geächtet. Richtet sich ungesetzliches Handeln nur gegen die Gemeinschaft, so richtet sich unsittliches Handeln sowohl gegen die Gemeinschaft als auch gegen das Individuum selbst.

Ethisches Handeln ist entweder richtig oder falsch. Moralisches Handeln mißt sich an den Forderungen Gottes und ist entweder gut oder böse. Unmoralisches Handeln richtet sich gegen Gott, die Gemeinschaft und das Individuum selbst. Die Moral führt zu der Erkenntnis, daß wir schuldig werden und der Vergebung bedürfen.[2]

Befolgung von Recht und Gesetz sind die Minimalforderungen an das menschliche Handeln und Voraussetzung für das ärztliche Tun. Ethik und Moral gehen darüber hinaus. Der Konflikt entsteht da, wo das Gewissen als subjektive Norm des sittlichen Handelns der objektiven legalen Norm, dem Erlaubten, widerspricht; wo mein Gewissen mir verbietet, was das Gesetz - noch - erlaubt.

[2] Vgl. Franz BÖCKLE, *Grundbegriffe der Moral,* Aschaffenburg [8]1977.

Heil - Unheil, Gesundheit - Krankheit

Die Begriffe Heil, Unheil, Gesundheit und Krankheit haben im Laufe der Geschichte einen erheblichen Bedeutungswandel durchgemacht. Die Sache selbst stand nie in Frage. Jedermann wußte genau, ob er gesund oder krank, von Heil oder Unheil betroffen war.

Erst durch unsere hochentwickelte Diagnostik wissen wir, daß man sich gesund fühlen und doch eine Erkrankung haben kann, und daß man sich umgekehrt manchmal krank fühlt, während der Arzt durchaus keine Ursache dafür finden kann. Ja, man "nimmt" sogar seine Krankheit, "feiert krank", "meldet sich krank" und wird dann wieder "gesund geschrieben".

Nachdem der Staat neben dem Recht auf Krankheit (mit Krankengeld, Arbeitsschutz, Krankenversicherung) auch noch das Recht auf Gesundheit postuliert hatte (mit Reihenuntersuchungen, Reihenimpfungen, Arbeitsplatzsicherung, Lärmschutz, Entwicklungshilfe), mußten die Begriffe definiert werden. Dabei stellte sich sehr schnell heraus, daß die Definitionen von Gesundheit und Krankheit sich nach den jeweiligen Heilsvorstellungen der Gesellschaft richten.

Heil bedeutet in der Bibel die Versöhnung mit Gott, Rousseau sah das Heil in der Einheit mit der Natur. und unsere Zeitgenossen suchen es im Weltfrieden, in der Selbstverwirklichung oder der Gesundheit.

Das Unheil wird in der sophokleischen Tragödie als der durch Neid hervorgerufene Fluch der Götter dargestellt, der die Menschen in eine schicksalhafte, nicht selbst verschuldete Verstrickung treibt.

In der Bibel entsteht Unheil durch die Gottesferne des Menschen, der durch eigene Schuld, durch die Sünde, das Ziel verfehlt hat. Der Berliner Pathologe Rudolf Virchow (1821-1902) sah das Unheil in der Zivilisation, der Industrialisierung, dem Eigennutz des Kapitals, der Armut und Unwissenheit der Menschen.

Heute kommt das Unheil nicht mehr durch Götter, auch nicht so sehr durch Menschen, sondern die von Menschen geschaffenen Dinge gewinnen ein Eigenleben und können sich gegen uns wenden. Zerstörung der Umwelt, möglicherweise auch Gentechnologie, Datenverarbeitung oder Atomenergie, wenn sie falsch angewendet werden, sind Beispiele dafür.

Gesundheit - Krankheit

Gesundheit galt jahrhundertelang als natürlicher Zustand, für dessen Erhaltung der Mensch selbst verantwortlich war. Während Epidarmos Gesundheit als das höchste Gut postulierte, das es sorgsam zu pflegen gelte, erklärte Platon sie im Hinblick auf die Aufgaben des Menschen im Staat für eine Selbstverständlichkeit, für die man nicht zuviel Zeit verschwenden sollte. Erst Virchow forderte, daß die Regierung durch Demokratie, Erziehung und gesunde Lebensbedingungen die Voraussetzungen für die Volksgesundheit schaffen müsse.

Heute hat der Mensch ein Recht auf Gesundheit, die von der Weltgesundheitsorganisation als "körperliches, seelisches und soziales Wohlbefinden" definiert wird, und der Staat hat die Verpflichtung, durch Bereitstellung von Mitteln und Einrichtungen dafür zu sorgen.

Krankheit galt im Alten Testament als Strafe Gottes und sichtbares Zeichen für Sünde. Für Hippokrates war Krankheit eine Auswirkung der Disharmonie mit den Naturgesetzen, für Jean Jacques Rousseau ein Erzeugnis der Zivilisaton.

Wer glaubt, daß der menschliche Geist bei gehöriger Anstrengung alle Probleme lösen kann, formuliert wie der Bundesgerichtshof 1958: "Krankheit ist jede Störung der normalen Beschaffenheit oder der normalen Tätigkeit des Körpers, die geheilt, das heißt beseitigt oder gelindert werden kann."

Mit zunehmend verfeinerten diagnostischen Methoden kommt man schließlich zu der Erkenntnis, daß 99 Prozent aller Menschen in mindestens einem diagnostischen Parameter Abweichungen von der Norm aufweisen - das kann ihr Cholesterinspiegel, ihr Blutbild oder anderes sein - und also objektiv krank sind, mögen sie sich fühlen, wie sie wollen.

Hier begegnet die Naturwissenschaft der christlichen Sichtweise, nach der Krankheit eine gottfeindliche Macht ist, die zwar bekämpft werden muß, aber unvermeidbar ist. So sagt Pascal: "Krankheit ist der natürliche Zustand des Menschen." Oft wird das Zulassen der Krankheit als Erziehungsmaßregel Gottes verstanden. So erkennt Hiob sein Leid als Prüfung, und Novalis nennt Krankheit "das schnellste Roß zur Vervollkommnung; sie ist der Befreier des Geistes und macht uns erst zum Menschen".

Dem Patienten sind alle diese Definitionen völlig egal. Er will gesund werden, und darunter versteht er Freiheit von allen Krankheitssymptomen, die er subjektiv empfindet, und eine Lebenserwartung, die der einer altersgleichen gesunden Gruppe entspricht.

Dabei tauchen oft, ihm unbewußt, archaische Vorstellungen auf, nach denen Krankheit Strafe für Schuld ist und durch Opfer gesühnt werden muß. Die moderne Form der Sühne ist - zumindest in der Bundesrepublik - die regelmäßige Beitragszahlung an seine Krankenversicherung, mit der er sich die Gunst des Schicksals oder der Götter - auch der "Götter in Weiß" - erkaufen will. Dabei wird häufig der Zusammenhang zwischen Krankheit und schuldhaftem Verhalten wie Rauchen, Alkoholmißbrauch, Maßlosigkeit, Überarbeitung, Neid, Haß u.a. verdrängt. Statt dessen werden Staat und Versicherungsträger für die Gesundheit und manchmal der Arzt für die ausbleibende Gesundung verantwortlich gemacht.

Viele Patienten hoffen, über die Gesundung hinaus heil zu werden, was sich ja auch in dem Wort Heilung ausdrückt. Damit sind Ärzte und Pflegepersonal überfordert. Jedoch gibt es Beispiele erstaunlicher Reifeschritte von Patienten im Laufe ihrer Erkrankung. Häufig berichten Krebspatienten, daß sie erst seit Ausbruch ihrer Erkrankung gelernt hätten, bewußt, dankbar und im Frieden mit ihren Mitmenschen zu leben.

Oft werden Gesundung und Heilung gleichgesetzt, obwohl doch fast alle Menschen Abweichungen ihrer Gesundheitswerte aufzeigen. Versteht man Heilung jedoch im Sinne von Hans Erhard Bock: "Geheilt ist jemand, der sich im sozialen Raum wohl fühlt, leistungsfähig und leistungsbereit ist, der daseinsfreudig nach Zielvorstellungen lebt und nach Sinnerfüllung strebt", so trifft diese Beschreibung auch auf viele kranke Menschen zu.

Medizin im Spannungsfeld von Geistes- und Naturwissenschaft

Indem ich Medizin in das Spannungsfeld zwischen Heil und Unheil stelle, ist mir bewußt, daß ich Geistes-, Naturwissenschaft, Theologie und Sozialethik, Schicksal und "Machsal" (Odo Marquardt[3]) in fast unziemlicher Weise verknüpfe. Medizin steht in diesem Spannungsfeld, seit sie sich im Zeitalter der Aufklärung in Theologie, Ethik, Humanität einerseits und naturwissenschaftliche Forschung und technologische Entwicklung andererseits dissoziiert hat. Ohne die Fortschritte der Naturwissenschaft und der Technik wären die Erfolge in der Diagnose von Erkrankungen in den letzten 40 Jahren nicht möglich gewesen.

Angesichts des besseren Auflösungsvermögens bildgebender Verfahren und der höheren Sensibilität biochemischer Methoden können wir Krankheitsprozesse früher und umfassender erkennen und bekämpfen. Wir erwarten infolgedessen, daß mehr Menschen von ihrer Krankheit befreit werden und damit ihre Lebenserwartung steigt. Die Epidemiologie lehrt uns jedoch, daß die frühere und spezifischere Diagnose der heute vorherrschenden chronischen Erkrankungen die Krankheitsdauer verlängert hat, aber nur in seltenen Fällen die Chance der vollständigen Gesundung dadurch erhöht wurde. In etwa 70 Prozent der Erkrankungen bleibt das Behandlungsziel palliativ und bekämpft Symptome statt Krankheitsursachen. Dies zeigen die Beispiele der Herz-Kreislauf-Erkrankungen und der bösartigen Geschwülste, die die beiden häufigsten Todesursachen darstellen.

Im Bereich der aktuten Infektionserkrankungen dagegen wurden durch die Entwicklung der Antibiotika und bei den

[3] O. MARQUARD, *Abschied vom Prinzipiellen*, Stuttgart 1991, 62 ff.

Unfallerkrankungen durch die Rekonstruktions- und Ersatz(teil)chirurgie ungeahnte Erfolge erzielt. Die Transplantationsmedizin kann als interdisziplinäres Fach Ergebnisse aufzeigen, die vor wenigen Jahrzehnten noch utopisch schienen.

Organtransplantation

1987/88 wurden in Deutschland etwa 1700 Nieren, 1000 Hornhäute, 250 Herzen und 150 Lebern transplantiert.[4]

Am Beispiel der Organtransplantation, speziell des Knochenmarks, zeigt sich das erste Dilemma: Im Laufe der Evolution hat sich ein biologisches Phänomen herausgebildet, das der australische Virologe, Immunologe und Nobelpreisträger Frank Macfarlane Burnet (1899-1985) in den 50er Jahren mit "Selbst" (körpereigen) und "Nicht-Selbst" (körperfremd) bezeichnete, das heißt, daß ich bin und ein anderer nicht ich sein kann. Durch den genetisch kodierten immunologischen Apparat ist diese unsere Individualität, unsere Einmaligkeit und unverwechselbare Wesenhaftigkeit geschützt. Versuchen wir jedoch die Natur zu überlisten und mit allen möglichen Tricks die Waffen des Immunapparates auszuschalten - etwa durch die Selektion der Spender, durch heterologe und monoklonale Antikörper gegen Killer-, Helfer- und Effektorzellen -, so straft uns die Natur fast immer mit gewaltigen Abwehrschlachten des Transplantats gegen den Wirt ("graft versus host"). Deren Ergebnis sind Schädigungen lebenswichtiger Organe wie der Lunge, der Leber und des Magen-Darm-Traktes neben schrecklichen Entzündungen und Desintegration derjenigen Organe des Wirtes, durch die seine Individualität sichtbar wird: der Haut, der Haare und der Schleimhaut.

Organe werden in der Regel Verstorbenen entnommen, deren Hirntod eindeutig festgestellt wurde. Stark immunsuppressive Medikamente erleichtern die Transplantation. Jedoch gibt es viel mehr Menschen, deren Leben durch ein

[4] Vgl. *Lexikon Medizin Recht Ethik*, Freiburg 1989.

fremdes Organ gerettet werden könnte, als solche, die eine letztwillige Verfügung über die Verwendung ihrer Organe getroffen haben. Dürfen diesen trotzdem Organe entnommen werden? Können ihre Verwandten darüber verfügen, sie evtl. gar verkaufen?

Nach welchen Kriterien werden die Empfänger ausgewählt: Warteliste, Höchstgebot, Lebensalter, Wichtigkeit für die Gemeinschaft? Darf man ein Gehirn, den Sitz der Persönlichkeit, übertragen? Darf man abgetriebene Feten als Organbank benutzen? Darf man Feten abtreiben, um an ihre Organe zu kommen? Im Gegensatz zu den meisten europäischen Staaten gibt es in Deutschland kein Transplantationsgesetz, das diese Fragen verbindlich beantwortet.

Gentechnologie

Offenbar hat die Natur das einmalige, unverwechselbare Wesen jedes Individuums so hoch geachtet, daß sie es durch die fast unüberwindliche Barriere des Immunapparates geschützt hat. Jede Zelle ist durch eine immunologische Haut von Antigenen vor Störungen ihrer Integrität geschützt. Die Matrix ihrer Individualität, - festgelegt durch die Basensequenzen der Nukleinsäuren gemäß dem unverwechselbaren Text des Genoms war bisher somit von außen unantastbar.

Diesen immunologischen Schutzwall um die individuelle Integrität hat eine der erregendsten Entwicklungen der naturwissenschaftlichen Geschichte, die Gentechnik, zum Zielpunkt ihrer Manipulationen gemacht. Seit dem Beginn der Entschlüsselung des genetischen Codes im Jahre 1953 ist es möglich geworden, Gene von Menschen, Tieren, Pflanzen, Pilzen, Bakterien und Viren zu isolieren, zu verändern oder untereinander auszutauschen. Die Folgen sind unübersehbar und in ihren Konsequenzen für die Würde des Menschen und das ökologische Gleichgewicht der Natur nicht abzuschätzen.

1977 wurden erstmals gezielt bisher artfremde Eigenschaften von einem Lebewesen auf ein anderes übertragen.

Inzwischen ist es gelungen, mit Hilfe gentechnisch veränderter Bakterien Insulin, das den Blutzuckerspiegel reguliert, und Interferone, die den Organismus vor Virusinfektionen schützen, herzustellen. An Impfstoffen und Interleukin wird gearbeitet. 1975 wurden Pseudomonasbakterien genetisch so manipuliert, daß sie zu Rohölfressern wurden was große Bedeutung für die Säuberung ölverschmutzter Böden und Meere hat. Der Patentantrag wurde jedoch von den amerikanischen Behörden zunächst abgelehnt. Die Richtlinien des National Institut of Health (NIH) verboten "die absichtliche Freisetzung von Organismen in die Umwelt, die ein rekombiniertes DNS-Molekül enthalten", wegen der unberechenbaren Folgen.

Dabei wurde ein zusätzliches ethisches und juristisches Problem offenbar: Kann man eine neugeschaffene fortpflanzungsfähige Lebensform patentieren lassen und damit ihr alleiniger Eigentümer sein?

1980 entschied der Oberste Gerichtshof der USA, "daß alles unter der Sonne, das von Menschen geschaffen wurde, patentierbar sei". Damit wurde die Genforschung verstärkt in die Labors der gentechnischen Unternehmen verlegt.

Obwohl viele Forscher meinen, daß das Erbgut des Menschen ein universelles, in Millionen von Jahren gewachsenes Erbe sei, das allen gehöre und sich nicht stückweise patentieren ließe, hat das NIH 1991 rund dreihundert mehr oder weniger undefinierte Genstücke (Botennukleinsäuren von Genen, die speziell im Gehirn des Menschen aktiv sind) patentiert, die der amerikanische Genforscher Craig Venter angemeldet hatte. Unter dem Druck dieser Vorgehensweise will nun auch die britische Forschungsgesellschaft, der Medical Research Council, gegen seine eigentliche Überzeugung mehr als tausend Genstücke patentieren lassen.

Die ersten rekombinierten Bakterien wurden bereits freigesetzt: Bakterien, die Blätter vor Frost und Wurzeln vor Würmern schützen sollen; gentechnisch veränderte Viren, die Schweine vor einer Viehseuche bewahren, und veränderte Nutzpflanzen, die gegen Herbizide widerstandsfähig sind oder ihren Stickstoffbedarf direkt aus der Luft decken.

In Europa wurde ein gentechnisch verändertes "bacillus thuringiensis" gegen die Kohleule und Kiefernschädlinge und ein gentechnisch entwickelter Tollwutimpfstoff freigesetzt.

Robert L. Sinsheimer weist auf den moralischen Konflikt hin: "Wie weit werden wir die Gentechnik entwickeln wollen? Wollen wir die grundlegende Verantwortung für das Leben auf unserem Planeten übernehmen und für unsere eigenen Zwecke neue Lebensformen schaffen? Sollen wir die Zukunft unserer eigenen Evolution in unsere Hände nehmen[5]?"

Heute kann man beim Menschen schon vor der Geburt viele seiner künftigen Eigenschaften feststellen. Bereits für das Ende der neunziger Jahre kündigt der Genforscher Robert Weinberg "Routine-Tests" an, die "die Anfälligkeit für Dutzende von Krankheiten und ein breites Spektrum ganz normaler menschlicher Eigenschaften messen sollen". Wie werden Eltern, Adoptiveltern, Arbeitgeber und Lebensversicherungen mit diesem Wissen umgehen? Paul Billings, Genetiker am "California Pacific Medical Center" in San Franzisko dokumentierte fast einhundert Fälle von Diskriminierung nach Gentests.

Das am 1. Juli 1990 in Kraft getretene "Gesetz zur Regelung von Fragen der Gentechnik" (GenTG) soll Mensch und Umwelt vor möglichen Gefahren bezüglich gentechnischer Experimente in der Grundlagenforschung bewahren. Da ähnliche Gesetze in anderen Ländern weniger streng sind, hat die Arbeitsgemeinschaft der Wissenschaftlichen Medizinischen Fachgesellschaften dagegen protestiert und darauf hingewiesen, daß dadurch "wichtige Felder innovativer Forschung zunehmend aus Deutschland verdrängt werden".

Der nicht zu lösende ethische Konflikt bleibt. Mit Hilfe der Gentechnik können Erbkrankheiten rechtzeitig entdeckt, Medikamente und Impfstoffe für Planzen, Tiere und Menschen entwickelt und vielleicht das Welternährungsproblem gelöst werden. Sie kann aber auch dazu führen, daß die Artenvielfalt

[5] R. L. SINSHEIMER, *Ein sorgenvoller Anfang für die Gentechnik*, New Scientist, 1975.

der Welt weiter eingeschränkt und das Klima der Welt verändert wird, daß Versicherungen und Firmen sich weigern, bestimmte Menschen zu versichern oder einzustellen, daß die Länder der Dritten Welt noch ärmer werden und eine neue Eugenik entsteht, daß durch die Beurteilung der Qualität von Leben die Achtung vor dem Leben verlorengeht. Die neuen Arten, die wir in die Welt setzen können, sind lebendig, sie vermehren und verändern sich. Vielleicht werden einige von ihnen sich als verheerende Schädlinge entpuppen, die wir dann nie wieder loswerden.

Auf dem CIBA-Symposium 1962 wurde - wie erneut 1987 von einem italienischen Molekularbiologen - für die Arbeit in Bergwerken und im Weltraum, für Kamikaze-Unternehmen usw. die Erzeugung eines Mischwesens aus Mensch und Affe gefordert.[6] Solches Handeln verbietet zum Glück das Tierschutzgesetz.

Eingriffe in die Keimbahn verleihen Menschen Macht über kommende Generationen, führen also zu einer Herrschaft der Toten über die Lebenden mit irreversiblen Folgen. Sie sollten sich von selbst verbieten.

Experimente mit Embryonen

Auch auf dem Gebiet der In-vitro-Fertilisation (IvF) und des Embryonentransfers (ET) hinkt die Gesetzgebung den ethischen und moralischen Forderungen hinterher. Nach heftigen Diskussionen ist die Verschmelzung von Ei- und Samenzelle als der Beginn des menschlichen Lebens anerkannt worden. Das bedeutet, daß alle nidationshemmenden Mittel wie die Spirale, aber auch die “Pille danach” (z.B. Mifepriston = RU 486), eigentlich abtreibende Mittel sind, obwohl das bundesdeutsche Recht “Handlungen, deren Wirkung vor Abschluß der Einnistung des befruchteten Eies in der Gebärmutter eintritt” nicht als Schwangerschaftsabbruch wertet (§ 219d StGB).

[6] Vgl. *Lexikon Medizin Recht Ethik*, Freiburg 1989, 389.

Seit 1978 ist es möglich, durch biologische und medizinische Manipulationen in vitro Embryonen zu erzeugen und diese in ihre genetischen Mütter oder Ammenmütter zu implantieren oder mit dem Samen des Vaters in Leihmüttern Kinder zu erzeugen. Hier stehen wir vor einem weiteren ethischen Konflikt:

Es kann dadurch der Kinderwunsch bisher unfruchtbarer, genetisch Kranker oder alleinstehender Frauen erfüllt werden. Das Kind kann jedoch schlimmstenfalls fünf Eltern haben: die genetische Mutter und den genetischen Vater, die Ei- und Samenzelle spenden, die Ammenmutter, die es austrägt die Erwerbsmutter und den Erwerbsvater, die es aufziehen.

In Johannesburg brachte 1983 eine Frau als Ammenmutter ihre eigenen Enkel zur Welt und übergab sie ihrer Tochter, der genetischen Mutter und gleichzeitig Schwester der Kinder.

Das Embryonenschutzgesetz vom 13. Dezember 1990 hat die heterologe Fertilisation, die Befruchtung mit dem Sperma einer außenstehenden dritten Person erlaubt, nicht aber die Eispende, die Leihmutterschaft oder die Verwendung von Mischsamen, da das Kind Anspruch auf die Kenntnis seines genetischen Vaters hat. Selbstverständlich verlangt das Gesetz die Zustimmung der Spender und Empfänger zur jeweiligen Verwendung von Ei-, Samenzellen und Embryonen.

Bevor das befruchtete Ei in den Uterus eingeführt wird, kann es auf Erbkrankheiten, genetische Anomalien und Geschlecht untersucht werden. Außer zur Abwendung geschlechtsgebundener Erbkrankheiten hat der deutsche Gesetzgeber auch die Geschlechtswahl verboten. Um jedem Versuch einer Zuchtwahl in Richtung auf einen genormten Menschen zuvorzukommen, verbietet das Embryonenschutzgesetz auch jeden Eingriff in die Erbinformation menschlicher Keimzellen.

1985 hat die Bundesärztekammer die "Richtlinien zur Durchführung von In-vitro-Fertilisation und Embryonentransfer" sowie die "Richtlinien zur Forschung an frühen Embryonen" bekannt gemacht. Sie wurden in der Berufsordnung verankert und damit Bestandteil des ärztlichen Berufsrechtes.

Ihre Einhaltung wird von den Landesärztekammern überwacht und Verstöße können mit Berufsverbot geahndet werden.

Nach diesen Richtlinien ist IvF mit anschließendem ET als Maßnahme zur Behandlung der Sterilität von *Ehepaaren* erlaubt, muß aber zuvor der Ärztekammer zur Prüfung gemeldet werden. Es dürfen dabei nur Samen und Eizellen der Ehepartner verwendet werden (homologes System). Leihmutterschaft wird abgelehnt. Es dürfen nur so viele Embryonen erzeugt werden, wie für die Behandlung sinnvoll und ausreichend sind und auf die Eispenderin einzeitig übertragen werden können. Dennoch sind die Eltern über die Verwendung oder Tötung evtl. nicht transferierter Embryonen zu unterrichten. Der Embryo darf vorübergehend kryokonserviert, jedoch nicht ge- oder verkauft werden. Wissenschaftliche Untersuchungen an nicht transferierten Embryonen sind nur nach Prüfung durch eine Ethik-Kommission zuzulassen. Soziale und rechtliche Nachteile für ein in-vitro-gezeugtes Kind sind zu vermeiden. Aus diesem Grund wird die - gesetzlich erlaubte - Verwendung von Fremdsamen (heterologes System) verboten, da sowohl der Ehemann als auch das Kind die Ehelichkeit im nachhinein anfechten könnten. Wegen der hormonalen Vorbehandlung und des invasiven Eingriffs wird die Entnahme fremder Eizellen ebenfalls abgelehnt.

Die katholische Kirche hat mit der "Instruktion der Kongregation für die Glaubenslehre über die Achtung vor dem beginnenden menschlichen Leben und die Würde der Fortpflanzung" vom 10. März 1987 jede Form der In-vitro-Fertilisation und des Embryonentransfers abgelehnt ("Ratzinger-Instruktion").

Die Synode der evangelischen Kirche hat IvF, heterologe Insemination, Ersatzmutterschaft und Experimente mit Embryonen abgelehnt. Die Manipulation von Zeugung, Empfängnis und Schwangerschaft gefährde Bindung und Bestand von Ehe und Familie. Humangenetische Beratung müsse freiwillig bleiben und das Lebensrecht auch eines behinderten Kindes gewürdigt werden. Es könne kein Ziel sein, Leid unbedingt zu vermeiden.

Mit der In-vitro-Fertilisation, dem Embryonentransfer und der Gentechnologie haben wir die Möglichkeit, die Schöpfung nach unserem Bilde zu verändern. Noch nie sind der einzelne Wissenschaftler und der beteiligte Arzt in ihrer ethischen Verantwortung so unmittelbar gefordert worden. Hans Jonas sagt in ähnlichem Zusammenhang, "daß die Fülle des Wissens und Könnens dem Wissenden und Könnenden selbst auf seine Ordnung und Folgen hin nicht mehr durchschaubar ist. Das überlieferte Verständnis von der Verantwortung des Wissenschaftlers reicht nicht mehr aus, um dem Sachverhalt gerecht zu werden, daß das vorhersagende Wissen hinter dem technischen Wissen, das unserem Handeln die Macht gibt, zurückbleibt."[7] Er fährt fort: "Keine frühere Ethik hatte die globale Bedingung menschlichen Lebens und die ferne Zukunft, ja die Existenz der Gattung zu berücksichtigen." Er spricht von der heute fälligen Ethik der Zukunftsverantwortung.

Schwangerschaftsabbruch

Ungleich häufiger als mit dem Embryonentransfer wird der Arzt jedoch mit dem Wunsch nach Schwangerschaftsabbruch und den damit verbundenen ethischen Herausforderungen konfrontiert.

Das Gesetz erlaubt bislang[8] in den alten Bundesländern den straffreien Schwangerschaftsabbruch innerhalb der ersten 12 Wochen der Schwangerschaft bei sozialer, innerhalb der ersten 22 Wochen bei eugenischer oder kriminologischer Indikation. Nach dieser bedingten Legalisierung des Schwangerschaftsabbruchs steht der früher hohen Zahl von illegalen Aborten heute eine noch viel höhere Zahl von legalen gegenüber, nämlich in Deutschland jährlich etwa 200.000-300.000. Die meisten Ärzte wollen jedoch nicht selbst abtreiben und überweisen die Frauen an spezielle Abtreibungsärzte. Der Münchner Arzt Ernst Theodor Mayer, ehemals Vorstandsmitglied

[7] H. JONAS, *Das Prinzip Verantwortung*, Frankfurt/M. 1979, 28.
[8] Textredaktion im Januar 1993 (Anm. d. Hrsg.).

der Bayerischen Landesärztekammer, berichtet, daß von den etwa 280.000 Ärzten in Deutschland “kaum mehr als 140 fast ausschließlich von der professionellen Tötung ungeborener Kinder im Mutterleib leben und dabei ein Millionengeschäft machen”.

Dagegen heißt es in der Erklärung der Vereinten Nationen über die Rechte des Kindes: “Das Kind bedarf aufgrund seiner körperlichen und geistigen Unreife besonderer Schutzmaßnahmen und besonderer Fürsorge einschließlich eines angemessenen rechtlichen Schutzes, und zwar sowohl vor als auch nach der Geburt.”

Die bedingt legale Tötung ungeborener Kinder führt zu einer Rechtsunsicherheit, die noch dadurch verstärkt wird, daß die Abtreibungen über die Krankenkassen von der Allgemeinheit bezahlt werden, obwohl Schwangerschaft keine Krankheit ist. Es entsteht der Eindruck, daß diese Tötungen nicht nur straflos bleiben, sondern sogar ethisch und moralisch gerechtfertigt seien.

Das Selbstbestimmungsrecht der Mutter muß aber seine Grenze in der Fremdbestimmung des Kindes haben; die Freiheit eines Menschen endet dort, wo die Freiheit eines anderen ungerechtfertigt eingeschränkt wird, und das Grundrecht auf Leben muß für jeden gelten. Schließlich hat der Embryo sich nicht selbst in seine mißliche Lage gebracht und darf nicht nur deshalb zum Tode verurteilt werden, weil er der Schwächste von Dreien ist. Wenn seine Erzeuger ihre Verantwortung schon nicht wahrnehmen wollen, sollte vor Insemination, Invitro-Fertilisation und Embryonentransfer an die Hilfsbereitschaft und Adoptionswilligkeit jener Menschen appelliert werden, die sich verzweifelt ein Kind wünschen.

Es muß auch gefragt werden, warum denn ein Leben vor der Geburt vernichtet werden darf, das nach der Geburt in jedem Fall geschützt werden muß, und sei es noch so armselig. Die immer präziser werdende pränatale Diagnostik versetzt uns in den Stand, genetische Schädigungen und Krankheiten des Embryos sehr frühzeitig zu erkennen und zu beurteilen, ob eine Heilung möglich ist und eine Abtreibung deshalb vermieden werden kann. Sie wird aber in der Regel dazu führen, daß der kranke Embryo getötet wird, und das ganz besonders, wenn eine Kosten-Nutzen-Rechnung aufgestellt wird. Von da ist es nur ein kleiner Schritt zur Tötung auch anderen "lebensunwerten Lebens", zum Beispiel alter Menschen, Behinderter oder Asylanten.

Handel mit den abgetriebenen Föten zu Forschungszwecken oder gar zur Herstellung von Kosmetika widerspricht absolut der Menschenwürde.

Etwa 60 Prozent der Frauen, die ihr Kind abtreiben ließen, leiden unter Schuldgefühlen, Angstzuständen und Depressionen und würden den Eingriff gern rückgängig machen lassen. (Hoffacker et all, Auf Leben und Tod, Untersuchung der Universität Würzburg). Dagegen haben viele Mütter, die vor der Entbindung ihr Kind zur Adoption freigeben wollten, dieses dann doch behalten. Für die Pflege und Erziehung dieser Kinder brauchen sie jedoch die Hilfe der Gesellschaft: Möglichkeiten der Teilzeitarbeit etwa, Wohnraum, Kindergartenplätze.

Intensivmedizin

Eine weitere Konfliktsituation besteht im Bereich der Intensivmedizin. Es ist unbestreitbar, daß unzählige Menschen ihre Weiterexistenz Intensivstationen zu verdanken haben. Das Wort "intensiv" ist aus dem Lateinischen abgeleitet: "intendere" bedeutet "sich hinwenden, anstrengen, lenken, richten, steigern"; aber auch "zu beweisen suchen, behaupten". Ohne Zweifel sind die Intensivstationen Orte, wo am kompetentesten und unerbittlichsten um die Wiederherstellung der Funktionen des menschlichen Körpers gekämpft wird. Es entspricht vollständig den ethischen Normen ärztlichen Handelns, einen vergifteten Patienten, einen durch Unfall akut lebensbedrohten Menschen oder einen Patienten mit akuten Herz-Kreislauf-Problemen intensivmedizinisch zu behandeln, zu überwachen und notfalls auch zu reanimieren. Hier unterliegt der Arzt der Forderung des

Handelns nach bestem Können und Wissen. Er wird dies auch tun müssen und dürfen, ohne ausdrücklich von dem ihm anvertrauten Patienten vorher beauftragt worden zu sein. Er muß hier stellvertretend für den anderen die Verantwortung für dessen Leben übernehmen. Wenn aus Erfahrung begründete Hoffnung auf eine volle Wiederherstellung funktionsfähigen Lebens besteht, ist diese Situation auch medizinisch und ethisch konfliktfrei.

Ist dieses Leben aber absehbar endlich und würden die intensivmedizinischen Maßnahmen nur eine Verlängerung des Sterbens bewirken, so wird vom Arzt eine ethische Entscheidung gefordert. Als Mitbetroffener in der Solidaritätsgemeinschaft der von Leid und Tod Bedrohten darf er nicht das "Schicksal" auf das "Machsal" einengen. Fritz Hartmann sagt dazu: "Die Form, in der der Kranke seinen Arzt an seinem Schicksal teilnehmen läßt, ihn zur Teilnahme zwingt, ist das Vertrauen. Indem der Kranke den Arzt zu seinem Vertrauten macht, sich ihm anvertraut, macht er ihn zu seinem Schicksal, zumindest zum Teil und eine Zeitlang. Von dieser Last kann der Arzt sich auf vielfache Weise zu befreien suchen: durch Messen, Diagnose stellen, Behandeln."[9]

Allgemeingültige Regeln aufzustellen hieße, die komplexe Situation ungerechtfertigt zu vereinfachen. Der Mediziner und Theologe Dietrich Rössler[10] hat die medizinische Grenzsituation zwischen Heil und Unheil für Arzt und Patienten treffend charakterisiert: "Der Arzt begegnet dem Kranken in einer Lage, in der ihm die Krankheit zum Schicksal geworden ist. Die ärztliche Ethik steht für das Interesse, diesem Zusammenhang von Krankheit und Schicksal in jedem einzelnen Fall Rechnung zu tragen. Menschlich im wahren Sinne handelt der, der weiß, daß er diese Wirklichkeit mit dem Patienten teilt. Der Unterschied zwischen Arzt und Patient besteht darin, daß der eine dem anderen anschaulich macht, was für beide gilt: daß unser Geschick nicht in unseren Händen liegt."

[9] F. HARTMANN, *Kranksein als Schicksal,* 17. Winterkongreß über Fortschritte in Diagnostik und Therapie, Kühtai, 24./25. Febr. 1984.

[10] D. RÖSSLER, *Der Arzt zwischen Technik und Humanität,* München 1977.

Die Intensivstation sollte jedoch nicht zur medizinischen Kultstätte werden, wo Ärzte ihre Macht beweisen und alles tun, was machbar ist. Salus aegroti (das Heil des Kranken) hat gerade hier die transzendente Bedeutung des Begriffs Heil: die Unantastbarkeit der Person und die Verwirklichung des eigenen Lebensplanes auf ein Ziel hin, das außerhalb unseres Lebens liegt.

Palliative Medizin

Der in seinen Lebensbezügen irre gewordene schwerkranke Patient braucht Menschen, denen er vertrauen kann. Gerät er hier in die unheilvolle Maschinerie eines anonymen medizinischen Apparatebetriebes, dann regrediert er und stellt alle Signale ein. Was er ersehnt, ist Heil, was er erhofft, ist Heilung, was er sich wünscht, ist menschliche Nähe. Sein Vertrauen bindet und fordert den Arzt in einer viel tieferen Seinsschicht, als er weiß, vielleicht manchmal spürt, aber häufig verdrängt. Je weniger er eine Therapie anbieten kann, die das Leben lebenswert verlängert, um so mehr muß er sich als Person einbringen in die "Schicksalsgemeinschaft der Solidarität des Sterbens" (Fritz Hartmann).

Es ist verständlich, wenn auch nicht entschuldbar, wenn viele, vor allem junge Ärzte sich statt dessen auf weitere diagnostische Prozeduren, symptomatische Therapien oder Außenseitermethoden zurückziehen. Ethisch verwerflich ist die Therapie, deren großen Schaden bei geringem therapeutischen Nutzen der Arzt schon voraussagen kann, sie aber dennoch durchführt, weil er sich ohne Waffen, daß heißt "nur" als Person, dem Patienten nicht stellen will.

Pallium heißt der Mantel, den ich schützend um den Patienten lege, den ich nicht heilen kann. Palliative Therapie soll die Lebensqualität verbessern ohne das Leben verlängern zu können. Sie ist immer auch toxische Therapie. Deshalb darf sie nicht Selbstschutz des Arztes sein. Palliation stellt höchste ethische Ansprüche an den Arzt, der beurteilen muß, ob das Gar-nicht-Behandeln vielleicht für den Patienten hilfreicher wäre, als ihm nur marginal zu nützen aber maximal zu schaden. Das heißt: Das Gebot und der Wille zu ärztlicher und mitmenschlicher Hilfe dürfen nicht losgelöst werden von dem Bewußtsein der Grenzen unseres technischen, medizinischen und sozio-ökonomischen Potentials.

Angesichts der Tatsache, daß wir in über 70 Prozent unserer therapeutischen Maßnahmen nicht Kuration, Heilung, also unbedingtes Gesundsein, sondern nur Palliation, also bedingtes Gesundsein erreichen können, müssen wir Ärzte begreifen, daß Kranksein - nicht Krankheit - zu unserem Leben gehört und auch viele von uns damit leben müssen. Damit wird dem Arzt wieder eine ihm ursprünglich eigene Rolle des begleitenden Helfers, des Pädagogen zugewiesen. Das Bewußtsein, nicht immer helfen zu können und daher auch nicht alles technisch und pharmakologisch Machbare tun zu müssen, befreit uns Ärzte von dem Zwang, in der Medizin den Menschen unserer Zeit das Heil geben zu müssen.

Sterbehilfe

Lebensverlängerung angesichts des Todes ist dann sinnvoll, wenn ein Mensch noch die Möglichkeit besitzt, als Person in Freiheit und Selbstverantwortung und mit Zielvorstellungen eigenen Willen zu äußern und entsprechend zu handeln. Lebensverlängerung als Vegetierenlassen einzelner Organe des Menschen lehne ich ab. Willkürliches Hinauszögern des Sterbens ist meines Erachtens ethisch nicht vertretbar, da es meist dem Schutze des Arztes oder Pflegeteams dient, aber nicht dem Vertrauensbündnis zwischen Arzt und Patienten entspricht.

Die genannten Konflikte kulminieren in der Situation des sterbenden Patienten: Wann wird die Lebensverlängerung zu einem qualvollen Hinauszögern des Sterbeprozesses? Wann darf das Beatmungsgerät abgeschaltet werden? Dürfen ärztliche Bemühungen wirklich erst bei Feststellung des Hirntodes eingestellt werden? Dürfen sie früher eingestellt werden, wenn Interesse an einer Organentnahme besteht? Muß ich einen

Selbstmörder in jedem Fall "retten" oder einen sich wehrenden Hungerstreikenden zwangsernähren? Muß ich eine hirntote schwangere Frau "am Leben" erhalten, um ihren Bauch als Brutschrank zu nutzen, um den Foetus "im Leben" zu halten, während gleichzeitig Tausende abgetrieben werden? Diese Fragen können nicht allgemeingültig beantwortet, sondern sollten in jedem individuellen Fall entschieden werden.

Obwohl in unserer Rechtsprechung die Beihilfe zum Freitod nicht bestraft wird, lehne ich sie ab, denn die Funktion des Arztes kann nicht die eines Mordgehilfen sein. Die Forschung hat gezeigt, daß Selbstmordversuche immer der letzte verzweifelte Appell an die Mitmenschen sind, dem Verzweifelten in seelischer und körperlicher Not beizustehen.

Tötung auf Verlangen überschreitet alle Grenzen: die Gebote Gottes, des Grundgesetzes, des Strafgesetzbuches und verletzt darüber hinaus die Grundsätze ärztlicher Ethik.

Christoph Wilhelm Hufeland (1762-1836) sagte vor 150 Jahren: "Das Leben des Menschen zu erhalten und womöglich zu verlängern ist das höchste Ziel der Heilkunst. Jeder Arzt hat geschworen, nichts zu tun, wodurch das Leben eines Menschen verkürzt werden könnte. Ob das Leben des Menschen ein Glück oder ein Unglück sei, ob es Wert habe oder nicht - dies geht ihn nichts an. Und maßt man sich einmal an, diese Rücksicht mit in sein Geschäft aufzunehmen, so sind die Folgen unabsehbar. Und der Arzt wird der gefährlichste Mensch im Staate."

100 Jahre später haben sich auch Ärzte an der "Vernichtung unwerten Lebens" beteiligt und damit die Richtigkeit der Warnung Hufelands bestätigt.

Dennoch kann der täglich mit unheilbar Kranken umgehende Arzt in eine Situation kommen, in der das Gebot "Du sollst deinen Nächsten lieben!" dem Verbot "Du sollst nicht töten!" gegenübersteht, und er einem von beiden Priorität einräumen muß.

Sterbehilfe ist die schwerste Aufgabe des Arztes. Hier begegnet er der Frage nach dem Heil, nach dem Mysterium des Lebens und des Todes. Wie er hier zu entscheiden hat, ist nur zu beantworten und zu verantworten nach Klärung der Frage nach dem eigenen Heil, dem “Woher” und “Wohin”, das heißt nach dem Sinn des eigenen Lebens.

Wenn Heil für ihn nur Wohlstand, Glück, Gesundheit, Arbeitsmöglichkeit und maximale Genuß- und Erlebnisfähigkeit bedeutet, wird er schwerlich Antwort geben können auf die existentiellen Fragen eines Patienten, für den diese Dinge ihre Bedeutung verloren haben. Hat der Arzt keine über dieses Leben hinausreichende Perspektive, so muß er die Erhaltung des Lebens als höchstes Gebot ansehen. Er wird sich gegenüber dem schließlich doch unvermeidbaren Tod immer als Verlierer betrachten. So ist vielleicht zu erklären, warum Ärzte manchmal angesichts des nahenden Todes in einen Polypragmatismus verfallen oder sich völlig zurückziehen.

Sterbehilfe soll dazu beitragen, daß es mit dem Patienten “gut ausgehe”. Dazu gehört, daß er liebevoll über seinen Zustand aufgeklärt, zumindest aber nicht belogen wird, damit er letzte Entscheidungen treffen kann. Dazu gehört auch, daß er nicht allein gelassen wird.

Da die meisten Menschen nicht Angst vor dem Tode, sondern Angst vor dem Sterben haben, weil sie Sterben mit Leiden und Schmerzen verbinden, sollte die letzte Hilfe des Arztes auf die Befreiung von Schmerzen gerichtet sein. Das kann auch bedeuten, daß dadurch der Sterbeprozeß verkürzt wird.

Schlußbetrachtung

“Gott pflanzte einen Garten in Eden”, so heißt es im zweiten Vers des ersten Buches Mose, “und versetzte dorthin den Menschen, den er gebildet hatte. Dann ließ er allerlei Bäume aus dem Erdboden hervorwachsen, dazu auch den Baum des Lebens mitten im Garten, und den Baum der Erkenntnis des Guten und des Bösen. Und Gott gab dem Menschen die Weisung: Von allen Bäumen des Gartens darfst du nach Belieben essen, aber vom Baum der Erkenntnis des Guten und des Bösen, von dem darfst du nicht essen, denn sobald du von diesem ißt, mußt du des Todes sterben." Nachdem der Mensch dieses Gebot nicht befolgt hatte, sagte Gott: "Der Mensch ist ja jetzt geworden wie unsereiner, insofern er Gut und Böse zu unterscheiden weiß. Nun aber - daß er nur nicht seine Hand ausstreckt und auch Früchte von dem Baum des Lebens nimmt und sie ißt und unsterblich wird! So stieß ihn denn Gott der Herr aus dem Garten hinaus."

Nachdem die Frucht vom Baum der Erkenntnis uns im Halse stecken geblieben ist, nähern wir uns nun mit Organtransplantation, Gentechnologie, In-vitro-Fertilisation, Embryotransfer, Schwangerschaftsabbruch und Lebensverlängerung über den Tod hinaus abermals dem verbotenen Bereich, diesmal dem Baum des Lebens. Wir werden dabei sicher nicht werden wie Gott, sondern neues Unheil herbeiführen. Wir sollen Haushalter unserer Welt, aber nicht ihre Vernichter oder Schöpfer einer neuen, schlechteren Welt sein. Ewiges Leben in einer zerstörten Welt wäre die Verkehrung der Schöpfung - die Hölle.

Die Frage nach dem Heil ist immer nur individuell zu beantworten. Sie muß aber gestellt werden, denn darin, daß er sich ihr stellen kann, unterscheidet sich der Mensch von allen anderen Lebewesen. Von ihrer Beantwortung wird abhängen, wie er sich zu Leben, Krankheit, Sterben und Tod verhält.

LINDENTHAL INSTITUT
Solbakk

Jan Helge Solbakk
Paola de Cuzzani

Anfang und Ende des Lebens

Ecksteine für eine Ethik medizinischer Forschung

Ethik in der medizinischen Forschung ist ein Teilgebiet der medizinischen Ethik, das sich wegen der technologischen und wissenschaftlichen Entwicklung zum Hauptgebiet der Medizin-Ethik entwickelt hat. Im folgenden soll dieser Bereich näher in den Blick genommen werden, und zwar aus zwei entgegengesetzten Perspektiven: vom Anfang und vom Ende des Lebens her. Beide Betrachtungsweisen haben immer schon auf der Tagesordnung der medizinischen Ethik gestanden. In der modernen sogenannten Bioethik gibt es aber eine Tendenz, diese zwei Perspektiven nur als ethische "Ausschlußkriterien" gelten zu lassen. Das heißt: Anfang und Ende des Lebens sind nur noch Schein-Perspektiven in der Debatte, nur Statisten im Schauspiel der modernen Bioethik.

Versuchen wir, diese Tendenz genauer auszuleuchten, um dann die Möglichkeiten eines *realen* Zur-Sprache-Kommens dieser Perspektiven in der Forschungsethik zu prüfen. Bei der Auseinandersetzung mit der Perspektive vom Lebensende her werden wir von außen nach innen vorgehen. Das heißt: von der Geschichte der Philosophie und Religion über Kultur und Gesellschaft bis zur medizinischen Welt. Bei der Lebensanfangs-Perspektive haben wir uns für den umgekehrten Weg entschieden: von der pränatal-medizinischen Forschung über allgemeine Forschungsethik der Medizin bis zur modernen Bioethik in der heutigen Gesellschaft.

Der "nackte" Tod ist totzuschweigen

Fangen wir mit dem Ende an. Die philosophische Auseinandersetzung mit dem Tode, näherhin der Versuch, den Tod philosophisch zu definieren, scheint eine Herausforderung ohne Anfang und Ende zu sein - ein unabgeschlossenes "mysterium fascinosum" im Denken der Menschheit. Eine philosophiegeschichtliche Annäherung an die Problematik wäre deswegen sicherlich der natürlichste Zugang. Der historisch-hermeneutische Weg ist mindestens dann der natürliche, wenn man Schopenhauers Meinung teilt, daß der Tod der inspirative "Genius" der Philosophie ist, und daß Philosophie und Religion ein Gegengift gegen die Gewißheit des Todes sind.

Da der Raum eine ausführliche historische Analyse nicht erlaubt, werden wir unsere geschichtliche Reflexion auf die zwei Hauptfiguren und Gegenpole des westlichen Todesdenkens konzentrieren: auf Sokrates und Christus.

Das Sokrates-inspirierte Todesdenken ist *dualistisch*. Der Mensch ist aus Leib und Seele "komponiert". Und der Tod wird als die ultimative Befreiung der Seele von der körperlichen Vergänglichkeit bzw. als der letzte "Initial-Ritus" an der Schwelle zur Ewigkeit gedacht. Das heißt: Sterben und Tod werden sehnsüchtig erwartet und angestrebt, Todessehnsucht als höchste "Sophia" interpretiert, weil dieses Ereignis der Seele die Welt der Ideen öffnet.

Die Kontraposition zum Sterben und Tod eines Sokrates begegnet uns auf Golgata: das Sterben Jesu mit Angst und Bangen. Der Tod als Konsequenz und Zeichen des Falles. Die Auferstehung als Wiederherstellung des ursprünglichen Zustandes der Vollkommenheit, des Zustands der Leiblichkeit. Hinter dem Todesdenken des Christentums steckt also ein moderater *Monismus*.

Wenn man die Todeskonzeptionen dieser zwei Gegenpositionen genauer besichtigt, stellt es sich als charakteristisch heraus, daß sowohl Philosophie als auch Religion in ihren Todeskonzeptionen zu einer "post mortem"-Phantasie Zuflucht zu nehmen versucht haben. Und es scheint, als ob diese postmortale Zuflucht das einzig mögliche Zur-Sprache-Kommen des Todes in der Geschichte des menschlichen Denkens gewesen ist. Diese "post mortem"-Zuflucht bedeutet zugleich eine Flucht aus dem Schrecken des Todes, eine Flucht aus der Opazität und Undurchdringlichkeit des Todes aus der Perspektive des lebendigen Menschen: Der Tod stellt sich als unumgänglich und als undurchdringlich dar. Der Tod als Erfahrung ist stumm, ist nicht kommunikabel. Der Tod ist die Unmöglichkeit von Kommunikation seiner selbst mit sich selbst. Das heißt, daß man so vielleicht nicht mehr über den Tod aussagen kann, als das, was Epikur schon gesagt hat: "Wenn du bist, ist der Tod nicht. Wenn der Tod ist, bist du nicht."

Wir sind aber kaum überzeugt, dieses Wissen sei beruhigend gewesen und habe zu einer heiteren Annahme der Naturnotwendigkeit des Todes geführt. Denn der Mensch hat immer einen Schleier von Mythen und Riten der Meditation gewebt, um die Transformation und "Dekomposition" unseres Körpers zu verhehlen.

Wenn man vor diesem geschichtlichen Hintergrund die gegenwärtige kulturelle Situation betrachtet, scheint uns ein großer Mangel charakteristisch zu sein: die Unfähigkeit zur mythischen Verklärung des Todes. Die Kraft zu Fiktionen, die Aussagen über den Tod erlauben, scheint unsere Kultur verloren zu haben. Die mythischen Bilder des Todes in der Vergangenheit sind durch Verheimlichung und Schweigen - buchstäbliches *Tot*schweigen - ersetzt worden. Der Tod ist nicht länger eine Domäne des Alltags, sondern ins Spezialistentum entrückt worden.

Diese "autistische" Tendenz dem Tode gegenüber ist auch ein Charakteristikum der Philosophie unseres Jahrhunderts: In der Philosophie eines Heidegger zum Beispiel, die dem Tod eine ontische Bedeutung zuschreibt, fehlt es nicht an Aufmerksamkeit für dieses Thema. Die "Nichtigkeit" steht hoch im Kurs, aber nichts wird eigentlich erklärt. Die Heideggersche Thanatologie schweigt sich über diese "Nichtigkeit" aus.

Es zeigt sich, daß die Philosophie als "meditatio mortis" - sei es als postmorale Zuflucht, sei es als Umarmung der Nichtigkeit - auf einem Paradoxon gebaut worden ist: auf dem Sprechen des Schweigens.

Tod als Ereignis des Lebens

Versuchen wir jetzt den alternativen Weg und betrachten wir Philosophie nicht als "meditatio mortis", sondern als "meditatio vitae". Sprechen wir vom Tode als Randereignis des Lebens und definieren wir ihn als das Sterben der Lebendigen, sprechen wir von Individuen, die dem Sterben mit der Geschichte ihres Lebens entgegengehen.

Wie stirbt der Mensch in der heutigen Gesellschaft? In der Regel stirbt er allein, und sein Sterben wird verdeckt. Das Sterben wird als "scandalon" empfunden, als Anstoß. Der Sterbende gilt gleichsam als anstößig, als "unanständig". Die Dekomposition und Auflösung seines Körpers wird verhehlt; in derselben Weise wird die Abnutzung des menschlichen Körpers verhehlt. Die Gesellschaft wagt nicht länger der Altersschwäche, dem Todeskampf und Sterben ins Auge zu blikken, sie überläßt diese Ereignisse des Lebens den Händen der Spezialisten.

Das Sterben und die Vorbedingungen des Sterbens sind auf Krankheit reduziert worden, und die Verantwortung für diese "Natur"-Ereignisse hat die Medizin übernommen. Der Sterbende ist ein *klinischer* Fall geworden, der mit professioneller Konfidentialität umgeben wird. Bis zum Anfang unseres Jahrhunderts wurde es als ärztliche Pflicht betrachtet, den Kranken Bescheid zu geben, wenn der Tod bevorstand. Und weil der Arzt selten im Stande war, Krankheiten zu heilen, wurde Krankheit eher als ein natürlicher Anfang des Sterbens betrachtet. Der Arzt, dem die Grenzen seiner Kapazität den natürlichen Ereignissen gegenüber eng gesteckt waren, und der seine Nebenrolle akzeptierte, ist heute in die Rolle eines "Zeremonienmeisters" des Sterbens und des Todes geschlüpft. An erster Stelle versucht der Arzt, das Sterben mit allen möglichen Methoden in irgendeine Krankheit zu übersetzen, um so das Sterben mit seinem technologischen Können und seiner medizinischen Vollmacht zu konfrontieren und es als solches aufzuheben. So wird das Sterben des Patienten nicht als ein natürliches Ereignis erlebt, sondern als Ohnmacht des medizinischen Könnens interpretiert...

Die ideologische Basis dieser Umdeutung des Sterbens ist ein "Gesundheitsdenken", in das das ganze Leben eines Menschens - vom Anfang bis zum Ende - eingegliedert wird. Die Hauptverantwortung des Arztes ist nicht länger, Normalität zu erhalten oder wiederherzustellen, sondern *Gesundheit* zu produzieren. Innerhalb eines medizinischen Denkens der Normalität, der Erhaltung oder Wiederherstellung des biologischen "status quo" war es noch möglich, das Sterben als ein natürliches Ereignis des Lebens zu verstehen. Im Gesundheitsdenken gibt es dagegen keinen Platz für das Sterben.

Mit anderen Worten: Im Weltbild der heutigen Medizin ist das Sterben als Sterben zur logischen Anomalie geworden. Als Anomalie verstanden, liefert es, wie wir meinen, auch die logische Basis für die medizinische Verhehlung des Sterbens. Erstens teilt man nur selten dem Sterbenden seinen Zustand mit. Zweitens versucht der Arzt oft mit therapeutischer Hartnäckigkeit, das Sterben aufzuheben oder zu neutralisieren, obwohl es sich schon unabwendbar angekündigt hat. Der Sterbende soll weiterleben, auch wenn sein Leben nur noch Schein ist. Der Augenblick des Todes wird in mehrere Phasen geteilt: Koma, Hirntod, Herztod. Wo bleibt das Sterben? Wer entscheidet, wo und wann das Sterben eintrifft oder eintreffen sollte? Wozu nutzen die intellektuellen Glasperlenspiele der modernen Bioethiker?

Im Phänomen der Transplantation tritt eine andere Seite des technologischen Könnens und der Vollmacht des Arztes dem Sterben gegenüber in Erscheinung. Die Transplantation ist eben nicht nur Sieg des Lebens über den Tod, sondern auch Niederlage dem Leben gegenüber. Hinter ihrem Rücken verbirgt sich oftmals das Sterben und der Tod eines anderen Individuums. In dieser Hinsicht scheint es uns auch wichtig, die folgende Beobachung zur Sprache zu bringen: Hinter der

Ausnutzung der Körperteile als Organtransplantate steckt eine dualistische Leib-Seele-Vision, genauer: ein Maschinen-Modell des Körpers und der Verlust einer symbolischen Deutung des menschlichen Körpers. Diese symbolische Armut werten wir als ein Symptom für die mangelnde Bereitschaft unserer Kultur, unserer Medizin und der modernen Bioethik, Sterbenden gerecht zu werden.

Um unsere Position dem Sterben und dem Tod gegenüber klarzumachen: Wir wollen weder in die Thanatologie irgendeines goldenen Zeitalters zurückkehren, noch das technologische Können der heutigen Medizin verteufeln. In unserer Absicht liegt vielmehr lediglich der Versuch, dem menschlichen Faktor in der Human-Medizin ein neues Gewicht zu geben. Deswegen haben wir auch zu einer "meditatio vitae" im Angesicht des Sterbenden eingeladen, um ihn in *unserer* Sprache zur Sprache kommen zu lassen, das heißt, in der Sprache des Lebens. Die Wahrheit, daß es kein Leben ohne Sterben und Tod gibt, besagt auch, daß es den Tod nur gibt, wo Leben und Sterben waren.

Vom Anfang des Lebens zum Lebensbeginn

Von dieser "meditatio vitae et medicae" dem Sterben und dem Tod gegenüber wenden wir uns jetzt der Frage nach dem Anfang des menschlichen Lebens zu, die in der modernen Bioethik die Rolle eines zweiten Ausschluß-Kriteriums zu spielen scheint. Diese Frage ist keine moderne Frage, sondern eine klassische Frage, die wegen der Entwicklung innerhalb der Pränatalmedizin neue Aktualität gewonnen hat. Es ist aber nicht eine klassische Frage neu zur Sprache gekommen, vielmehr haben wir es auch mit einer Transposition dieser Frage aus dem philosophischen bzw. metaphysischen Kontext in den medizinwissenschaftlichen Kontext zu tun.

Die Auseinandersetzung mit der Frage setzt eine Berücksichtigung dieses Kontextwechsels voraus. Die Problemstellung ist folgende: Ist die Frage "Wann beginnt das Leben eines

Menschen?" eine moralisch relevante Grundfrage innerhalb des Problemkontextes der Pränatalmedizin? Liefert sie die Lösung des Problems im aktuellen Kontext oder gibt es andere Grundfragen, denen man Priorität hätte geben sollen? Mit anderen Worten: Gibt es immanente Grundfragen, die nicht von draußen hineingebracht worden sind, sondern die sich direkt vom Problemkontext her ergeben? Und weiter: wenn es immanente Fragen gibt, die in moralischer Hinsicht grundsätzlicher sind als jene nach dem Anfang des Menschenlebens, warum wird diese Frage dennoch in der modernen Bioethik diskutiert? Ist sie an der falschen Stelle gestellt, oder spielt sie im heutigen Problemkontext doch eine Rolle? Und für wen spielt sie eine Rolle? Ist es möglich, die Frage "Wann beginnt das Leben eines Menschen?" aus dem ursprünglichen Problemkontext herauszulösen, ohne daß sich ihre moralische Relevanz ändert?[1] übernimmt etwa die Frage im neuen Kontext eine andere Funktion?

Um weiter in die Materie eindringen zu können, müssen wir zuerst unseren Problemkontext genauer ausleuchten durch eine Auseinandersetzung mit den handlungsspezifischen Normen der Pränatalmedizin. "Pränatalmedizin" wird hier als *terminus technicus* aller Typen embryonenbezogener medizinischer Aktivitäten benutzt und ist als solche ein operativer Begriff, der nicht nur die Pränatalmedizin in qualifiziertem Sinne erfaßt, sondern alle medizinischen Interventionen am Embryo mitmeint. Wo es nicht genauer präzisiert wird, wird unter "Embryo" ein konzipierter, aber noch ungeborener Mensch verstanden.

[1] Diese Unklarheit der Rolle der Fragestellung kommt in Brian JOHNSTONES Aufsatz *The Moral Status of the Embryo*, in W. Walters & P. Singer, Test-tube Babies, Melbourne 1982, S. 51, in folgender Weise indirekt zum Ausdruck: "It is frequently un-clear whether the arguments being proposed about the nature of the embryo, seeking to prove or disprove that it is a person, that is, a special kind of being; or arguments about the moral status of the embryo, seeking to prove or disprove that it ought to be regarded as a person, that is, the subject of respect."

Versuchen wir jetzt, die handlungsspezifischen Normen unseres Problemkontextes zu identifizieren. Medizinische "Handlungen" bzw. "Aktivitäten" sind biomedizinische Forschung, Diagnostik, Therapie und Prophylaxe. In der Pränatalmedizin sind bis jetzt Diagnostik und Prognostik die Hauptaktivitäten gewesen, aber in den letzten Jahren hat man auch Experimente und verschiedene therapeutische Interventionen an Embryonen durchführen lassen.[2]

Prinzipien medizinischer Forschungsethik

Die heutige Debatte lenkt die Aufmerksamkeit zuerst und vor allem auf die Forschungsaktivitäten der Pränatalmedizin. Deswegen erscheint uns hier die Pränatalmedizin als sachgerechtes Reflexions-Material der medizinischen Forschungsethik überhaupt. Versuchen wir jetzt, die forschungsspezifischen Normen unseres Problemkontextes zu identifizieren. Gemäß der Helsinki-Deklaration soll der Zweck biomedizinischer Humanexperimente sein, "to improve diagnostic, therapeutic and prophylactic procedures and the understanding of the aetiology and pathogenesis of disease"[3]. Was vielleicht sonst von der Forschung gilt, daß sie ihr Ziel allein in der Erkenntnis habe, trifft daher auf die biomedizinische Forschung nicht zu. "Von Anfang an will sie mit dieser Erkenntnis dem Arzt zu seinem heilenden Können verhelfen. Sie ist also weder zweck- noch wertfrei".[4]

Neben dieser normativen heilbezogenen Zielsetzung gibt es drei forschungsethische Grundprinzipien, die unseren Problemkontext charakterisieren: Das Prinzip der freiwilligen

[2] Bis jetzt hat man mehr als 450 therapeutische Interventionen an Embryonen durchgeführt. Mit den therapeutischen Möglichkeiten der Biotechnologie wird in Zukunft vielleicht der Schwerpunkt medizinischer Äktivitäten den Embryonen gegenüber auf der Seite der Therapie liegen.

[3] *Declaration of Helsinki*, Hongkong, September 1989, Introduction.

[4] H. JONAS, *Technik, Medizin und Ethik. Zur Praxis des Prinzips Verantwortung*, Frankfurt/Main 1984, 147.

informierten Zustimmung (Informationsprinzip), die Unterscheidung zwischen therapeutischer und nicht-therapeutischer biomedizinischer Forschung und das Prinzip des ästimierten Risikos. Nun gilt es, das Informationsprinzip genauer zu beschreiben und innerhalb unseres Kontextes zu interpretieren. Die revidierte Helsinki-Deklaration fordert, daß freiwillige informierte Zustimmung jedem Versuch an menschlichen Subjekten vorausgehen muß.[5] Was aber heißt hier Freiwilligkeit und Zustimmung? Wer ist der wissende Freiwillige? Wer kann seine Zustimmung geben? Wer darf rekrutiert, also zu Versuchszwecken angeworben werden?

Beginnen wir mit der Frage, an wen appelliert werden soll. "Der natürliche Aussender des Rufes", sagt Hans Jonas, "ist auch sein natürlicher erster Adressat."[6] Das heißt: Rekrutierung des ärztlichen Forschers selbst und seiner wissenschaftlichen Zunft. Bei der Selbstrekrutierung sind autonome Identifizierung, volles Verständnis, stärkste Motivation, freieste Entscheidung und größte Integration vorhanden. Die Problemfelder sind hier noch gar nicht betreten. Sie liegen noch vor uns. Wir begegnen ihnen erst auf dem Gelände der Fremdrekrutierung. Versuchen wir deshalb, die Bedingungen, die die Mitglieder der Forschungsgemeinschaft als Versuchsobjekte qualifizieren, zu allgemeinen Auswahlkriterien zu erweitern. Der nächste Teil der Bevölkerung, an den man sich dann wenden sollte, um Versuchsobjekte zu rekrutieren, wäre der, bei dem ein Maximum an Identifizierung, Verständnis und Freiwilligkeit zu erwarten ist: in der gebildetsten und ökonomisch unabhängigsten Gruppe der Bevölkerung.

[5] "In any research on human beings, each potential subject must be adequately informed of the aims, methods, anticipated benefits and potential hazards of the study and the discomfort it may entail. He or she should be informed that he or she is at liberty to abstain from participation in the study and that he or she is free to withdraw his or her consent to participation at any time. The doctor should then obtain the subject's *freely-given informed consent,* preferably in writing" (Helsinki-Declaration, Art. I,9).

[6] H. JONAS (s. Anm. 4), 132.

Von dieser Gruppe, die normalerweise klein ist, führt dann "eine absteigende Skala idealer Zulässigkeit zu ansteigender realer Reichlichkeit des Angebots"[7]. Im Klartext heißt das: je ärmer an Wissen, Motivation und Entscheidungsfreiheit eine potentielle Gruppe der Versuchsobjekte ist, um so behutsamer und widerstrebender sollte man diese Gruppe einsetzen.

Dieses Prinzip der Präferenzordnung oder diese Regel der absteigenden Reihe hat logischerweise äußerste Relevanz für unsere Objektgruppe, weil ja die Embryonen sich so gut wie am Nullpunkt dieser Skala befinden. Die Analyse und Auslegung des Informationsprinzips stellt, mit anderen Worten, eindeutig fest, daß auch dann, wenn Embryonen nicht die Rechte geborener Menschen haben sollten, den Embryonen als Versuchsobjekten gegenüber die wissenschaftliche Gemeinschaft Pflichten hat. Mit dieser Feststellung werden folgende zwei Fragen zu moralisch relevanten Grundfragen innerhalb unseres Problemkontextes. Erstens: "Welche Pflichten hat die wissenschaftliche Gemeinschaft Embryonen als Versuchsobjekten gegenüber?" Und zweitens: "Wo sind die Grenzen der Pränatalmedizin?"

Um die Antworten auf diese Fragen weiter ausarbeiten zu können, müßte man auch die beiden anderen forschungsethischen Grundprinzipien unseres Problemkontextes in die Reflexion hineinbringen. Hier soll wenigstens die Richtung dieses Reflexionsweges angedeutet werden.

Unsere Auslegung des Informationsprinzips, näherhin die Anwendung der Regel der absteigenden Reihe, hat indirekt auch ein Licht - und zwar ein kritisches - auf die ursprüngliche Fragestellung geworfen: "Wann beginnt das Leben eines Menschen?" Dieses Licht fällt zuerst auf zwei sogenannte "positions extrêmes", die in der bioethischen Debatte[8] ange-

[7] Ebd., 133.

[8] Anne FAGOT, *Les droits de l'embryon (fœtus) humain, et la notion de personne humaine potentielle,* Revue de Metaphysique et de Morale, 92:3, 1987, 364.

sichts dieser Fragestellung - oder ihrer Varianten - besonders hervortreten.[9]

Die Vertreter der einen Position könnte man mit Anne Fagot "die Partisanen eines biologischen Kriteriums" nennen. Die Person ist von der Verschmelzung der Ei- und Samen-Zelle an als "coextensiv" mit dem Organismus gedacht.[10] Die Repräsentanten der zweiten Position dagegen sind "Postkonzeptionalisten". Der Beginn des Lebens eines Menschen bzw. des Personseins fällt nicht mit der Verschmelzung von Ei- und Samen-Zelle zusammen, sondern wird nachher "konzipiert": "human ontogeny begins with the body as a ´what´ or, at most a ´who´ in the sense that an animal is a who, which then, because of the development of new properties, becomes a who in a *personal* sense."[11] Viele Repräsentanten dieser Position setzen das "Person-Werden" mit dem Zeitpunkt der Befähigung zur Reflexion bzw. Selbstreflexion an.[12]

Obwohl diese zwei Positionen schroff gegeneinander stehen, zeigen sie in unserer kontextuellen Perspektive doch etwas Gemeinsames. Beide übersehen völlig den apriorischen Rahmen unseres Problemkontextes und vernachlässigen entspre-

[9] Zwei gewöhnliche Variationen dieser Frage sind: "Is the embryo a human being?" und "Is the embryo a person?". Siehe zum Beispiel Michael LOCKWOOD, *Moral Dilemmas in Modern Medicine,* Oxford 1985, 156.

[10] Anne FAGOT, 364: "La Personne est co-extensive à l'organisme qui la soustend et l'exprime. Elle dure autant que cet organisme vit...dès sa conception, et jusqu'à son dernier souffle, l'être humain est une personne à part entière". Die offizielle katholische Kirche zum Beispiel nimmt diese Position ein. Siehe, *Congrégation pour la Doctrine de la Foi,* 1987, Intr., par. 5: "Dés le moment de sa conception, la vie de tout être humain doit etre absolument respectée".

[11] H. Tristram ENGELHARDT, *The ontology of abortion,* in: S. Gorovitz & Co. (Eds.), Moral Problems in Medicine, London 1976, 324.

[12] Siehe zum Beispiel, M. LOCKWOOD, *When does a life begin,* in: Lockwood, M. (ed.), Moral dilemmas in modern medicine, 1985, 7-31; Peter SINGER, *The ethics of embryo research,* in: Law, Medicine and health care, 14 (1986): 3-4, 136; R. M. HARE, *Survival of the weakest,* in: S. Gorovitz & Co (Eds.), Moral problems in medicine, London 1976.

chend dessen handlungsspezifische Grundprinzipien. Die Folge davon ist, daß beide gesellschaftlich nicht praktikable ethische Lösungen produziert haben.[13] Die erste Position hat zum Beispiel übersehen, daß das "Person-Sein" eines Embryos kein Kriterium gegen Versuche an Embryonen sein kann. Objekt biomedizinischer Forschung sind ja gerade Versuchspersonen. Die zweite Position liefert auch nur eine Scheinlösung. Sie argumentiert von einem Prinzip der Präferenzordnung her, das dem Prinzip der biomedizinischen Forschung selbst direkt entgegensteht. Wir nennen die Lösungsversuche dieser beiden Positionen "Scheinlösungen", weil keine von ihnen in Übereinstimmung mit den Grundprinzipien unseres Problemkontextes steht. Deswegen kann auch die wissenschaftliche Gemeinschaft nichts mit diesen Positionen anfangen, wenn sie ihren eigenen Grundprinzipien treu bleiben will und die eigenen Grundfragen zu ihrem Recht kommen läßt. Das heißt im Klartext: Die Frage "Wann beginnt das Leben eines Menschen?" erweist sich als fremdrekrutiert, weil an falscher Stelle gestellt, und auch als nicht authentisch.

Abhängigkeit und Hilflosigkeit als "condition humaine"

Schließen wir unsere Auseinandersetzung mit einer anthropologischen und allgemein-ethischen Schlußbemerkung zu den Fragen: Was ist ein Mensch? Was heißt Menschenwert und Menschenwürde? Was meinen wir, wenn wir über Respekt und

[13] Anne FAGOT charakterisiert die Applikationsprobleme dieser zwei Positionen in folgender Weise: "Chacune des deux attitudes est respectable comme choix individuel, aucune n'est practicable comme choix de société, l'une parce qu'elle jette la suspicion et l'interdit sur des habitudes très largement admises (et refuse la maîtrise humaine de la procréation, qui est devenue un fait), l'autre parce qu'elle comporte le danger que les faibles, les arriérés mentaux, les laissés-pour-compte du développement, soient exclus de la communauté éthique (et fait une confiance probablement excessive à la raison humaine individuelle)" (s. Anm. 8, 376).

Ehrfurcht vor dem Menschenwert sprechen? Was heißt ein menschenwürdiges Leben?

Vom Augenblick der Verschmelzung von menschlicher Ei- und Samen-Zelle - sei es im Bauch einer Mutter oder in der Glasschale der heutigen Reproduktions-Technologie - bis zu dem Zeitpunkt, da ein Mensch als selbständiges Wesen in die Öffentlichkeit hineintreten kann, vergehen viele Jahre. Die ersten Jahre stehen im Zeichen der Hilflosigkeit und Abhängigkeit. Wenigen Menschen ist es vergönnt, durch das Leben gehen zu können, ohne Krankheit und Leiden zu erfahren. Bei vielen Menschen stehen auch diejenigen Jahre, die gemeinhin als die besten Jahre des Lebens gelten, im Zeichen der Abhängigkeit und Hilflosigkeit. Und wenige Menschen finden den Tod, weil sie Hand an sich legen. Die meisten begegnen dem Sterben in einem Abschnitt des Lebens, in dem sie sich noch einmal in einer Situation des Nicht-Sich-Selbst-Helfen-Könnens befinden. Noch einmal sind sie in eine Situation der Fürsorge und Pflege geraten. Es gehört zur condition humaine, daß der Mensch in bedeutenden Lebensabschnitten einem Zustand unterworfen ist, in dem er nicht ist, was er kann, sondern sein muß, wofür er nichts kann, nämlich hilflos und abhängig.

Kaum jemand betrachtet rückschauend die ersten Jahre seines Lebens als "unwürdig", obwohl es ein Leben in Hilflosigkeit und Abhängigkeit war. Und viele Menschen, die in späteren Lebensstufen wegen Krankheit, Leiden und Sterben in eine Situation der Hilflosigkeit und Abhängigkeit geraten, meinen keineswegs, daß sie ein unwürdiges Leben leben. Ein Leben in Hilflosigkeit und Abhängigkeit ist deswegen noch nicht ein menschenunwürdiges Leben.

Nähert man sich der Frage "Was ist ein Mensch?", dann muß also unvermeidlich das Trugbild vom mündigen, autonomen und produktiven Individuum einer radikalen Revision und Justierung unterzogen werden, und zwar in Richtung auf ein Zur-Sprache-Kommen der nicht-idealen, vielmehr realen Menschenwelt. Im Menschenbild der realen Welt lassen sich die Schatten der Hilflosigkeit und Abhängigkeit nicht verhehlen.

Vielleicht stellt sich gar heraus, daß das Sein eines Menschen weniger dadurch bestimmt ist, was er alles kann und schafft, als dadurch, was er wegen seines Nichtkönnens nicht schaffen kann. Wenn es aber wahr ist, daß das Menschsein von solcher Art ist, dann ist es auch wahr, daß Lebensanfang und Lebensende, das Sein im Werden und Sein im Sterben Bestandteil des Lebens eines Menschen sind. Und wenn es zutrifft, daß es Medizin ohne menschliches Werden, Sterben und Tod nicht gibt, dann kann es auch keine humane Medizin oder Medizinethik geben, in der das Werden, das Sterben und der Tod nicht zur Sprache kommen. Anfang und Ende des Lebens sind auch deshalb Ecksteine für eine Ethik medizinischer Forschung, weil sie die materialisierten Alfa und Omega der menschlichen Abhängigkeit und Hilflosigkeit sind.

Aussprache

Leitung: Hans Thomas

Thomas: Herr Solbakk nennt den Arzt in der jetzigen Situation Zeremonienmeister des "mysterium fascinosum" des Sterbens. Herr Professor Diehl spricht von den "Göttern in Weiß". Beide Formulierungen entstammen einer religiösen Sprache. Die Autoritäten, die das Leben und den Tod verwalten, waren in der Geschichte immer sakrale Autoritäten. Wird am Ende der Arzt zum Priester einer neuen, modernen Religion?

Prof. Dr. Rudolf Schöttler: Wenn ich Sie recht verstanden habe, Herr Diehl, sprachen Sie von Konfliktlagen, die der Arzt nur im individuellen Fall entscheiden könne. Wenn mehrere Alternativen ethisch vertretbar sind, mag das hingehen. Ich hatte den Eindruck, Ihre Beispiele waren von dieser Art. Es gibt aber eine für unsere Zeit typische situative Ethik, die immer den Satz zur Hand hat: Es kommt auf den Einzelfall an. Diese situative Ethik unterläuft alle Prinzipien. Je nach Sensibilität ihrer Vertreter spielen dann Moralfragen entweder gar keine Rolle oder man hört, man werde so oder so schuldig, wie man sich auch entscheide. Wer in jedem Fall schuldig wird, tut schließlich, was er will.

Ich bin überzeugt, daß man in ethisch relevanten Entscheidungssituationen, in denen es um Schuld oder Nichtschuld geht, als Arzt wie auch als interessierter Staatsbürger vorher wissen kann, was jeweils recht und was unrecht, was gut und was böse ist. Es mag sein, daß ich in einem Grenzfall - angesichts des Sterbenskranken oder der schwangeren Frau in einer wirklichen

Problemlage - etwas tue, was nach der Norm eine Schuld ist oder sich hinterher objektiv als Schuld herausstellt. Als Jurist kann ich analog vielleicht von einem übergesetzlichen Notstand sprechen, für den es mildernde Umstände oder Freispruch gibt. Als Christ kann ich sagen: Da gibt es die Gnade. Das ist aber etwas anderes als Schuld in jedem Fall.

Die situative Ethik macht auch vor der amtlichen Organisation der Ärzteschaft nicht halt, die sich einerseits auf den hippokratischen Eid beruft. Andererseits reagierte kürzlich die Bundesärztekammer sehr positiv auf eine Stellungnahme zur Schmerzempfindlichkeit des embryonalen Menschen und folgerte daraus, also müsse bei der Tötung des ungeborenen Menschen eine Narkose vorgenommen werden. Der hippokratische Eid sagt aber, daß dem Ungeborenen das Leben überhaupt nicht genommen werden darf. Das scheint aber für heutige Situationen nicht zu gelten. Vielmehr können Ärzte heute den Eindruck gewinnen, sie müßten - und zwar fachgerecht - ein Ungeborenes töten. Dieses wird ein Opfer der Situationsethik.

Diehl: Es ist wahr, daß in Deutschland Gynäkologen, die - erst recht, wenn es zu einer Fristenlösung kommt - gesetzeskonform handeln wollen, töten müssen. Wenn ich sage "müssen", meine ich, daß sie einem gesellschaftlichen Zwang folgen. Meine Meinung ist klar: Sie sollten es nicht tun. Ich sehe das Leben in der Dunkelkammer Uterus vor der Geburt nicht anders an als das Leben des Leukämie-Patienten, der nur noch fünf Tage zu leben hat. Ich bin zum Glück kein Gynäkologe, sondern Internist. Aber auch wir können uns nicht auf eine situative Ethik zurückziehen.

Zu jenem "in jedem Fall werde ich schuldig" meine ich folgendes: Als Christ darf ich nicht töten. Aber es gibt auch das Gebot, meinen Nächsten zu lieben wie mich selbst. Es gebietet mir, barmherzig zu sein. Zwischen beiden muß ich mindestens viermal in der Woche eine Entscheidung treffen, wenn es darum geht, den Apparat auf der Intensivstation abzudrehen. Ich tue es. Wenn Sie mich fragen, ob ich das wirklich darf, muß ich sagen: Ich weiß es nicht. Ich weiß nicht, wie Gott das sieht. Ich weiß nur eins: Wenn es Ihn wirklich gibt, und ich glaube fest daran, dann hat er mehr Humor, Weisheit und Größe als sich in 640 Geboten des mosaischen Gesetzes erschöpfen läßt. Das macht mich frei. Dessen bin ich mir ganz sicher. Und das sage ich auch meinen Mitarbeitern. Ich sage allerdings keinem Mitarbeiter: Wenn dieser Patient vielleicht heute nacht um vier sterben wird, dann gib ihm gnädig noch einmal hundert Milligramm Dolantin. Dazu kann ich niemanden stellvertretend für mich verpflichten. Dann muß ich selbst da sein und selbst entscheiden - persönlich. Und das tue ich in der Gewißheit der Hoffnung, daß Jesus für mich da eine Versöhnung bereithält. Wenn in einem solchen Zusammenhang das Wort "Schuld" fällt, möchte ich es so verstanden wissen. Von Ärzten, die nicht Christen sind, kann ich diese Gewißheit nicht verlangen. Sie werden sich vielleicht auf das Gebot "Du sollst nicht töten" allein zurückziehen und den Apparat unendlich weiterlaufen lassen oder dem sterbenden Patienten noch drei Transfusionen und weitere Antibiotika verabreichen und ihn noch einmal mit vollen 2500 cal. ernähren. Das tue ich nicht. Dann übernehme ich als Chefarzt die Verantwortung. Dazu stehe ich dann aber auch als Chefarzt am Bett und handle selbst.

PD. Dr. Karl-Heinz Broer: Die Ärzteschaft macht sich das schon ein bißchen leicht, wenn sie auf der einen Seite zum hippokratischen Eid stehen will, es auf der anderen Seite aber zuläßt, daß etwa gemäß der aktuellen Situation um den § 218 gehandelt wird, nach der das Problem "gelöst" wird indem - im Klartext - ein Kind abgetötet wird. Ich selbst lehne das ab, sowohl aus ärztlicher Einstellung wie aus christlicher Überzeugung. Ich leite eine Klinik in Köln und auch eine Arbeitsgruppe um Reproduktionsmedizin. Auf einer Tagung in Berlin haben wir soeben zwei Tage darum gerungen, das zunehmende Spannungsfeld zu entkrampfen.

Vor die verdienstvolle theoretische Arbeit an der Frage: Wann beginnt Leben? schiebt sich für uns Gynäkologen noch die Tatsache, daß wir im Ultraschall ein lebendes Kind sehen, das bereits mit fünf oder sechs Wochen "am Daumen nuckeln kann".

Man kann beobachten, wie es lebt, sich am Leben freut. Auch kann man sehen, wie das kindliche Antlitz sich verändert im Sinne von Freude und Kummer, daß es auch Schmerz empfinden kann. Ich kann es für mich nicht verantworten, ein Problem, das in der Situation der Frau zweifellos besteht, dadurch zu lösen, daß man dieses Kind schlicht und einfach abtötet. Es wäre gut, wenn einige Politiker, die sich sehr mit der Theorie beschäftigt haben mögen, hier wären und sähen, wie ernsthaft sich Menschen bemühen zu definieren, wann das Leben beginnt, und auch dahinterzustehen. Vor dem Hintergrund, daß es sich hier nicht nur um die Verschmelzung einer Zelle mit einer anderen Zelle, sondern bereits um ein "Menschlein" handelt, müßten eigentlich die Politiker sich eine bessere Lösung des "Problems" überlegen als einfach die Tötung freizugeben. Da sind wir aber alle dann auch aufgerufen dahinterzustehen, wenn es die sozio-ökonomischen Probleme zu lösen gilt.

PD Dr. Peter Brode: Durch die Beiträge zieht sich ein roter Faden von Bedauern und Klage, daß die Forschung uns mit ihren Ergebnissen sozusagen davonläuft, und wir mit unseren ethischen Kriterien nicht hinterherkommen. Mal war von christlicher Orientierung die Rede - schon der Begriff "Schöpfung" ist ein religiöser -, mal von philosophischer Überlegung. All das hilft nicht zur Klärung. Man kann das auch ganz anders sehen. Wir befinden uns als Menschen in einer Entwicklung. Wir sind eine relativ junge Spezies. Wer sagt uns denn, ob nicht - sogar durch Genmanipulation - ein anders gearteter Mensch entsteht, der auch eine andere Ethik haben und vielleicht andere Kriterien aufstellen wird. Darf man der wissenschaftlichen Forschung überhaupt Fesseln anlegen, weil dies oder jenes nach unseren Kriterien ethisch nicht mehr vertretbar ist? Das widerspricht doch offenkundig dem Prinzip der Freiheit der Forschung und Wissenschaft, für die ich persönlich eintrete. Welche Kriterien wären philosophisch-ethisch begründbar, um der Forschung Fesseln anzulegen? Sie, Herr Solbakk, haben als ein überzeugendes Beispiel die Präferenzordnung genannt, die Ordnung der absteigenden Reihe. Ich finde, das sollte man beachten. Es wird aber wohl sehr häufig nicht beachtet. Oft ist das Gegenteil der Fall.

Solbakk: Als Wissenschaft, sagte Herr Diehl, sei die Medizin wertneutral. Das glaube ich nicht. Die Medizin hat mit Normalität und Abnormalität zu tun. Das heißt, die Medizin als Wissenschaft und als Praxis ist eine wertsuchende Tätigkeit. Normalität und Abnormalität, Gesundheit, Krankheit, Pathologie - das sind alles normative Konzepte. Deshalb habe ich auch betont: Medizinische Wissenschaft ist eine wertgenerierende Wissenschaft. Man sucht in der Medizin nicht das Wissen um des Wissens willen. Man sucht das Wissen in der Medizin, um die Diagnostik, die Therapie, die Prophylaxe zu verbessern. Schon Sokrates meinte, daß Wissen Ethik und Ethik Wissen bedeute.

Um ethisch zu handeln, muß man wissen, was man tut. Wenn man nicht weiß, was man tut, dann ist das Tun nicht ethisch. Ich halte es für sehr wichtig zu versuchen, medizinische Ethik aus medizinischem Wissen zu entwickeln. Um die Grenzen der Medizin als Wissenschaft und Praxis zu identifizieren, hilft eine offene Klarstellung des tatsächlichen medizinischen Wissens. Heute schlagen wir uns ständig mit dem Problem herum, daß es zwischen scientific facts und science fiction noch ein Mittleres gibt, das ich science faction nennen will: eine Mischung philosophischer, theologischer, kultureller, geschichtlicher Reflexion mit Teilelementen von wissenschaftlichem Wissen. Diese Mischung schafft meist nicht Klarheit, größeres Verständnis, sondern Unklarheit und falsche Probleme.

Ich bin mit Ihnen einig, daß man versuchen sollte, eine nichtkonfessionelle Ethik in der Medizin zu entwickeln. Die Medizin muß sich zu allen Menschen, ob christlich oder nichtchristlich, reich oder arm, schwarz oder weiß, rot oder gelb, gleich verhalten.

Ich habe versucht, den Menschen als ein Wesen zu definieren, das ab und zu rational und sehr häufig hilflos und abhängig ist. Das ist meines Erachtens ein Ausgangspunkt, um eine allgemeine Anthropologie zu entwickeln, die nicht konfessionell ist.

Ob man Christ, Jude oder Muslim, ob man arm oder reich ist, man ist ab und zu rational und leistungsfähig, aber sehr häufig hilflos und abhängig. Die Grenzen in der Medizin zeigen sich, wenn man Begriffe wie Normalität, Abnormalität, Gesundheit, Krankheit zu definieren beginnt. Was heißt es, Normalität zu etablieren oder wieder herzustellen? Was heißt Normalität heute? Was hieß Normalität vor zwanzig, fünfzig, hundert Jahren? Was wird als normal gelten nach fünfzehn Jahren Gentechnologie? Das sind sehr schwierige Fragen, die teilweise medizinische, teilweise aber auch kulturelle, politische, gesellschaftliche Probleme berühren.

Um es auf den Umgang mit Sterben und Tod zu beschränken: In der Medizin geht man heute, so scheint mir, mit dem Sterben wie mit einer Krankheit um. Das ist ein Krankheitszeichen nicht nur der Medizin, sondern unserer Kultur. Es zeigt, wie wir als Gesellschaft mit unserem Leben umgehen.

Kluth: Die Forschungsfreiheit ist aus der Sicht des Grundgesetzes und nach der Rechtsprechung des Bundesverfassungsgerichts zwar vorbehaltlos - also nicht verfassungstextlich eingeschränkt - gewährleistet, aber nicht schrankenlos. Forschungsfreiheit findet als Grundrecht ihre Schranken in anderen Verfassungswerten, in den Grundrechten, der Menschenwürde, im Recht auf Leben anderer. Das ist meines Erachtens ein verallgemeinerungsfähiges, tragfähiges Konzept für eine Einbindung des Forschers und der Forschungsfreiheit auf der Grundlage einer universellen Menschenrechtskonzeption und kann durchaus kulturübergreifende Akzeptanz finden. Ich gebe aber gerne zu, daß das Verständnis von Menschenwürde und Lebensrecht immer wieder konkretisierungsbedürftig ist. Die Grenzziehung ist also mit der Anerkennung dieser abstrakten Schrankensetzung allein noch nicht hinreichend vollzogen.

Ihrer These, Herr Brode, von der grenzenlosen Forschungsfreiheit oder der unbeschränkten Freiheit des Forschers läßt sich aber schon damit auf einer rechtlichen und auch weithin akzeptierten Ebene entgegentreten.

Sowohl bei Ihnen, Herr Diehl, wie bei Ihnen, Herr Solbakk, habe ich eine kritische Stellungnahme zur Organentnahme bei Hirntoten herausgehört. Konkret bei Ihnen, Herr Solbakk, hatte ich den Eindruck, daß Sie da eine unzulässige Verzweckung des Menschen sehen. Sehen Sie konkrete Grenzen zulässiger Organentnahmen?

Solbakk: Ich bin nicht gegen Transplantationen, wohl aber gegen bestimmte Konsequenzen der heutigen Transplantationspraxis. Sie geht in die Richtung, daß das Sterben etwas nicht zum Menschsein Gehöriges ist. Das Sterben wird umschrieben, verhüllt. Es kommt insoweit zur Sprache, als sich dagegen medizinisch etwas tun läßt. Das führt zu Widersprüchen.

Jetzt gibt es eine internationale Diskussion darüber, Gehirnzellen von Embryonen zu benutzen, um Parkinson-Patienten zu helfen. Man kann nicht gleichzeitig ein Hirntodkriterium benutzen und Hirnzellen aus Feten entnehmen. Die Entnahme setzt voraus, daß das embryonale Hirn funktioniert. Das Herztod-Kriterium eignet sich viel besser, um diese Praxis zu legitimieren. Das ist ein ungutes Spiel. In vieler Hinsicht ließe sich mit dem Herztod-Kriterium ethisch besser arbeiten. Es machte weniger Probleme.

Niemand weiß, ob die Transplantationspraxis ein Heil oder Unheil ist. In der medizinischen Ethik gibt es selten ein entweder/oder. Weil die Realität der Medizin so kompliziert ist, ist es auch so schwierig, eindeutige Richtlinien zu entwickeln. Es gibt eine pluralistische Praxis, deren Pluralismus nicht ethisch begründet ist. Aber die Realität zeigt sich als pluralistische. Ich möchte wenigstens das Sterben und den Tod in die Medizin zurückbringen als etwas, das zum Menschenleben gehört.

Diehl: Das Problem ist in der Tat schwierig, Herr Brode. Wenn Sie verstanden haben, daß ich der wissenschaftlichen Forschung reserviert gegenüberstehe, haben Sie mich mißverstanden. Ich mache selbst molekularbiologische Forschung, und bin täglich dankbar für die gentechnologischen Entwicklungen, mit denen ich Menschenleben retten kann. Als Arzt, Wissenschaftler und Christ bin ich absolut Ihrer Meinung, daß ich sehr klar zwischen der eigenen christlichen Überzeugung und einer für alle verbindlichen medizinischen Ethik trennen soll.

Die Problematik des Hirntodes verdanken wir - traditionell ausgedrückt - der Reaktivierung von Leben durch Herzmassage und anderen Methoden. Ich hänge nicht daran, der Herztod sei vom Schöpfer oder von der Natur über Jahrtausende als endgültige Formel bestimmt. Durch die moderne Medizin sind wir aber in ein Dilemma hineingekommen, das das Beispiel des Embryos, von dem Gehirnzellen genommen werden, um bei einem Alzheimer-Patienten eine Repopulation intakter Zellen im Gehirn auszulösen, ganz gut auf den Punkt bringt. Transplantation leistet zweifellos Hilfe für viele Menschen, die dadurch noch lange leistungsfähig leben können, denen durch die Transplantation von Organen das Leben sozusagen neu geschenkt wurde. Ich muß aber mindestens einmal im Monat entscheiden, ein Gerät abzustellen, wenn der Hirntod eingetreten ist, der Herztod aber absehbar nicht eintreten wird. Ganz wohl dabei ist mir nicht. Und über die österreichische Entscheidung, daß Organe entnommen werden dürfen, wenn kein Widerspruch bekannt ist, bin ich nicht sehr glücklich. Es ist mir lieber, wenn derjenige, von dem die Organe entnommen werden, vorher dazu ja gesagt hat.

In der Anfangsphase der Nierentransplantation stand hinten auf den Autos unserer Transplanteure “be nice, be a kidney donor” (Sei nett, sei ein Nierenspender). Meine Spendebereitschaft muß ich aber wenigstens persönlich zum Ausdruck bringen dürfen.

Ich habe nichts dagegen, daß, wenn ich wirklich tot sein sollte und mein Gehirn seine Funktion verloren hat, meine Organe entnommen werden, sofern sie noch so gut sind, daß sie anderen nützen können. Ich kenne so viele junge Menschen, die mit einer neuen Leber, einem neuen Herzen, einer neuen Niere und mit anderen Organen wieder fähig sind, gesund und menschenwürdig zu leben. Ich bin allerdings dagegen, wenn man, wie es durchaus droht, lebensverlängernde Maßnahmen an Organspendern vornimmt oder solche gar züchtet.

Brode: Verschiedene Kulturen projizieren in bestimmte Organe unterschiedliche Bedeutung. Als Kardiologe berührt mich in der jüdisch-christlichen Tradition eine Art Herz-Mythologie. Das Herz steht für das Zentrum des Menschen. "Gott aber schaut das Herz des Menschen an ..." Für mich ist das Herz ein Pumpmuskel.

Die Griechen waren meines Erachtens viel realistischer. Sie sahen den Menschen bestimmt durch Intellekt und Geschlecht. Das scheint mir auch viel wesentlicher zu sein. So habe ich rein gefühlsmäßig überhaupt keine Probleme mit der Verpflanzung von Organen mit Ausnahme des Gehirns. Denn für mich ist das Gehirn das den Menschen eigentlich definierende Organ. Über Hirntransplantation müßte ich tatsächlich zuerst einmal nachdenken. Spontan kommen mir da Bedenken, ob das berechtigt wäre, weil etwas Wesentliches verändert wird an einem anderen Menschen. Man verändert ihn wirklich in seiner Substanz. Ansonsten sollte man doch meinen, daß der Mensch mehr ist als die Summe seiner Einzelteile und es deshalb durchaus erlaubt ist zu transplantieren, wenn man einen Menschen als Ganzen damit weitererhalten kann.

Thomas: Man könnte jetzt denken, daß Sie mit dem Hirn genau so verfahren wie die jüdisch-christliche Tradition mit dem Herzen als Metapher für das Zentrum des Menschen, was Sie kritisieren als "Herz-Mythologie". Zum Vernunft- und Wissenschaftsglauben der aufgeklärten Moderne paßt in der Tat eine Hirn-Mythologie besser.

Dr. Heinz-Georg Kuttner: Was erfordert eigentlich, Herr Diehl, einen Wandel in der medizinischen Ethik? Wieso steht heute zur Diskussion, ob ein Arzt auf Verlangen töten oder abtreiben darf? "Auf Verlangen" meint doch dabei allenfalls, daß der Arzt es gar nicht verantwortet, daß er selbst gar nicht als ethisches Subjekt auftreten, sondern eine am Markt nachgefragte technische Dienstleistung erbringen soll. Ideen, die im vorigen Jahrhundert mit dem Darwinismus und Sozialdarwinismus aufgenommen waren, liegen seit Ende des Zweiten Weltkriegs als politische wie wissenschaftliche Praxiserfahrung vor, ob es sich nun um den Versuch handelte, eine ideale Rasse zu züchten oder sich von der Sklaven- und Mitleidsmoral zu lösen. Unter den Richtern, Lehrern und Ärzten konnte sich damals offenbar mancher mit dem Programm von Eugenik und Zuchtauswahl identifizieren. Nach dem Zweiten Weltkrieg setzte ein Nachdenken ein. Alles das wurde mit großen Aufwand diskutiert. Man wollte darüber nachdenken, wer politisch oder als Wissenschaftler schuldig geworden war. Wieso ist die Sensibilisierung dafür, daß jeder Handelnde als ethisches Subjekt gefordert ist, verlorengegangen?

Die gegenwärtige Diskussion erzeugt das Bewußtsein, daß, wenn man sich *gesellschaftlich* zu Abtreibung oder Euthanasie entschließt, die Tötung nicht nur straffrei ist, sondern auch ohne Schuld. Demgegenüber verlangt die Forderung, der Arzt solle als ethisches Subjekt handeln, Klarheit darüber, was im Einzelfall sittlich gut ist und was nicht. Ich fürchte, daß Freiheit von Forschung und Lehre nur aufrechterhalten werden, solange man unterstellen kann, daß jeder Forscher und Lehrer mindestens grundsätzlich als ethisches Subjekt zu handeln imstande ist, andernfalls er eben schuldig wird. Wo ist die Sensibilisierung für moralische Schuld geblieben, die nach dem Zweiten Weltkrieg sowohl in der Politik wie in der Wissenschaft vorhanden war? Ist sie denn einfach im Markt gesellschaftlicher Interessen aufgegangen?

Diehl: Töten auf Verlangen ist meines Erachtens heute so unmöglich wie nach dem Zweiten Weltkrieg. Ich stimme nicht mit Herrn Hackethal überein. Ich habe eine ganze Reihe solcher Patienten mit schrecklichen Destruktionen des Gesichtes gesehen. Etwas Schlimmeres als ein solcher Tumor ist wirklich schwer vorstellbar. Ich kann zwar Herrn Hackethal verstehen, wenn er sagt, hier müsse irgendwo Schluß sein, und dem Wunsch des Patienten nachgibt. Nur habe ich es noch nie nötig gehabt, solchen Patienten die Möglichkeit streitig zu machen, als Menschen noch zu existieren. Das kostet großen Aufwand.

Ich bin aber überzeugt, daß es nicht nötig ist, auf Verlangen zu töten.

Die Geschichte der Ethik ist nicht mein Fach. Ich stelle aber fest, daß die Sensibilität in ethischen Fragen mitnichten gering, vielmehr sehr hoch ist. Allerdings wird sehr viel mehr über Ethik geredet als viele wissen, was sie wirklich damit meinen. Ich beanspruche nicht, eine allgemeingültige Ethik formulieren zu können. Ich kann nicht einmal ausschließen, daß Ethik sich auch im Wandel der Zeiten verändert. Ich kann nur für mich persönlich, in meinem Wirkungsbereich als Hochschullehrer, als Arzt und als Wissenschaftler meine Auffassung darlegen. Ob sie allgemeingültig ist und gleichermaßen für den Roten, Gelben oder Schwarzen gilt, das weiß ich nicht. Aber ich bin als Arzt in vielen Kontinenten gewesen, habe ein Jahr in Afrika, drei Jahre in Amerika und drei Jahre in Schweden gearbeitet, war auch zeitweise in meinem Leben Nichtchrist, aber ich bin immer dieser Ethik treu geblieben.

Michael Pullmann: Welcher Verantwortung unterliegen Naturwissenschaftler, ihre Forschungsergebnisse zu publizieren? Man hört häufiger, daß in Sachen Aids Forschungen nicht in dem Maße publiziert werden, wie es der Dringlichkeit des Handlungsbedarfs entspricht.

Diehl: Gegenüber weltweit etwa 400 Millionen Malaria-Infizierten, von denen jedes Jahr zwei Millionen Kinder und etwa zwei Millionen Erwachsene sterben, zählen wir insgesamt neun bis elf Millionen HIV-Infizierte in der ganzen Welt. Die Relation sagt trotz allem einiges aus: Von etwa einer Million Aids-Patienten auf der Welt sterben vielleicht 500.000 an dieser Krankheit. Wie sieht das für Köln aus? Von einer Million Einwohner werden 250.000 einen Tumor entwickeln, 500.000 werden an Herz-Kreislauf-Erkrankungen sterben. Wir haben etwa 1.300 HIV-Infizierte und etwa 250-300 Aidspatienten. Es wird also unverhältnismäßig viel über Aids geredet, und zwar, weil Sexualität eine so enorme Rolle spielt. Wir projizieren diese Dinge wirklich unter die Gürtellinie. Wären wir ehrlich, würden wir, genau wie wir früher bei jedem, der ins Krankenhaus kam, den Wassermanntest auf Syphilis gemacht haben, heute auch einen HIV-Test machen. Daß wir derartig hysterisch darauf bestehen, dies nicht zu tun, hängt mit einer Perversion moralischer Meinungen zusammen. Daß wir Ärzte Homosexuelle und Drogenabhängige nicht ausgrenzen, sondern als medizinisch-sozio-ökonomisches Problem sehen müssen, ist selbstverständlich. Daß es auf einem Gebiet nur medizinisch und auf dem anderen nur ethisch zugehen soll, ist eine ungute Schizophrenie.

Wissenschaftliche Mißerfolge werden nicht veröffentlicht. Es gibt leider keine Zeitschrift für die Negativ-Ergebnisse der Wissenschaft. Ich wünschte, es gäbe auch ein Journal, in dem negative Ergebnisse publiziert werden: Experimente, bei denen nichts herausgekommen ist. Publiziert werden vor allem Highlights, die die Wissenschaft vorwärts bringen, aber nicht die hunderttausend Negativ-Experimente. Dennoch weiß, wer heute Wissenschaft betreibt, recht genau, was läuft. Die Kommunikation durch das Fax und die vielen Kongresse ist so enorm, daß man weiß, wo etwas läuft und wo etwas auch nicht zu einem Ergebnis geführt hat. Gerade in Sachen HIV wurde eine fast hysterische Kampagne betrieben, die zudem häufig sehr sensibilisiert war durch gesellschaftliche Tabus: Wir sind in unserer Gesellschaft einfach nicht bereit, unser Verhalten in Frage zu stellen. Das gilt genauso für das Rauchen und den Alkohol. Dreißig bis vierzigtausend weniger Krebstote in der Bundesrepublik und fünf bis sechs Milliarden weniger Krankenkassenleistungen wären da zu holen.

Pullmann: Es ist ja ein Szenario denkbar, in dem die Verbreitung von Aids es unmöglich macht, eine “Vollversorgung” aller Patienten zu gewährleisten. Das muß gar nicht nur wirtschaftlich bedingt sein. Mir ist der Fall eines Aidskranken in der Eifel bekannt. Er lebt in der Sorge, eines Tages morgens nicht mehr die Kraft zu haben aufzustehen. Darin, sich seinem Umfeld oder dem Arzt zu offenbaren, sieht er erst recht keine Möglichkeit. Das ist ein schwerwiegendes Vertrauensproblem - sowohl im Verhältnis zum Arzt wie zum sozialen Umfeld. Diese soziale Scheu plus medizinisch-wirtschaftliche Aspekte mögen schon auch den Gedanken an Euthanasie befördern.

Herranz: Euthanasie ist für mich überhaupt kein Mittel zur Lösung irgendeines ärztlichen Problems. Zur Kostenfrage: Bisher war die Behandlung von HIV-Patienten teuer, weil wir wenig über die Krankheit wußten. Auch wenn keine spektakulären Heilmittel gefunden werden, ist vorauszusehen, daß die Behandlung billiger wird. In der Einschränkung der Weiterverbreitung der Viren und Verhinderung des manifesten Aids-Krankheitsbildes ist man doch erheblich vorangekommen. Gäbe es nicht Geld genug für spezifische Therapien, so reichte es doch für eine würdige palliative Behandlung, solange der Patient lebt.

Zur Vertrauensfrage: Aids hat in der gegenwärtigen Medizin die moralische Sensibilität regelrecht aufgewühlt. Das ist, auch wenn die Tragödie dieser Krankheit für den Betroffenen nichts ändert, etwas Gutes. Es ist doch eine Herausforderung, die Medizin nun wirklich menschlicher zu machen. Menschlicher wird sie durch richtige Behandlung und Pflege, nicht durch Euthanasie, wie man sie in Holland anbietet - weniger übrigens, um das Leiden abzukürzen als um die Demütigung durch diese im sozialen Umfeld als anstößig und ehrenrührig empfundene Krankheit zu ersparen.

Was die Diskriminierungsgefahr angeht, hat die Ärzteschaft in Spanien die Ärzte mit Strafen bedroht, die Aids-Patienten abweisen, weil sie diese Krankheit haben. Die Abweisung eines Patienten wegen Aids ist nicht nur ein Zeichen fehlender Menschlichkeit, sondern heute auch Ausweis einer abergläubischen und unwissenden Haltung. Wir wissen genug über die Ansteckungswege und den Selbstschutz, daß kein Arzt die Infektionsgefahr für sich als Motiv geltend machen kann. Ausnahmefälle gibt es immer. Aber immer ist auch daran zu erinnern, daß wir Ärzte durch unseren Dienstvertrag stets eine Kampfstellung in vorderster Linie gegen Epidemien eingenommen haben. Gelegentliche Opfer aus den eigenen Reihen sind der Preis des Berufes für das Privileg des Arztseins.

Carsten Hobohm: Mit der öffentlichen Finanzierung aller medizinischen Handlungen entsteht vielleicht auch so etwas wie ein öffentliches Monopol auf ethische Kompetenz, die, wie sich zeigt, im Gesundheitswesen recht fragwürdig ausfällt. Müßten also, was die ethische Orientierung, vielleicht sogar auch die Finanzierung angeht, hier nicht andere als der Staat und anonyme Großkörperschaften vermehrt tätig werden? Zum Beispiel die Kirche?

Solbakk: Ihrer Frage liegt wohl die These zugrunde, daß die ethische Sensibilität in der Medizin sich vermindert hat. Nach meiner Meinung hat sich aber gar nicht die Sensibilität in der Medizin vermindert, sondern die Komplexität in der Medizin sich vermehrt. Mit der Pluralität der Möglichkeiten wächst in der Medizin geradezu tumorhaft die Komplexität. Um diesem Problem zu begegnen, sollten alle Menschen, die sich mit ihrer Gesundheit und Krankeit, Hilflosigkeit und Abhängigkeit beschäftigen, sich auch mit der Medizinethik beschäftigen

Gormally: Wenn ich richtig verstanden habe, fragten Sie auch nach dem Beitrag der Kirche zur ethischen Erziehung der Ärzte? Trotz der gebotenen Kürze muß ich einer Antwort einige Bemerkungen darüber vorausschicken, was mir gegenwärtig in meinen Land, aber wohl auch allgemein in der westlichen Welt auf dem Gebiet der Bioethik der Fall zu sein scheint. Nach Jahren des Widerstandes dagegen wird jetzt bei uns der Unterricht in Bioethik in der medizinischen Ausbildung institutionalisiert. Soweit ich sehe, ist die anglo-amerikanische Bioethik weitgehend utilitaristisch geprägt. Zu erwarten ist also ein Pflichtfach utilitaristische Ethik. Das kann - sagen wir es ruhig so - zu einer Ideologie führen, deren Hauptfunktion in der Gesellschaft darin besteht, Tendenzen und Praktiken, die zwar gegen Recht und Gerechtigkeit verstoßen, zu denen aber hinreichend Motivation besteht, rational zu begründen. Damit fällt Licht auf den Zustand unserer Gesellschaft: Ihr geht Opportunität vor Recht. Welche Aufgabe fällt in einer solchen Lage der Kirche zu? Ihre grundlegende Rolle sollte meiner Meinung darin bestehen, eine Gemeinschaft zu sein, die jedes Mitglied - darunter auch die Medizinstudenten - persönlich befähigt zu einer Abkehr von Werten, die sein Umfeld bestimmen, zu einer Hinkehr zum Sinn eines anderen Wertekatalogs, die ihn mit der Kraft ausstattet, nach diesen alternativen Werten zu leben. Das wäre die elementarste Herausforderung an die Kirche.

Als untergeordnete Herausforderung besteht dann des weiteren die Notwendigkeit, die Alternative der kirchlichen Moraltradition auch aktiv zu lehren. In unserer Gesellschaft sind wir, wie mir scheint, vor eine Wahl gestellt, die mit derjenigen immer offenkundiger vergleichbar wird, vor die sich die Frühchristen in ihrer Gesellschaft gestellt sahen. Die Didache, eines der frühesten Dokumente der apostolischen Kirche, unterscheidet zwischen einem Weg zum Leben und einem Weg zum Tode. Was den Weg zum Tode auszeichnet, ist dort ganz klar und deshalb für einen Christen ausgeschlossen: zum Beispiel Abtreibung, Kindestötung, falsches Zeugnis. Was also nottut, sind Gemeinschaften, die eine Umkehr auf den Weg zum Leben erleichtern. Ferner sind intellektuelle Anstrengungen gefragt, um diese alternative Sicht zu formulieren.

Hans Thomas

Leiblichkeit

Ehrfurcht vor dem Leib oder Furcht vor der Medizin

Ehrfurcht vor dem Leib. Leiblichkeit: Das könnte man ganz materialistisch verstehen. Ich möchte es hier, da wir uns mit der Medizin beschäftigen, auch so, nämlich ganz materiell, verstanden wissen.

Daß der Mensch eine besondere Würde habe, unterstellt nicht erst unser Grundgesetz. Was keinen Preis habe, das besitze Würde, sagt Kant und stellt fest: "Der Mensch, und überhaupt jedes vernünftige Wesen, existiert als Zweck an sich selbst, nicht *bloß* als *Mittel* zum beliebigen Gebrauche für diesen oder jenen Willen[1]". Genügt es aber, um festzustellen, ob ein Wesen Mensch in diesem Sinne ist, hinzuschauen auf einen menschlichen Leib, der lebt, um dann zu sagen: Ja, das ist ein Mensch? Oder müssen wir da erst noch weitere Untersuchungen anstellen, um herauszufinden, ob er wirklich zu "uns" gehört, so daß wir dann auch seine Würde anerkennen werden? Etwa, daß er auf der Höhe unserer Vernunft- oder Kulturentwicklung, daß er in unserer Gesellschaft integrierbar ist, daß er hinreichend gesund und selbständig ist, gar der richtigen Rasse oder Klasse angehört? Jedes einzelne dieser

[1] I. KANT, *Grundlegung zur Metaphysik der Sitten*, Theorie-Werkausgabe, hrsg. v. W. Weischedel, Frankfurt (Suhrkamp) 1968, Bd. VII, 59.

Unterscheidungsmerkmale hat bekanntlich - auch nach der Erklärung der Menschenrechte - hingereicht, Menschen Menschenwürde zu- oder abzusprechen, sie aus dem "Wir" auszugrenzen, innerhalb dessen wir Menschenrechte anerkennen und in Anspruch nehmen. Am häufigsten geschah das in unserem Jahrhundert.

Für die vergangenen Formen von Mißachtung der Menschenwürde herrscht heute ein durchaus waches Gespür. Es müßte also genügen, zur "species" Mensch zu gehören, sollte man meinen, um jeden Zweifel an der Würde auszuschließen. Ebendies verwirft neuerdings Peter Singer als "Speziesismus"[2], den er in die Nähe des Rassismus rückt, weil er die Tierwelt diskriminiere.

Wenn Peter Singer heute vorschlägt, ein komatöser oder dementer Patient oder ein Neugeborenes, deren geistige Funktionen und deren Selbsterfassung geringer entwickelt seien als diejenigen eines treuen Hundes oder findigen Schimpansen, sei deshalb auch an sich nicht höher zu achten[3], dann mag man ihm zwar ein hohes Maß an Tierliebe zugute halten, die Idee der Menschenwürde hat er damit aber liquidiert und an ihre Stelle die Würde, oder besser *seinen* Schätzwert bestimmter Funktionen gesetzt. Ob man das Auftreten solcher Autoren bedauern soll, ist schwer zu sagen. Immerhin denkt Singer laut zu Ende, was viele mehr oder minder fühlen oder meinen, die es dann aber doch schockiert, wenn jemand es zu Ende denkt und sagt. Wenn es einen stichhaltigen Grund gebe, so konsequenterweise Singer, ein Ungeborenes zu töten, dann erlaube der gleiche Grund auch, ein Neugeborenes zu töten.

Auf die Frage, was denn den Menschen ausmache, werden heute vier verbreitete Antworten bereitgehalten:

[2] P. SINGER, *Praktische Ethik*, Stuttgart (Reclam) 1984, 70 ff.

[3] "Die biologischen Fakten, an die unsere Gattung gebunden ist, haben keine moralische Bedeutung. Einem Leben bloß deshalb den Vorzug zu geben, weil das Lebewesen unserer Gattung angehört, würde uns in dieselbe Position bringen wie die Rassisten, die denen den Vorzug geben, die zu ihrer Rasse gehören". Ebd., 107.

a) seine unsterbliche Seele;
b) sein geistiges Bewußtsein;
c) seine physische Existenz;
d) seine genetische Information.

Keine Antwort ist eigentlich falsch, aber auch keine hinreichend. Und die Antwort, den Menschen mache sein Menschsein aus, ist tautologisch. Sie ist auch wahr, sogar eine "ganzheitliche" Antwort, was manche heute schätzen. Nur hilft sie uns nicht weiter.

Geist-Materie-Dualismus und die Ganzheit des Menschen

Vor einiger Zeit war ich zusammen mit einem Röntgenologen in einem privaten Freundeskreis zu einem zwanglosen Gespräch über medizinische und philosophische Fragen eingeladen. Der Röntgenologe hatte über neue radiologisch-diagnostische Techniken gesprochen. Dann fragte ihn einer der Anwesenden, ob er beim Röntgen schon einmal die menschliche Seele auf die Platte gebannt habe. Die Antwort kam wie geschossen: "Eigentlich fast immer. Die Röntgenbilder von Lebenden unterscheiden sich meist deutlich von denen einer Leiche."

Seine Antwort traf, denke ich, ziemlich genau das, was schon Aristoteles und nach ihm die ganze aristotelische Tradition vor allem unter der Seele verstand: das Form- und Lebensprinzip eines Lebewesens, Form des Leibes und Akt seiner Belebung. Erst nachdem Descartes Geist und Materie zu zwei so eigenständigen Seinsarten erklärt hatte, daß der lebende Mensch nur noch vorstellbar war als ein Zusammengesetztes aus zwei im übrigen selbständigen Elementen Seele und Leib - man nennt das bekanntlich Dualismus -, entzündete sich erst der neuzeitliche Streit, ob es denn nicht genüge, nur ein Prinzip anzunehmen, *entweder* die Materie des Leibes *oder* die Geistseele.

Je nach Auffassung der Streitenden existiert entweder das jeweils andere gar nicht oder es ist schlicht irrelevant und uninteressant. Oder aber der Geist ist nur eine Funktion komplexer Materie - oder umgekehrt die Materie nur eine Erscheinungsform des Geistes. Der Streit hält bis heute an. Einmal haben die Materialisten Konjunktur, ein andermal die (ich nenne sie einmal so:) Spiritualisten. Wenn man genauer hinschaut, setzen die einen übrigens die anderen voraus und kommen deshalb regelmäßig gleichzeitig vor. Denn wer als Materialist auf den Geist verzichten zu können meint, oder als Spiritualist die Materie für irrelevant erklärt, überwindet ja den Materie-Geist- oder Leib-Seele-Dualismus nicht, gegen den beide kämpfen, sondern ergreift nur innerhalb des Dualismus - ganz monistisch - Partei für die eine oder andere Seite. Jeder einzelne der siamesischen Zwillinge will auf Kosten des anderen überleben.

Auch heute sind beide lebendig. Im 19. Jahrhundert war der Materialismus Trumpf und da sind wir noch nicht heraus. Gleichzeitig sind die erleuchteten Esoteriker des New-Age "in", die ganz spiritualistisch erklären, die Art Problem, die wir uns hier machen, sei ein Irrläufer unserer Bewußtseinsentwicklung. Unsere rationale Kultur habe uns verleitet, denkend unentwegt begriffliche Gegensätze (Materie/Geist, Leib/Seele, Welt/Gott, Leben/Tod, oben/unten, rechts/links) zu konstruieren, die die Welt immer mehr aufspalten, Probleme bereiten und Unfrieden stiften. Vor allem aber entfremdeten uns die Gegensätze uns selbst und der wahren, nämlich *ganzheitlichen* Wirklichkeit der Welt. In Wirklichkeit seien nämlich Materie und Geist ein und dasselbe, und ebenso Leben und Tod. Nur habe sie der Cartesianische Sündenfall des Dualismus auseinandergerissen.

Man kann sich einer gewissen Sympathie für solche Kritiker kaum verschließen, weil sie vor Übertreibungen einer sich in immer mehr Oppositionen polarisierenden Welt warnen (Arm gegen Reich; Regierte gegen Regierende; Süd gegen Nord; Frau gegen Mann, usw.) Eine große Sehnsucht nach universaler Einheit und Frieden soll man ihnen zugute halten. Allerdings verlangt ihr Heilsversprechen meistens, daß nicht nur die Spaltungen geheilt, sondern auch die Unterschiede aufgehoben werden. Im Kosmos seien alle Dinge doch letztlich eins. Unserem Einklang mit dem Universum steht danach offenbar in der Tat unser Denken im Wege. Denn selbst die Sehnsucht nach einem nicht-dualen Denken setzt noch einen Gegensatz in die Welt, den nämlich zum beklagten Denken in Gegensätzen.[4]

Im Gegensatz zu Platon, der ein ausgeprägter Leib-Seele-Dualist war und den Leib als eine Art Kerker der Seele ansah[5], hatte Aristoteles die klare Vorstellung, daß Leib und Seele eine Einheit bilden und nur in dieser Einheit existieren. Das galt für Menschen wie für Tiere, die eben eine Tierseele haben, wie auch für Bäume, denen eine Pflanzenseele eignet. Hier ist die Seele das Form- und Lebensprinzip des Leibes. Begrifflich unterschieden wurden beide schon. Was die Natur eines Lebenden ausmache, ob es Pflanze, Tier sei oder Mensch, das präge der Materie die jeweilige Seele ein. Aber nur die menschliche Seele sei eine Geistseele. Daß sie eine Geistseele sei, das könne man ja sehen. Denn Menschen könnten offenkundig verstehen, denken, sprechen, lachen und sich frei entscheiden. Die Vorstellung, Leib und Seele könnten nur als Einheit existieren, brachte selbstverständlich mit sich, daß die Seele vor der leiblichen Zeugung nicht da sein könne. Deshalb zerbrachen sich die Aristoteliker den Kopf darüber, wann denn in der Schwangerschaft die Beseelung geschehe - die Aristoteliker jedenfalls, die noch nichts von Genetik wußten.

[4] Vgl. z. B. Ken WILBER, *Das Spektrum des Bewußtseins*, München (Scherz) 1989. Ob wir ohne Denken - in der Unmittelbarkeit zum Leben und zum Weltganzen - glücklich wären wie im Mutterleib, wie das Reh im Wald oder die Kuh auf der Wiese, wissen wir nicht. So wie es aussieht, leben letztere ohne begriffliche Gegensätze, also auch ohne ein Bewußtsein ihres Sterbenmüssens. Wer das weiterdenkt, wird den Verdacht nicht los, hier könne es sich auch um Propheten handeln, die einer hedonistisch-narzißtischen Existenz die Freiheit von Problemen offerieren.

[5] "... wenn wir je etwas rein erkennen wollen, wir uns von ihm (dem Leib) losmachen und mit der Seele selbst die Dinge selbst schauen müssen." Phaidon, Nr. 66 d-e.

Die ontologische Leib-Seele-Einheit war aber auch nicht ohne Probleme. Zwischen den christlichen und arabischen Aristotelikern, die einen angeführt von Thomas von Aquin, die anderen von Ibn Roschd (lateinisch: Averroes), gab es im 13. Jahrhundert einen Streit darüber, wie es nach dem Tode weitergehe. Beide Seiten wußten, daß der Leib ohne Seele nicht fortbesteht, sondern zerfällt, und waren darin einer Meinung, daß auch die Seele des Leibs bedürfe. Gleichzeitig waren beide überzeugt, daß Geist unsterblich ist. Der Streit ging nun darum, wie dieser Widerspruch zu lösen sei. Nun stimmten beide nochmals darin überein, daß die menschliche Seele zwar Form des Leibes sei und dessen organische Funktionen präge, daß sie darüber hinaus aber auch ein Vermögen besitze, das ohne Verbindung mit organischem Substrat gedacht werden könne, nämlich die Erkenntnisfähigkeit des Intellekts. Die Geistseele des Menschen *überschreitet* demnach die Qualität der bloßen Form des Leibes. Averroes trennte nun den intellektiven Seelen-"teil" als das ab, was unsterblich sei. Und dieser Intellekt, sagte er, sei gar nicht individuell. Vielmehr gebe es nur einen Intellekt, der allen Menschen gemeinsam sei. Der einzelne Mensch habe, so lange er lebe, *persönlichen Anteil* am allgemeinen Intellekt. Was geistige Erkenntnis persönlich mache, das Individuationsprinzip also, sei die Materie des Leibes. Nach seinem Tod besteht, so Averroes, der Intellekt fort als einer und allgemeiner der Menschheit[6].

Damit sah Thomas von Aquin die geistige Identität der menschlichen Person gefährdet (die Gedanken des Sokrates seien dann nicht mehr eigentlich Gedanken jenes unverwechselbaren Sokrates). Gefährdet schienen ihm auch die individuelle Unsterblichkeit (mitsamt der persönlichen Zurechnung von Verantwortung) und die Einheit der menschlichen Geistseele. Zwar höre mit dem Tod, so wandte Tho-

[6] AVERROIS CORDUBENSIS, *Commentarium Magnum in Aristotelis De Anima Libros,* Ed.: F. Stuart Crawford, in: The Mediaeval Academy of America, Cambridge Mass. 1953.

mas ein, der Mensch als Person zu existieren auf, und mit dem Leib auch die Seele als dessen belebender Akt. Als Form des Leibes subsistiere sie jedoch. (Auch der geistige Entwurf eines Hauses besteht ja fort, wenn das Haus durch eine Bombe zerstört wurde. Nun hinkt dieser Vergleich insofern, als der Hausentwurf als Frucht menschlicher "Kreativität" nur ideell - in den Köpfen von Menschen, allenfalls auf Architektenplänen - fortbesteht, die Seele als Frucht göttlicher *creatio* aber real subsistiert.)

Nach Thomas subsistiert die Seele mitsamt ihrem intellektiven Prinzip. Nur sei das Sein der Subsistenz nicht wie das Sein des Menschen. Personsein sei an einen Leib gebunden. Soweit Thomas philosophisch. Erst wenn der subsistierenden Seele, so Thomas theologisch weiter, bei der leiblichen Auferstehung ein neuer Leib geschaffen werde, dann existiere wieder die Person. Die subsistierende Seele wahre aber die Identität des Auferstandenen mit dem Verstorbenen. (Inzwischen könne man deshalb auch nicht die Person des Verstorbenen anrufen, sondern nur seine abgeschiedene Seele - und in ihr die Person, die der Verstorbene war und sein wird.)[7]

So eindrucksvoll sich in diesem Streit die philosophische Leistung zeigt, die es Thomas erlaubt, an der ontologischen Einheit und Ganzheit der menschlichen Person festzuhalten, so hart an die Grenze eines Dualismus scheint er dennoch zu geraten. Wäre im übrigen ein dualistisches Leib-Seele-Modell an sich schon problematisch, müßten wir Platon ebenso verwerfen wie Sir John Eccles, dessen neurophysiologisches Geist-Hirn-Interaktions-Modell in höchstem Maße dualistisch ist.[8]

[7] Vgl. W. KLUXEN, *Seele und Unsterblichkeit bei Thomas von Aquin*, in: Seele - ihre Wirklichkeit, ihr Verhältnis zum Leib und zur menschlichen Person. Hrsg. v. Klaus Kremer, Leiden/Köln (E. J. Brill) 1984, 83.

[8] Um nur eine in der Reihe dieses Buches erschienene Veröffentlichung zu nennen, vgl. John C. ECCLES, *Kulturelle Evolution und schöpferische Einbildungskraft*, in: Hans Thomas (Hrsg.), Die Welt als Medieninszenierung, Herford (Busse Seewald) 1989, 77-100.

Weit problematischer scheinen mir, wie schon erwähnt, die materialistischen und spiritualistischen Monismen zu sein, die innerhalb des Leib-Seele-Dualismus *entweder/oder* sagen: entweder nur Materie oder nur Geist. (Zwischen beiden wäre mir, wenn ich wählen müßte, der materialistische Monismus offengestanden lieber, weil er - wenn es ihn denn wirklich gäbe - mindestens griffiger wäre.)

Naturgesetze und das Gesetz der Freiheit

Für die prinzipielle Teilung der Welt in Geist und Materie, wie sie Descartes vollzog, lag gewiß ein beachtlicher Grund in der neuzeitlichen Konfrontation mit einem ungeheuren Wissenszuwachs über die Naturgesetzlichkeit, über die Notwendigkeit materieller Abläufe. Ein neues Reich des Determinismus trat dem Reich der Freiheit gegenüber: Man mochte wohl den Eindruck bekommen, das materielle Reich des Determinismus nehme bald allen Platz ein, und das Reich der Freiheit werde kaum noch eine Rolle spielen zur Erklärung dieser Welt.

Ganz unter diesem Eindruck scheint Immanuel Kant zu stehen, wenn er zu Beginn seines Unternehmens, eine Wissenschaft von den Gesetzen der Freiheit zu entwerfen, daran erinnert, daß die griechische Philosophie zu Recht drei Wissenschaften unterschied: die Physik, die Ethik, die Logik. Nur eine, nämlich die Physik, habe sich mit den Objekten und Gesetzen der Natur beschäftigt. Während die Logik die Gesetze des Denkens selbst zum Gegenstand habe, gehe es der Ethik um die Gesetze der Freiheit.[9]

Das Fundament seiner Sittenlehre bildet die Würde des Menschen. Gegenüber allen relativen Zwecken und Werten, die die Naturdinge und Naturgesetze für den Menschen haben können, macht den absoluten Wert des Menschen seine Freiheit aus, sein Vermögen, "der Vorstellung gewisser Ge-

[9] *Grundlegung der Metaphysik der Sitten* (s. Anm. 1), 11.

setze gemäß sich selbst zum Handeln zu bestimmen"[10], seine Selbstbestimmung also. Dieses Vermögen kann "nur in vernünftigen Wesen anzutreffen"[11] sein. So eindeutig Kants Bekenntnis zum absoluten Wert, zur Würde, zum Zweck an sich selbst des Menschen auch immer ausfällt, als Träger dieses Werts und dieser Würde tritt nicht die leib-seelische Einheit und Ganzheit des Menschen hervor. Vielmehr sind es im engeren Sinne seine geistigen Eigenschaften, sein Freiheitsvermögen, seine Vernunft, sein moralisches Bewußsein, seine Autonomie, die diese Würde haben. Es ist die "Idee der Würde eines vernünftigen Wesens, das keinem Gesetz gehorcht, als dem, das es zugleich sich selbst gibt"[12].

Es gibt bei Kant Formulierungen, die annehmen lassen, diese *Idee der Würde eines vernünftigen Wesens* schließe jedes konkrete Subjekt ein, das der Spezies Mensch angehört. So etwa der Satz: "Jede vernünftige *Natur* existiert als Zweck an sich selbst."[13] Ähnlich der praktische Imperativ, den Kant daraus folgert: "Handle so, daß du die Menschheit, sowohl in deiner Person, als in der Person *jedes anderen*, jederzeit als Zweck, niemals nur als Mittel brauchest."[14] Dennoch läßt, zumal aus heutiger Sicht, die Aufhängung der Menschenwürde an jenen abstrakten Bewußtseinsqualitäten den Verdacht aufkommen, hier liege die Wurzel einer Auffassung, nach der ein konkreter Mensch, der hier und jetzt nicht vernünftig über sich selbst bestimmen könne, daher auch keinen absoluten Wert und keine Würde habe. "Person" schreibt Kant, "ist dasjenige Subjekt, dessen Handlungen einer Zurechnung fähig sind."[15]

[10] Ebd., 59.
[11] Ebd., 59.
[12] Ebd., 67.
[13] Ebd., 60 f. (Hervorhebung von mir).
[14] Ebd., 61, (Hervorhebung von mir).
[15] *Metaphysik der Sitten*, Theorie-Werkausgabe, hrsg. v. W. Weischedel, Frankfurt (Suhrkamp) 1968, Bd. VIII, 329.

Was ist mit dem Subjekt, das gegenwärtig unzurechnungsfähig ist? Greift das ethische Gesetz, der kategorische Imperativ, nach dem ein Mensch niemals nur als Mittel betrachtet und behandelt werden darf, gar nicht oder nur eingeschränkt im Falle etwa komatöser und dementer Kranker, Neugeborener oder erst recht Ungeborener?

Anders als im deutschen, wo Mensch und Person in der Regel Synonyme sind, unterscheidet der englische Sprachgebrauch recht deutlich zwischen *human being* und *human person*. Diese Unterscheidung hat für die gegenwärtige medizinethische Diskussion, zumal das Englische die wissenschaftliche Leitsprache ist, unabsehbare Folgen. *Human person* meint soviel wie entfaltete Person, wenn nicht gar Persönlichkeit; *human being* bedeutet menschliches Wesen, soweit es (nur?) der menschlichen Spezies angehört.

Diese Unterscheidung legt unversehens nahe, die Selbstbestimmung jedes vernünftigen Wesens, die bei Kant der *Grund* dafür ist, von der Würde *des* Menschen zu sprechen, nun als individuelle *Bedingung* zu verstehen, unter der bei einem konkreten Menschen überhaupt erst von Menschenwürde gesprochen werden kann: Nur ein Mensch, der diese Bedingung erfüllt, nämlich hier und jetzt sich vernünftig selbst bestimmen zu können, sei eine Person; andere, etwa Geisteskranke, komatöse Patienten oder Säuglinge, seien es nicht.

Das hippokratische Arztethos respektierte schlicht und unterschiedslos das menschliche Leben als Leitwert. Das Leben, jedes Leben war "heilig", was nicht im religiösen Sinne verstanden werden muß, vielmehr im Sinne von: gleichermaßen unverfügbar. Die Unterscheidung von menschlicher Person und menschlichem Wesen, das nicht Person sei, nötigt demgegenüber den Arzt, hinsichtlich der Verfügbarkeit des Lebens Unterschiede zu machen.

Noch in einem anderen Sinne gerät heute der ethische Leitgedanke von der Würde der Selbstbestimmung mit dem hippokratischen Ethos in Konflikt. Subjektivistisch und individualistisch zugespitzt wird die Bedingung aktueller Selbstbestimmung zunehmend einseitig zu einer Forderung nach

Selbstbestimmung des Patienten. Die Selbstbestimmung - und je nachdem auch Selbstverpflichtung - des Arztes habe zurückzutreten. Die zum neuen ethischen Leitprinzip erhobene *Patientenautonomie* kann im Extremfall den Arzt als eigenständiges ethisches Subjekt leugnen und ihm die Rolle eines bloßen Erfüllungsgehilfen fremden Wollens und Wünschens zuteilen, m.a.W.: ihn zum bloßen Anbieter eines bestimmten Know-how auf einem biotechnischen Dienstleistungsmarkt machen. Die hippokratische Ethik betrachtete den Arzt als Hauptsubjekt der medizinischen Ethik. Deswegen wird heute das hippokratische Ethos vielfach paternalistisch gescholten. Hippokrates verstoße, so lautet die Kritik, gegen die Würde der Selbstbestimmung des Patienten. Das hippokratische Fürsorgeprinzip sei überholt. Nunmehr solle das Prinzip der Autonomie des Patienten das Verhältnis zwischen Arzt und Krankem bestimmen.

Während allerdings das hippokratische Arztideal den Patienten, der seiner Sinne und seines Urteils nicht mächtig ist, nicht anders sieht als den Patienten, der hier und jetzt zu einer vernünftigen Selbstbestimmung fähig ist, produziert jenes Autonomieprinzip, je radikaler es verstanden wird, um so nachhaltiger das Problem, wie man denen noch gerecht werden kann, die nicht mehr selbst entscheiden können. Ob diejenigen, die es scheinbar können, nicht dennoch häufig überfordert sind mit der Entscheidung über sich und der zuvor geforderten Aufklärung, sei hier dahingestellt.

Abgründe des Konsequentialismus

Der hippokratische Grundsatz von der objektiven Heiligkeit des Lebens wird mit dem Autonomieprinzip als Leitwert aufgegeben und durch das subjektive Urteil "Lebensqualität" ersetzt. Das ist in der Praxis mancherorts längst vollzogen. Gedanklich wurde der Vollzug exemplarisch in den Bonner Abtreibungsdebatten vorgeführt. Vom Arzt wird nur noch das Marktangebot der biotechnischen Dienstleistung erwartet. Was alles aus diesem

Wandel noch folgen und auch mit dem Prinzip Patientenautonomie begründet werden kann, zeigt Peter Singer. Dafür muß man vielleicht tatsächlich dankbar sein. Sonst könnte später jemand sagen, das habe er nicht gewußt.

Auch wenn es den unbedingten Wert des Lebens nicht mehr gibt, bleibt es doch von relativem, subjektivem Wert. Der subjektive Wert wird dann alsbald objektiviert. Das ist, was Singer tut, wenn er sich Gedanken darüber macht, ob man ein Kind, das unglücklich sein wird, in die Welt setzen oder, wenn es schon lebt, töten sollte[16], und zu dem Schluß kommt, bestimmte Behinderungen (Hämophilie, Down-Syndrom) könnten unter bestimmten Bedingungen für die Tötung sprechen[17]. Natürlich sollten für Singer Euthanasiekandidaten sich besser autonom entscheiden. Wenn sie dazu nicht imstande sind, weiß er, Singer, aber, und darauf kommt es an, im Grunde die Antwort schon, die sie gäben, wenn ihre Entscheidung nur vernünftig wäre. In der Schweiz warfen Behinderte ihm vor, nach seiner Theorie dürften sie nicht existieren.

Singer argumentiert rein konsequentialistisch. Nichts gilt unbedingt. *Alle* Handlungen sind *allein* an ihren Folgen zu messen: Einen unbedingten Wert wie etwa die Heiligkeit des Lebens gibt es für die Ethik nicht. Das konsequentialistische Begründungsmuster kommt indes um drei Dilemmata nicht herum:

Erstens: Er unterstellt, daß nur er frei, alle anderen aber, die auf seine Handlungen reagieren, determiniert seien. Räumte er auch ihnen Freiheit ein, so wären die Folgen seiner Handlungen insoweit für ihn prinzipiell nicht abschätzbar.

Die IvF ist durchgeführt. Nun will die Frau nicht mehr. Die Einpflanzung des Embryos in ihre Gebärmutter läßt sich auch nicht erzwingen. Die Frau ist autonom. Wer steht nun für den Tod der plötzlich “überzähligen” Embryonen ein? Interessanterweise wird das Scheitern aus der Folgenabschätzung, also “verantwortungsethisch” legitimierter Maßnahmen, dann

[16] Vgl. SINGER, 121.

[17] Ebd., 179 ff.

radikal “gesinnungsethisch” gerechtfertigt: Die ursprüngliche *Absicht*, die Embryonen zu transferieren, salviert auch dann, wenn sie nicht übertragen werden können. “Fehlt eine Implantationsmöglichkeit”, so beschloß der 56. Deutsche Juristentag 1986, “so sind sie ihrem Schicksal zu überlassen[18].”

Zweitens: Die sittliche Entscheidung gut/böse, der der Konsequentialist entkommen wollte, wird nur verlagert in die außersittliche Entscheidung zwischen guten und schlechten Folgen. Wer die Kriterien bestimmt, nach denen Folgen als gut oder schlecht befunden werden, wird selten gesagt, ganz abgesehen davon, daß ein Urteil über Folgen letztlich nur im nachhinein getroffen werden kann. Man kann allenfalls im Hinblick auf *beabsichtigte* Folgen handeln. Im Zweifelsfall hilft die Statistik aus. Und die kann Lebende und Tote gegeneinander aufrechnen. Diejenigen, die durch ihr technisches Know-how denen zu Kindern verhelfen, die womöglich sonst keine bekommen würden, sind als Urheber dieses neuen Lebens zu feiern, während der Tod von Embryonen im Experiment oder der “überzähligen” Embryonen, die “ihrem Schicksal zu überlassen” sind, schon deshalb nicht ein Menschenopfer ist, weil sie nicht Wesen mit Bewußtsein sind. Den Arzt, der hier und jetzt einen konkreten Embryo “opfern”, das heißt töten soll, läßt die Statistik allerdings im Stich.

Drittens: Die klassische ethische Forderung, *Gutes* zu tun, verwandelt sich in die Pflicht, stets *das Beste* zu tun. Darin liegt eine prinzipielle Überforderung. Damit wird erstens jede Handlung moralisiert. Man muß sich bei jeder Sache fragen, ob es nicht noch eine bessere gibt (Singer: wieso habe ich einen Farbfernseher statt für die Dritte Welt zu spenden[19]?) Es darf zweitens nie unentscheidbar sein, was denn das Be-

[18] *Beschlüsse des 56. Deutschen Juristentages (Berlin 1986) zum Thema “Die künstliche Befruchtung”*, in: Weißbuch Anfang und Ende menschlichen Lebens, Hrsg. Vorstand Bundesärztekammer, Wiss. Beirat der BÄK, Zentrale Kommission der BÄK zur Wahrung ethischer Grundsätze in der Reproduktionsmedizin, Forschung an menschlichen Embryonen und Gentherapie, Köln (Deutscher Ärzteverlag) 1988, 119.

[19] Vgl. SINGER, 220 ff.

ste sei. Wer nicht entscheiden kann, ob es besser ist, die Heilbehandlung fort- oder auszusetzen, tut eben "nur" - in beiden Fällen - Gutes.

Das ethische Urteil des Konsequentialismus fällt nicht nach ethischen Maßstäben des Gutseins, Menschseins oder richtigen Lebens, sondern nach Gesichtspunkten irgendwelcher außersittlicher Werte. Das in konsequentialistischen Ethiken stillschweigend zur Entscheidungsinstanz über gut und schlecht erhobene Nützlichkeitsprinzip hat dem klassischen Typ konsequentialistischer Ethik den Namen gegeben: Utilitarismus. Wie der Name sagt, ist der Utilitarismus ein Programm der Mehrung des Nutzens. Nützlich ist, was die Summe des Glücks in der Welt vermehrt oder die Summe des Leids vermindert. Was Glück oder Leid ausmacht, bleibt - jenseits empirischer Evidenzen und Intuitionen - letzten Endes offen.

Niemand hat schärfer als George Bataille in seiner Kritik des Utilitarismus als Ethik der bürgerlichen Arbeitsgesellschaft (von der der Sozialismus nicht ausgenommen ist) die Unmöglichkeit herausgestellt, in concreto den Begriff nützlich zu definieren. Aus Verlegenheit habe die bürgerliche Arbeitsgesellschaft den Nutzen mit dem materiellen Nutzen gleichgesetzt. Die Nationalökonomie habe apriori die Nutzenmaximierung mit der Anhäufung von Geld und Gütern identifiziert. Zwar gebe es da eine gedankliche Verbindung zu Lust und Glück (oder Leidminderung), wofür Reichtum als Mittel in Frage komme. Seine Zwecke aber könne der Reichtum selbst nicht definieren. De facto sei das Nützlichkeitsdenken selbst zu einem bloß ökonomischen Faktor und Wert der Industriegesellschaft geworden.[20]

[20] Georges BATAILLE, *Der Begriff der Verausgabung*, in: Georges Bataille - Das theoretische Werk, München (Rogner & Bernhard) 1975, 9 f. (Orig. Franz.: La notion de dépense,. Erstveröfftl. Paris 1933).

Ethikdiskurs oder politische Diskussion?

Singers utilitaristischer Ethik-Diskurs hätte in Deutschland kaum so engagierte Anwälte gefunden wie seine Mitarbeiterin an der Monash University in Clayton/Australien Helga Kuhse und den Rechtsphilosophen Norbert Hoerster, wenn er nicht oft bestechend plausibel klänge. Der tiefere Grund für diese Plausibilität liegt, wie mir scheint, in der öffentlichen Rat- und Hilflosigkeit gegenüber jener Art von "Diskursethik", die gegenwärtig allenthalben, zumal in sogenannten Ethikkommissionen, praktiziert wird. Diejenigen, die über die Zulässigkeit oder Unzulässigkeit etwa von In-vitro-Fertilisation und Embryonenforschung, Schwangerschaftsabbruch oder Euthanasie, über Grenzen der Behandlungspflicht, des Organspendewesens oder gentherapeutische Eingriffe zu befinden haben, müssen sich von vornherein wechselseitig Meinungsverschiedenheiten darüber zubilligen, was jeweils gut oder schlecht ist. Der ethische Konsens, der überall beschworen wird, verlangt nur allzuoft, daß man die Ethik suspendiert - sofern es noch als ethisch gilt zu tun, was gut und richtig ist, auch wenn sich alle anderen nicht daran halten. Insofern ist der sogenannte ethische Konsens vom Konformismus kaum oder nicht zu unterscheiden. In diesem sogenannten ethischen Diskurs ist der Machtkampf der Glaubensbekenntnisse lautlos schon im vorhinein entschieden: Wer sich an dieser Diskussion beteiligt, hat vorher religiöse oder sonstige "vorgefaßte" Moralvorstellungen abzulegen und sich überhaupt von "sachfremden Autoritäten" zu befreien. Die Eintrittskarte verlangt, sich dem Bekenntnis zum Glauben an den voraussetzungslosen Diskurs anzuschließen. Dessen Autonomie ist die einzige Dogmatik, die nicht begründungspflichtig, daher zugelassen ist.

"Der moderne Staat", schreibt Patrick Bahners[21], "brach den moralischen Auffassungen der kämpfenden Parteien die politische Spitze ab, indem er Recht und Moral entkoppelte."

[21] P. BAHNERS, *Die Grenze des Körpers ist die Grenze des Staates*, in: Frankfurter Allgemeine Zeitung v. 8.6.1991 (Beilage Bilder und Zeiten).

Der Befund trifft gewiß in vieler Hinsicht zu. Im übrigen erklärt er, warum der sogenannte "Ethikdiskurs" in Wirklichkeit ein politischer Diskurs ist. Und das wiederum erklärt seine Eigenart. Wenn für die Ethik gilt, daß sie ohne mindestens einen unbedingten Wert keinen Halt mehr findet, dann gilt ganz ähnlich für das Recht, daß es ohne mindestens ein unbedingtes Rechtsgut nicht kohärent sein kann. Dieses Rechtsgut anzutasten, muß das Recht daher unbedingt verbieten. Als ein solch unbedingtes Rechtsgut bietet sich die Existenz der Rechtssubjekte, das Leben der Bürger also, besonders an.

Ein Urteil des Supreme Court of Canada vom 8.8.1989 liefert ein eindrucksvolles Beispiel dafür, wie die Entkopplung von Recht und Moral zu einer völligen Dissoziation von Rechts- und Lebenswirklichkeit führen kann: Da in der Quebec-Charter der Foetus verfassungsrechtlich nicht explizit erwähnt wird, spricht das Urteil ihm nicht nur den Rechtsstatus einer "legal person", sondern auch eines "human being" ab. Die alltagssprachliche Bedeutung, nach der der Begriff "human being" Foeten einschließe, sei kein juristisches Argument. Eine Rechtsdiskussion lasse sich nicht mit rechtsfremden Mitteln führen.[22]

Weil ethischer Diskurs mit rechtlicher oder politischer Diskussion verwechselt wird, herrscht Ratlosigkeit, was die

[22] Chantal DAIGLE/Jean-Guy TREMBLEY; AZ 21553: "A foetus is not included within the term 'human being' in the *Quebec Charter* (...) nor does it include any definition of the term 'human being' or 'person'. (...) The difficult issue whether a foetus is a legal person cannot be settled by a pure linguistic argument that plain meaning of the term 'human being' includes foetuses. Like a pure scientific argument, a purely linguistic argument attempts to settle a legal debate by non-legal means. What is required are substantive legal reasons which support a conclusion that the term 'human being' has a particular meaning. As for differing usage of the terms 'human being' and 'person' in the *Quebec Charter*, it does not lead to the conclusion that a foetus is included within the term 'human being'. The more plausible explanation is that different terms were used in order to distinguish between physical and moral persons. - A consideration of the status of the foetus under the *Civil Code* supports the conclusion that a foetus is not a 'human beeing' under the *Quebec Charter* ..."

Ethik anlangt. Die Bundesärztekammer faßt ihre Ratlosigkeit in die lakonische Formulierung, die Ethikdiskussion sei eben "ein Spiegelbild des Pluralismus kontemporärer Wertvorstellungen"[23]. Sie behauptet damit ja nicht etwa einen Pluralismus der Werte, sondern einen solchen der Wertvorstellungen. Ethik ist aber Wertlehre und nicht Vorstellungskunde.[24]

Der Pluralismus der Vorstellungen scheint uns aber dazu zu zwingen, uns im Diskurs nur an pure Faktizität zu halten, die zu sonst keiner weiteren Orientierung taugt. Davor, nämlich Maximen des Handelns aus dem bloß Empirischen zu ziehen, hatte aber Kant gewarnt: "In der praktischen Philosophie, wo es uns nicht darum zu tun ist, Gründe anzunehmen, von dem, was geschieht, sondern Gesetze von dem, was geschehen soll, ob es gleich niemals geschieht, d.i. objektiv-praktische Gesetze: da haben wir nicht nötig, über die Gründe Untersuchung anzustellen, warum etwas gefällt oder mißfällt (...); worauf Gefühl der Lust und Unlust beruhe, und wie hieraus Begierden und Neigungen, aus diesen aber, durch Mitwirkung der Vernunft, Maximen entspringen; denn das gehört alles zu einer empirischen Seelenlehre, welche den zweiten Teil der Naturlehre ausmachen würde, wenn man sie als *Philosophie der Natur* betrachtet, sofern sie auf *empirischen* Gesetzen gegründet ist"[25].

Genetische "Information"

Ganz im Sinne des Rückgriffs auf bloß empirische Faktizität lautet vermutlich heute auf die eingangs gestellte Frage, was denn den Menschen ausmache, die kürzeste Antwort: sein Genom. Am Genom stellt sich - durchaus praktisch - die Frage

[23] *Einführung zu den "Richtlinien zur Forschung an frühen menschlichen Embryonen"*, in: Weißbuch (s. Anm. 18), 29.

[24] Vgl. Hans THOMAS, *Ethik und Pluralismus finden keinen Reim*, in: Scheidewege, Jg. 20, 1990/91, 129.

[25] *Grundlegung zur Metaphysik der Sitten* (s. Anm. 1), 58.

“Materie-Geist-Dualismus oder ontologische Leib-Seele-Einheit?” zwar nicht neu, aber in mancher Hinsicht schärfer. Die Entschlüsselung des menschlichen Genoms gehört wohl zu den faszinierendsten Aufgaben, die der Naturwissenschaft gestellt worden sind. Sie scheint den Sehnsüchten des szientistisch-evolutionistischen Weltbilds besonders entgegenzukommen. Nicht minder fordert sie eine angemessene metaphysisch-ethische Einordnung heraus. Um die menschliche Erbsubstanz auf Dauer dem Zugriff menschlicher Kreativität zu entziehen, reicht ein diffuses Gefühl des Erhabenen wohl nicht hin. Daß es sich bei den Genen um eine materielle Struktur handelt, dürfte unstreitig sein. Warum sollte über jede andere Materie verfügt werden dürfen, über diese aber nicht?

Der spezifische Reiz, den ebendiese Materie auch gerade auf Materialisten ausübt, ist entschieden geistiger Art. Wenn es zutrifft, daß die materialistischen Sichtweisen und “spiritualistischen” Weltdeutungen polare Monismen innerhalb eines einzigen Materie/Geist-Dualismus sind, dann dürfte es kaum wundernehmen, wenn die besondere Faszination der Genetik für Materialisten den Materialismus auch selbst eines subtilen und subversiven Spiritualismus überführt. Subversiv deshalb, weil er nicht eingestanden wird. Er kann nicht eingestanden werden, weil er dann Freiheit und Würde anerkennen müßte. Umgekehrt sollte dann im Spiritualismus auch ein subtiler Materialismus entlarvt werden können, der sich ebenfalls subversiv verhüllt, weil er Kontingenz und Sterblichkeit nicht anerkennen mag.

Für diesen Verdacht sprechen drei Beobachtungen, die ich hier zwar nennen, aber nicht hinreichend vertiefen kann (zum einen, weil es den Rahmen sprengen würde, zum anderen, weil ich selbst mit dem Gedanken nicht zu Ende bin):

Erstens: Es hat sich ganz spontan eingebürgert, bei der Materiestruktur des Genoms von “genetischer Information” zu sprechen. Das läßt aufmerken. Denn der Begriff “Information” gehört der Sphäre des Geistigen an. Gemeint sein kann nur, diese Materie wisse etwas. Oder aber sie speichere ein Wissen, sei also ein “Medium”.

Zweitens: Es herrscht eine verbreitete Vorstellung, nach der die Entschlüsselung der genetischen Codes uns ein Wissen liefert, mit dessen Hilfe wir den Menschen verstehen, beschreiben, erklären, jedenfalls besser verstehen, beschreiben, erklären können werden. Obwohl wir doch in Wirklichkeit den Menschen kennen und mit Hilfe dieser Kenntnis umgekehrt die Genstruktur zu verstehen, beschreiben und erklären suchen.

Drittens: Nicht minder verbreitet ist der Vergleich der im Kern der befruchteten Eizelle aufgeknäuelten Desoxyribonucleinsäurefäden, auf denen die Gene aufgereiht sind, mit einem Text, der den Phänotyp des konkreten gezeugten Menschen beschreibt. Die Textanalogie ist leistungsfähig und weitreichend. Den makromolekularen Strukturen Nukleotid, Triplett-Codon, Sequenz entsprechen sozusagen Buchstabe, Wort, Satz im Textbau. Somit ist das Genom nicht mehr nur Gegenstand der Biologie und Makromolekularchemie, sondern findet auch das Interesse der Linguistik und Semiotik, zweier hochmoderner geisteswissenschaftlicher Disziplinen.

Das eigentlich Verwirrende an der Analogie ist nun allerdings: Das Beschreibende *ist* das, was es beschreibt, das Bezeichnende *ist* das Bezeichnete, das Medium ist *die* Sache selbst. Die befruchtete Eizelle *ist* der Mensch. Wenn man diesen Unterschied zu allen anderen Texten übersieht, gerät die "genetische Information" in den Händen des Genetikers in die gleiche Lage wie die politische Information in den Händen des Journalisten. Er kürzt, wählt aus, verwirft sie ganz, und je nachdem verändert er sie auch.

Die Textmetapher kann ein Erklärungsmodell der Genetik sein. Das Genom (und nicht nur seine Beschreibung im Computer) wie einen Text zu behandeln - das meine ich mit Spiritualisierung der Materie. Auch sie hebt die Unverfügbarkeit menschlicher Erbsubstanz auf.

Es gibt also keine Wahl: Entweder es gibt eine unverfügbare Würde der Person, dann kommt sie jeder leiblichen Äußerung des Menschen in gleicher Weise zu wie den geistigen Äußerungen, auf deren *Natur* die Würde gründet. Dann ist sie in jedem Wesen zu achten, das uns mit einem menschlichen Leib begegnet - gleich welchen Alters oder welcher Behinderung. Dann ist die Würde des Leibes die Würde der Freiheit und umgekehrt. Oder wir geben die Idee von der unantastbaren Menschenwürde auf (wie es Singer konsequenterweise tut). Wenn der Leib nicht hinreicht, die Achtung vor dem Menschsein einzufordern, ist jeder von einer Beliebigkeit bedroht, die jeweils ihre Argumente finden wird. Das Krankenhaus kann so bedrohlich für die Alten werden, wie es der Mutterleib jetzt für die Jungen ist. Mindestens aber werden unsere Labors und Kliniken zu Orten, denen man mißtrauen sollte. Es ist schwerlich ein Ausweg aus der Alternative zu sehen: Ehrfurcht vor dem Leib oder Furcht vor der Medizin.

Die Argumente, die insoweit die Achtung vor dem Leib begründen, klingen reichlich negativ. Anhand der Textmetapher läßt sich die Begründung aber vielleicht ins Positive wenden. Im Umgang mit Texten sind sich über eines wenigstens die Sprachphilosophen, Linguisten, Semiotiker, Philologen, Verleger und Lektoren einig: Es gibt keinen Text, der keinen Autor hat, und es gibt keine Sprache, die niemand spricht und niemand je gesprochen hat. Wie sorgsam ein Lektor mit dem Text umgeht, den er zu bearbeiten hat, hängt (nächst der Angst vor seinem Chef) ganz von dem Respekt ab, den er vor dem Autor hat. Wenn er Korrekturfahnen liest, weiß er sehr gut, wie weit er korrigieren darf und soll und wo die Grenze ist, ab der er diesen Text verändert. (Deshalb plädiere ich grundsätzlich für Gentherapie in der Keimbahn, bestreite aber nicht, daß es schwerwiegende Gründe geben kann, sie trotzdem zu verbieten). Ein herrenloser Text hingegen würde keinen Lektor hindern, sich kreativ an ihm zu üben, ihn zu verändern, zu kürzen oder zu vernichten.

Wenn dies schon gilt für mediale Sprach-, Bild- und Zeichentexte, die bloß etwas beschreiben, erzählen, in Frage stellen oder anordnen, wieviel mehr für einen Text, der das, was er beschreibt, zugleich ins Dasein setzt. Die Realsprache, die ihre Texte auch ins Dasein setzt, ist klassisch stets dem Sprechen Gottes vorbehalten worden: "Im Anfang war das Wort" (Joh. 1,1).

Aussprache

Leitung: Gerhard van Kaick

Gregor van Scherpenberg: Bewußtsein bedeutet für mich: Erkennen, fühlen, empfinden, leiden, Freude. Erst dann weiß ich, daß ich existiere. Wie kann ich erkennen, wo sonst noch Bewußtsein existiert? Könnte es nicht sein, daß auch eine befruchtete Eizelle etwas empfindet, sich ihrer bewußt ist, ohne daß wir dies jemals wissen? Wie auch immer, irgendwann in ihrem Leben als Person kann sie - für mich erfahrbar - Freiheit haben. Wie könnte ich ihr da die Geistigkeit einfach absprechen? Genügt nicht schon, daß man es nicht weiß, ob sie bewußt ist, um sie nicht nur als Körper zu behandeln?

Thomas: Es ist nicht ganz ungefährlich, die eigene Bewußtseinserfahrung auf eine befruchtete Eizelle zu projizieren. Vor allem führt es meines Erachtens nicht weiter. Voreilige Projektionen sind ja auch der Kern anthropomorpher Deutungen, die manche Leute veranlassen, sich einen Pudel zu halten, weil Pudel doch so "menschlich" sind.

Dennoch: Sie gehen zunächst einmal von sich aus. Es bleibt Ihnen auch nichts anderes übrig. Mir auch nicht. Ich weiß auch nicht von vornherein, ob Sie Bewußtsein haben. Ich weiß mein Bewußtsein. Das ist tautologisch. Um mir eine Vorstellung davon zu machen, ob das bei Ihnen auch so ist, brauche ich Anhaltspunkte. Ich kann mit Ihnen reden und mich - hoffentlich jedenfalls - mit Ihnen verständigen. Noch vorher stelle ich fest, daß Sie so ähnlich aussehen wie ich. Ich mache die Erfahrung, daß alle, mit denen ich so kommunizieren kann, ähnlich aussehen wie ich. Da traue ich im wörtlichen Sinne meinen Augen und bezeichne dieses elementare Begreifen, daß es da noch andere so wie mich gibt, mit einem Wort: Mensch.

Dann sehe ich plötzlich einen, der auch so aussieht wie ich, mit dem ich aber nicht kommunizieren kann. Daraus schließe ich aber eben nicht: Das ist gar kein Mensch. Vielmehr frage ich: Was ist mit diesem Menschen los? Der ist ja daran gehindert, mit mir zu kommunizieren. Dann finde ich vielleicht heraus, daß er krank ist oder schläft. Das gewisseste Kriterium dafür, daß jemand Mensch ist, liefert mir damit die Tatsache, daß er einen menschlichen Leib hat. Dieses einfache Wissen habe ich lange bevor ich anfange, Wissenschaft zu treiben. Ohne dieses Vorauswissen käme ich weder auf die Idee noch wäre ich fähig, wissenschaftlich der Frage nachzugehen, wie denn biologisch *der* Mensch entsteht.

Offenbar werden alle Menschen geboren, und zwar in der Regel neun Monate nach der liebenden Vereinigung eines Mannes und einer Frau. Obwohl das niemand lückenlos empirisch überprüft hat, lassen wir das als Menschheitswissen gelten. Mindestens theoretisch wäre es überprüfbar. Daß auch ich so auf die Welt gekommen bin, ist für mich nun aber ein reiner Rückschluß von den anderen her. Ich habe keinerlei Erfahrung von meiner eigenen Geburt und erst recht keine Erinnerung an meine Empfängnis. Ebensowenig hat irgendjemand Erfahrung mit seinem eigenen Tod. Das ist ein Dilemma für eine wissenschaftliche Zivilisation.

Keine empirische Wissenschaft hat je bewiesen oder wird je beweisen, daß eine befruchtete Eizelle "nur" Gewebe ist, aber kein Mensch. Wenn nun im Namen einer naiven Wissenschaftlichkeit heute von mir verlangt wird, empirisch zu widerlegen, was prinzipiell empirisch nicht bewiesen werden kann, handelt es sich um eine Beweislastumkehr, die nur durch ein Machtdiktat zu erklären ist. In unserer wissenschaftlichen Zivilisation ist die Wissenschaft eben nicht nur eine Institution unter anderen, sondern vor allem die beherrschende *Glaubens*macht. Ein naiver Wissenschaftsglaube möchte die positive Wissenschaft aus der Abhängigkeit von jenem einfachen Vorauswissen befreien, indem er es verleugnet.

Das geschieht so: Wir wußten schon, daß Mensch ist, wer einen menschlichen Leib hat. Deshalb interessierte uns der biologische Werde- und Wachstumsprozeß *des* Menschen. Den haben wir wissenschaftlich zurückverfolgt bis zur befruchteten Eizelle. Dabei ist kein Befund aufgetreten, der das, was wir schon wußten, infrage gestellt oder gar widerlegt hätte. Die leibliche - oder sagen wir jetzt wissenschaftlicher: genetische - Identität des Leibes ist kontinuierlich gewährleistet bis zu diesem frühesten und kleinsten Zustand. Also müssen wir die befruchtete Eizelle als menschlichen Leib, das heißt als ganzen Menschen begreifen. Statt über diese wunderbare Entdeckung zu staunen, leugnet jene naive Wissenschaftlichkeit plötzlich die Gültigkeit jenes unwiderlegten Vorwissens und sagt, sie objektiviere das Menschsein, indem sie es aus dem Gefundenen erkläre. Denn von allem, was man nicht wissenschaftlich wisse, sondern einfach so, müsse man die Vorstellungen reinigen. Das gebiete die Würde der Wissenschaft.

Das Produkt meiner wissenschaftlichen Bemühungen wird so zum Ausgangspunkt, von dem aus nun umgekehrt ich selbst, der Mensch und Veranstalter des ganzen Unternehmens Wissenschaft, überhaupt erst erklärt werden soll. Das kann irgendwie nicht gutgehen. Das halte ich für ein eindrucksvoll zirkuläres Verfahren. Über den Menschen kann dabei nicht mehr herauskommen, als man in das Verfahren hineingesteckt hat. Personales Menschsein ist als solches nicht empirisch objektivierbar durch Laborbefunde oder Abzählen von funktionierenden Hirnzellen. Es ist eine Wirklichkeit, die wir erfassen, wenn ein leibhaftiger Mensch unsere Aufmerksamkeit in Anspruch nimmt. Das kann er auch - und wie! - wenn er krank und komatös ist oder schläft. Das kann er auch, wenn er noch nicht geboren ist. Das ist eine geistige Inanspruchnahme. Gewiß geht es bei der Menschenwürde um die geistige Realität jedes Menschseins.

Empirisch haben wir aber kein anderes Kriterium als seine leibliche Gestalt. Es genügt auch, um mit Gewißheit zu sagen, wem Menschenwürde zukommt. Im Ergebnis läuft das auf dasselbe hinaus, was Sie sagen: Wenn ich nicht weiß, dann muß ich unterlassen.

van Kaick: Im Zusammenhang mit der Textmetapher des menschlichen Genoms sagten Sie, es geben keinen Text, der keinen Autor hat, und bald darauf, nur einen herrenlosen Text dürfe man verändern. Das klingt nach Widerspruch. War das beabsichtigt? Meine Frage: Ist die Situation des Mediziners nicht oft derart, daß er zwar einen sehr schönen, faszinierenden Text vorfindet, der aber manchmal verderbt, verdruckt oder sonst fehlerhaft ist? Er fühlt sich dann aufgerufen, diesen Text zu verbessern. Entspricht aber die Textverbesserung immer dem Willen des Autors?

Thomas: Wenn ich gesagt habe, es gibt keinen Text ohne Autor, dann kann ich an sich nicht mehr von einem herrenlosen Text sprechen. Gemeint habe ich jedenfalls, daß man den Autor übergeht, als ob es sich um einen herrenlosen Text handle. Meine Befürchtung ist, daß eine emanzipatorische Zivilisation sich gerade durch die Neigung auszeichnet, jeden Text als herrenlos zu betrachten.

Wenn Mediziner ein Krankheitsbild definieren, entspricht das, wenn wir in der Metapher bleiben, der Ermittlung einer Textabweichung oder eines Textdefekts. Soeben sagte mir Herr Solbakk, natürlich gehe es in der Medizin um Textrekonstruktion. Ich denke, das Wort trifft genauer als Textverbesserung. Denn diese könnte ja den Autor verbessern wollen.

Carsten Hobohm: Ehrfurcht vor dem Text: Gilt das nicht in gleichem Maße auch für Tiere und Pflanzen? Wie läßt sich dann der Unterschied zwischen menschlicher Würde und dem Wert von Tieren und Pflanzen begründen?

Thomas: Ich habe hoffentlich nicht gesagt, daß wir Tiere nicht respektieren sollen. Gemäß dem, was ihnen zusteht, sollen wir sie selbstverständlich schätzen. Ich bin gegen willkürliche Tierquälerei. In eine Erörterung, wie weit Tierschutzgesetze reichen sollen, will ich jetzt aber nicht einsteigen. Wir müssen aber einen Unterschied machen. Wenn wir keinen Unterschied machen, dürfen wir nicht mehr von Menschenwürde sprechen. Wenn alles gleich ist, kann man nicht etwas hervorheben. Meine erste Orientierung in der Welt besteht darin, daß ich mich von ihr abgrenze. Darauf folgt dann sofort die Entdeckung anderer, die noch einmal solche sind wie ich... Herr Singer liquidiert die Menschenwürde, wenn er die Bevorzugung des Menschen als "Speziesismus" kritisiert. Indem er dies tut, tritt er aber als Subjekt von womöglich besonders tierliebender Sittlichkeit hervor, was ihn ebendeshalb von Tieren und Pflanzen unterscheidet und die Achtung seiner Menschenwürde reklamiert.

Dr. Beatrix Dolfen: Sie sagten, daß Sie Eingriffe in das Genom in gewissen Grenzen akzeptieren. Es gibt Stoffwechselstörungen, und man arbeitet daran, daß man sie schon im genetischen Material erkennen und verändern kann. Man versucht, Chromosomenanomalien auch schon pränatal zu verändern. Das muß in vitro geschehen. Die Forschung wird zweifellos Versuche mit Embryonen voraussetzen. Wo setzen Sie die Grenzen des Eingriffs in das Genom mit dem Ziel, Krankheiten, die vielleicht zu einer schweren Behinderung oder sogar zum Tod führen, zu verhindern?

Thomas: Für diese Frage bin ich Ihnen dankbar, weil sie mir Gelegenheit gibt, etwas zu präzisieren, das sonst unter Umständen mißverstanden werden könnte. Mein *Ja* zur Gentherapie sage ich auf einer theoretischen Ebene. Gegen die Sache als solche sehe ich philosophisch keine ethischen Einwände. Wenn es Defekte in der Natur gibt, warum sollten sie vor der Keimbahn haltmachen? Ich kenne die andere Argumentation, daß nun einmal das vorhandene Genom die Identität des konkreten Menschen ausmache oder der einzige Haltepunkt sei für diese Identität: deshalb *kategorisches* Verbot, in die Keimbahn einzugreifen. Ich kann das sehr gut verstehen, weil es ein unmittelbares, einfaches und leicht vermittelbares Argument ist, um schlimme Gefahren abzuwenden. Aber ich sehe nicht, wie man dann umhin kommt, die Identität des konkreten Menschen materialistisch zu deuten. Die Frage, die man dagegenhalten kann, lautet: Ist das Genom mit einer "Anomalie" nicht die entstellte Identität dieses Menschen? Wenn ich als Arzt eine Erbkrankheit in der Keimbahn heilen könnte, würde ich das selbstverständlich tun, und zwar gerade in der Keimbahn, weil dann von der Heilung auch die Nachfolgegenerationen profitieren. Das ist die eine Seite. Das ist eine philosophische Überlegung, die aus grundsätzlichen Erwägungen wichtig ist. Nutzt sie etwas in der Praxis? Ich würde im Saldo sagen: Nein. Sie steht mindestens unter zwei praktischen Vorbehalten von eminent ethischem Gewicht.

Erstens setzt ein solch gentherapeutischer Eingriff voraus, daß man ihn durchführen kann, ohne sittliche Gebote zu verletzen. Das gilt für den Eingriff selbst. Dann muß man sich den experimentellen Weg vorstellen. Sie sagten ja schon, das muß alles in vitro geschehen. Jedenfalls sieht das jetzt so aus. Aber vielleicht fallen zukünftigen Leuten viel intelligentere Dinge ein, als wir uns vorstellen können. Dann kommt zweitens die Hauptproblematik. Wenn es denn möglich wäre, müßte garantiert werden, daß sich weltweit alle auf alle Zeiten im Rahmen einer ethischen Vereinbarung, die nicht durchlässig sein darf, festlegen, was denn getan werden darf und was nicht, was "Reparatur" oder "Rekonstruktion" ist und was Neubau. Eine solche Gesamtskala der Definitionen, in der man objektiviert, wo die Grenzen liegen, ist de facto unmöglich. Dafür gibt es viele Gründe, darunter einen spezifischen: Sobald die Vereinbarung durchlässig wird, kommt es zu Versuchen der Genomveränderung im Sinne von "verbessernder" Züchtung. Auch die fragwürdigsten Erfolge würden die Kriterien von krank und gesund verändern. Selbstverständlich würden in kürzester Zeit die, die irgendeine in ihren Augen wünschenswerte Eigenschaft genetisch eingeführt haben, sagen, deren Träger sind die Gesunden und wir anderen sind die Kranken. Also rein theoretisch: Textrekonstruktion in der Keimbahn ethisch zulässig. Medizinisch-praktisch: Keine Aussicht, sie verantwortlich zu bewerkstelligen. Deshalb politisch-ethisch: Unbedingtes Verbot.

Dr. Heinz Georg Kuttner: Für Forschung in Sachen Künstliche Intelligenz (KI) wird in den USA viel Geld ausgegeben. Zunächst werden dabei bessere Roboter für die Industrie herauskommen. Aber die Vision engagierter Vertreter der künstlichen Intelligenz ist es, das Gehirn des Menschen zu simulieren in Maschinen, die sehen, fühlen, komplexeste Programme reproduzieren und produzieren können. Es wird spekuliert, daß so die menschliche Evolution zum Abschluß kommt, und der Mensch in seiner leiblichen Gestalt überflüssig wird. Das hätte ja auch zur Folge, daß die ganze Diskussion um Abtreibung und humangenetische Forschung sich erledigt hätte, weil der Mensch das Projekt seiner Unsterblichkeit gleichsam durch technische Simulation seiner selbst bewältigt hätte. Würden Sie in einem solch materialistischen Programm einen Ausdruck jenes subversiven Spiritualismus sehen, von dem Sie gesprochen haben?

Thomas: Eine Sache ist die spannende Arbeit an Computersimulationen vernetzter Neuronensysteme, eine andere sind die inspirierenden Visionen, die dahinterstehen mögen. Ich habe einen Freund, der in der KI-Arbeit kräftig mitmischt. Ich traf ihn kurz nach seiner Rückkehr von einer Tagung. Der dort versammelte internationale Kreis von KI-Leuten trifft sich alle zehn Jahre. Vor zehn Jahren haben sie alle Prognosen eingereicht über die Fortschritte in der Hirnsimulation bis zum nächsten Treffen. Die haben sie jetzt herausgeholt, vorgetragen und diskutiert. Er lachte und sagte, trotz aller Fortschritte sei man jetzt weiter vom Ziel entfernt als damals, weil die Komplexität der neurophysiologischen Funktionen sich ständig größer darstelle. Das Szenario, das Sie jetzt entworfen haben, ist science-fiction. Wir wissen doch nichts. Es ist reiner Glaube, eine Utopie. Interessant daran ist, daß Wissenschaft Gegenstand von Glaube wird: Wissenschaftsglaube. Ein hochinteressantes Wort. Freigabe der Spekulation.

Wir tun jetzt so, als sei, seit im Osten die sozialistische Utopie kollabiert ist, die Welt überhaupt aus den Utopien herausgewachsen. Viele Utopien sind sehr lebendig. Gegenwärtig scheint ein Prozeß der Individualisierung oder Privatisierung der Utopie im Gang zu sein und sich ein Markt der Utopien herauszubilden - ganz pluralistisch. Es ist interessant zu fragen, ob in einer Gesellschaft, die überzeugt ist, daß sie den Mythos überwunden hat, und alles wissenschaftlich zur Sprache bringt, der Glaube, den Mythos überwunden zu haben, nicht gerade der herrschende Mythos ist.

Dr. Josef Dohrenbusch: Wenn wir die Menschenwürde an den lebendigen Leib koppeln und sich dieser im ersten Stadium ganz auf eine Zelle zurückzieht, dann muß dieser Menschenwürde folgerichtig zugeschrieben werden. Müssen wir sie dann nicht schon dem Genom zuschreiben, dem Text, um in der Metapher zu bleiben?

Thomas: Die Würde gilt dem Menschen und ist mit ihm an den Leib gekoppelt. Genügt der Leib nicht, um sie zu beachten, dann wird sie schließlich nicht respektiert. Selbstverständlich gilt das für das Einzellenstadium auch, wenn diese Zelle der Leib ist, woran inzwischen kein Weg mehr vorbeiführt. Das muß man unterscheiden vom Genom. Das Genom ist, wenn auch auf materieller Grundlage, abstrakt gedacht, als der Code, den ich, wenn er denn entschlüsselt ist, im Computer haben kann. Dann ist es ein beschreibender Text, vermittelt durch ein Medium. Die Eizelle ist aber nicht Medium des Genoms. Das Genom ist in jeder Körperzelle, aber wir sprechen über die Keimbahn. Ist die befruchtete Eizelle ein Medium oder ist es die Sache selbst? Wenn sie nur ein Medium ist, haben die Leute recht, die sagen, daß sie doch verfügbar sei, wie ein Fernsehbild oder eine Videokassette verfügbar ist. Wenn sie die Sache selbst ist, ist sie der Leib. Wenn ich beides verwechsle, hat das schlimme Konsequenzen.

van Kaick: Es fiel der Satz, daß für eine konsistente Ethik mindestens *ein* unbedingter Wert erforderlich sei. Die Frage ist nur, um welchen handelt es sich?

Thomas: Ich könnte mir vorstellen, daß rein systemtheoretisch viele Ethiken möglich sind, und zwar nach der Art des Wertes, der jeweils als unbedingt gelten soll. Eine Ethik, in der überhaupt kein Wert *unbedingt* gilt, hängt in der Luft, ist also wohl keine Ethik, die diesen Namen verdient. Der unbedingte Wert ist in dem System der Mittelpunkt, von dem aus man rechnen kann. Unter den innerweltlichen Werten in einer Gesellschaft kommt wohl am ehesten das Leben derjenigen infrage, die diese Gesellschaft konstituieren. Daß alle Werte nur relativ gelten, ist gerade die Problematik unserer heutigen pluralistischen Ethikdiskussionen. Ich würde gern an einen Juristen die Frage weitergeben: Gibt es ein kohärentes Recht, wenn es nicht mindestens ein Rechtsgut gibt, das unbedingt zu schützen ist?

Detlef Bernhard Linke

"Hirntod" und die Folgen

Wir bekennen uns alle dazu, daß die Würde des Menschen unantastbar ist. Das prägt unser Grundgesetz. Die Frage ist nur: Wie wird die Würde des Menschen am Menschen jeweils konkret verstanden? Immer wieder sind Einschränkungen rassischer, politischer und sonstiger Art vorgekommen. Es gibt Einschränkungsmöglichkeiten zu Beginn, vor allen Dingen aber auch zum Ende des Lebens. Hier liegt, wenn man den Würdebegriff zu sehr von der Vernunft her deutet, ein rationalistischer Fehlschluß nahe.

Kant sagt, die Würde des Menschen beruhe darauf, daß der Mensch in der Lage ist, ein Sittengesetz anzuerkennen und seine Mitmenschen als vernünftige Wesen zu akzeptieren, die auch in der Lage sind, ein Sittengesetz anzuerkennen. Das kann zu dem rationalistischen Fehlschluß verleiten, demzufolge die Würde dem einzelnen Menschen zugesprochen wird, und zwar dann, wenn er die rationalen Voraussetzungen zur Anerkennung der Würde und des Sittengesetzes erfüllt. Wenn er rein rationalistisch interpretiert wird, kann mit diesem hochgeschützten Würdebegriff ein Ausschluß von Menschen aus der Gemeinschaft der Menschen erfolgen.

Wir müssen uns also davor hüten, einem rein rationalistischen Würdebegriff zu verfallen, der in der Lage ist, Menschen auszuschließen, weil ihnen eben nicht persönlich eine in jenem kantianischen Sinne verstandene Würde zuerkannt werden kann. Dieser rationalistische Fehlschluß ist eigentlich leicht zu entlarven.

Schwieriger wird es, wenn diese Fehlschlußfigur im medizinischen Kontext auftritt. Hier könnte man meinen, es handele sich um rein naturwissenschaftliche Feststellungen, und übersehen, daß es sich um die Übertragung aus einer rationalen Denkfigur handelt. Damit läge dann ein ontologischer oder naturwissenschaftlicher Fehlschluß vor.

Im folgenden möchte ich einen solchen ontologisch-naturwissenschaftlichen Fehlschluß aufweisen. Er hängt mit dem Begriff des "Hirntodes" zusammen, den ich, wie ich feststellen möchte, für einen Fortschritt oder eine Bedingung von Fortschritt in der Medizin halte. Die großen Erfolge der Transplantationsmedizin wären ohne diesen Begriff nicht möglich gewesen. Über diese Fortschritte kann man auch noch diskutieren.

Das ist aber nicht mein Thema. Mir geht es darum zu zeigen, daß im Zusammenhang mit dem "Hirntod"-Konzept ein Fehlschluß der Würdezuschreibung, der Zuschreibung von Personalität und Menschsein möglich ist, der den Eindruck hervorruft, es handele sich hier um ein naturwissenschaftlich kontrolliertes Geschehen.

Rufen wir uns kurz in Erinnerung, wie dieses Konzept vom "Hirntod" sich entwickelt hat. Daß man vom Konzept des Herztodes, vom Konzept des Kreislaufstillstandes übergegangen ist zum Konzept des Hirntodes, hat in der Öffentlichkeit kein großes Aufsehen erregt. Dennoch bedeutet es eigentlich eine fundamentale Revolution für das Selbstverständnis des Menschen. Wir müssen uns klarmachen, daß heute viele Revolutionen in den Wissenschaften ablaufen, ohne eigentlich mehr in die Reflexion zu gelangen. Faktisch laufen ungeheure Umwälzungen ab, denen zum Trotz wir einen Diskurs weiterführen, als lebten wir noch in früheren Welten. Wissenschaftliche Erfordernisse können womöglich den Menschen erheblich verändern. Der veränderte Mensch kann dann noch einen Diskurs weiterführen, der diese Veränderung gar nicht mehr aufnimmt. Der Extremfall wäre, daß schließlich der Computer von sich behauptet, eine leibseelische Einheit zu sein. Diese Pointierung soll nur die Aufmerksamkeit auf einen Vorgang lenken, der schon abgelaufen ist, der aber noch der Reflexionen bedarf, auch wenn er medizinisch gerechtfertigt ist und auch wohl ethisch akzeptiert, in mancher Hinsicht sogar begrüßt werden kann.

"Hirntod" - Sachproblem oder Sprachverwirrung?

Das "Hirntod"-Konzept ist in den 60er Jahren entwickelt worden. Man mußte immer mehr Patienten an eine Herz-Lungen-Maschine anschließen, als fatale Komplikation der Herzoperation konnte dann unter Umständen ein Zustand vertiefter Bewußtlosigkeit auftreten, aus dem sie nicht wieder erwachten. Man fragte sich dann: Müssen wir jetzt die Herz-Lungen-Maschine über Tage oder womöglich Jahre weiter betätigen, weil der Betreffende nicht tot ist? Wie sollen wir mit diesen Patienten umgehen?

Diese Frage hat man nicht ethisch entschieden. Das ethische Ziel, den Menschen soweit wie möglich am Leben zu erhalten, hätte man ja doch - vom Idealtypus abrückend - durchaus entsprechend dem fassen können, was man praktisch für möglich hält. Wenn es bei einer Operation aufgrund von Durchblutungsstörungen zu einem Hirninfarkt gekommen war, hätte man sagen können: Wenn es nach soundsovielen Stunden nicht zu einer Besserung gekommen ist, schalten wir ab. Das hat man aber nicht gemacht. Man hat vielmehr versucht, den Tod neu zu definieren, indem man vom Kreislaufstillstand als Kriterium abwich. Und da liegt der Kern dessen, was ich den ontologischen oder naturwissenschaftlichen Fehlschluß im Zusammenhang mit der Zuschreibung von Menschsein und Personalität nenne. Man hätte sagen können: Solange der Kreislauf in Gang ist, wollen wir den Patienten zwar weiter als lebenden Mensch betrachten, die betreffende Person soll aber nicht unbedingt der maximalen medizinischen Therapie unterliegen. Das hat man aber nicht gesagt. Gesagt hat man vielmehr: Wir wollen neu definieren, wann sie tot ist. Das verlangt eine tiefgreifende ontologische Aussage, die eine Zu- oder Aberkennung der Personalität einschließt.

Dieses Verfahren ist natürlich elegant. In vielen Situationen neigen wir dazu, über Tod und Leben mit diesem Handgriff der Zuschreibung von Personalität zu entscheiden. Der Überlegung, was wir ethisch an Verantwortung gegenüber den Lebenden vielleicht auf uns nehmen können und wollen, entgeht man mit der heimlichen Lösung zu sagen, der Mensch sei tot, weil ein bestimmtes Ereignis in seinem Organismus abgelaufen sei.

Die *President's Commission*, die von der Harvard University 1968 einberufen wurde, entschied, der "Hirntod" könne als Charakteristikum des Todes des Menschen genommen werden. Demnach ist also nicht mehr der Herzstillstand Maßstab für den Tod, sondern der Hirntod. Und damit wird ein erheblicher Schritt in der Umdeutung des Menschen vollzogen. Der Herztod, der bisher nicht nur für uns Ärzte immer der Orientierungspunkt für das Lebensende gewesen war, spielt dann keine Rolle mehr.

Zur Definition der Bundesärztekammer gehörte es dann sogar zu sagen: Beim Hirntod liege der Tod der Person auch dann vor, wenn der Kreislauf noch weiter aktiv sei. Das heißt, es gehört sogar zur Hirntod-Definition, daß der Kreislauf weiter tätig ist und das Herz noch schlägt. Der Betreffende ist tot, der Totenschein ausgefüllt, der Angehörige kommt auf die Intensivstation, will sich verabschieden, ergreift die Hand und fühlt noch den Puls des Leichnams. Die Krankenschwester, bislang gewohnt, sich um den komatösen Intensivpatienten zu kümmern, soll nun - nach der neuen Sprachregelung - einen Leichnam pflegen, damit seine vegetativen Funktionen aufrechterhalten werden, und die Organtransplantation unter optimalen Bedingungen erfolgen kann. Die Entnahme von Herz, Niere, Leber, Pankreas soll ja unter einer optimalen Durchblutungssituation erfolgen.

In einer Situation, die das Pflegepersonal ohnehin stark verunsichert, ist das kein ganz unproblematischer Aspekt, den man einfach beiseite schieben sollte. Das Erfolgserlebnis von Intensivschwestern ist, wenn es sich um schädelhirnverletzte Komatöse handelt, ohnehin nicht sehr groß. Bessert sich deren Zustand, werden sie regelmäßig auf eine andere Station verlegt.

Jetzt aber sollen sie - ich möchte es bewußt pointieren - Leichenpflege betreiben und dabei, wie man so sagt, Vitalfunktionen - Kreislauf wird ja zu den Vitalfunktionen gerechnet - gewährleisten: Vitalfunktionen bei einem Toten. Ist das nicht ein Widerspruch? Haben wir nicht hier eine Charakterisierung des Todes durchgeführt, die gegen unser aller Sprechgewohnheiten ist? Obwohl doch offenbar noch Leben vorhanden ist, sprechen wir hier vom Tod des Menschen. Der Tod wird definiert durch das irreversible Versagen des Gehirns. Dieses Versagen kann auf verschiedene Weisen festgestellt werden. Das soll uns hier im einzelnen aber nicht berühren. Berühren sollte es uns aber schon, daß hier noch Leben vorhanden ist, und wir trotzdem vom Tode des Menschen sprechen, vielleicht auch sprechen müssen, weil es ja aktenkundig werden muß, wenn der Betreffende tot ist. Es ist aber doch ein sehr seltsames Konzept, selbst wenn man nichts dagegen einzuwenden hat, daß man praktisch das tut, was ich beschrieben habe. Man könnte ja mit ethischen Gründen an einem bestimmten Punkt der Lebensphase Organentnahmen für akzeptabel halten, zumal wenn der Betreffende damit einverstanden ist und seine Spenderwilligkeit bekundet hat.

Aber ist es terminologisch korrekt zu sagen, der Betreffende sei tot, wenn nicht nur der Kreislauf noch aktiv ist, sondern wenn auch noch Spinalreflexe vorhanden sind? Diese Spinalreflexe können noch recht ausgeprägt sein, in einzelnen Fällen sogar sehr extrem. So kann beim Anheben des Kopfes, wenn die Schwester das Kissen neu betten will, ein komplexer Reflex ausgelöst werden, der die Arme so bewegt, daß die Schwester umarmt wird. Unsere Schwestern haben einen Riesenschreck bekommen, wenn sie von Patienten, die nach den Hirntod-Kriterien definitiv tot sind, beim Kopfkissenbetten umarmt werden. Das spricht jeder Intuition gegenüber dem Tod des Menschen Hohn. Natürlich wissen wir das neurophysiologisch zu begründen: Das sind ja "nur" spinale Reflexe. Das hat also mit dem Leben nichts zu tun.

Nun muß man sich fragen, was dann eigentlich der Lebensbegriff noch besagt, wenn die neurophysiologische Analyse uns berechtigt, von einem "nur" zu sprechen. Irgendwann wird das Gehirn noch besser verstanden sein, dann sagen wir vielleicht: Die Liebe und die Personalität sind ja *nur* diese und jene Regulationskreise. Also brauchen wir uns um die Person nicht mehr zu kümmern. Angesichts der komplexen menschlichen Verhaltensweisen müssen wir dann den Personbegriff schon auch ganz praktisch an etwas Bestimmbarem festmachen. Ob der Rückenmarkreflex, der auch eine große Komplexität haben kann, das Bestimmende sein sollte, ist eine untergeordnete Frage.

Darüber hat man sich schon im 19. Jahrhundert gestritten. Es gab den Streit zwischen dem Bonner Physiologen Eduard Pflüger und dem Göttinger Philosophen und Arzt Hermann Lotze. Eduard Pflüger war der Ansicht, daß bei einer dezerebrierten Katze, bei der experimentell ein Schnitt zwischen Gehirn und Rückenmark durchgeführt worden war, eine Rückenmarkseele vorhanden sei, weil das Tier mit seinem Rückenmark noch in der Lage war zu stehen. Auf den Streit will ich hier nicht eingehen. Er verdeutlicht aber vielleicht doch, daß es auch Seelenbegriffe gibt, die nicht nur auf den Hirnprozeß bezogen sind, sondern den ganzen Leib als beseelt einbeziehen. Solche Rückenmarksreaktionen können, wie gesagt, sehr komplex sein. In der Medizin werden sie unter einem interessanten, fast pikanten Terminus beschrieben. Man spricht vom sogenannten Lazarus-Syndrom. Beim Lazarus-Syndrom sind die Reflexe des Rückenmarks so ausgeprägt, daß der Betreffende zu laufen scheint - zwar nicht wie Störtebeker, der zwölf Kameraden dadurch vor dem Tode rettete, daß er nach der Dekapitation noch an ihnen vorbeimarschierte. Aber der Hirntote kann in der Liegestellung noch Laufbewegungen aufweisen. Auch dieses Lazarus-Syndrom ist kontraintuitiv für unsere Vorstellung vom Tod.

Wenn wir uns nicht klarmachen, daß wir hier im Grunde genommen doch noch Leben wahrnehmen, und unsere Begriffe eigentlich so ausgerichtet sein müßten, daß wir dabei auch von Leben sprechen, kann natürlich eine große Begriffsverwirrung ausbrechen. Insofern verrät uns schon unsere

Sprechweise, wenn wir etwa sagen, daß wir "um ein Leben kämpfen".

Dahinter steht folgendes: Wo vegetatives Leben ist, ist gewiß zwar Leben vorhanden, nur wird dieses vegetative Leben nicht für besonders wertvoll gehalten. "Um ein Leben kämpfen", das möchten wir doch lieber verstehen als Einsatz für jemanden, den wir als Person auch erleben können. Aus der rationalistischen Tradition hat sich die Fähigkeit zur Autonomie, zum Denken, zum entscheidenden Kriterium der Personalität entwickelt. Entsprechend wird das Gehirn als das das Leben des Menschen bestimmende Organ angesehen. Das macht es für die Schwestern und viele Angehörige aber nicht einfacher zu akzeptieren, daß der Tod schon eingetreten sein soll.

Medizinisch richtig, ontologisch falsch

Eigentlicher Sprengstoff liegt aber in dieser Konzeption an sich dennoch nicht, obwohl unsere sprachliche Umgangsweise in der faktischen Situation etwas aufdeckt, was nicht ganz stimmig ist. Beim Begriff "Hirntod" handelt es sich um eine Vereinbarung, die wir aus ethischen Gründen durchaus tragen könnten. Sie ist aber ontologisch problematisch, weil in diesem Konzept der Sog, der Drang steckt, die Dinge rein rational weiter zuzuspitzen. Nichts hindert uns, die Bestimmung der Personalität immer höher anzusiedeln, indem wir den "Hirntod" weiter eingrenzen. Man könnte sagen: Nun ja, wenn wir schon die spinalen Reflexe, die beim Lazarus-Syndrom auftreten - das Umarmen der Schwester zum Beispiel -, zum "Leben" nicht dazurechnen, dann brauchen wir bei der Bestimmung des Hirntodes ja auch nicht die komplexen Reflexe dazuzurechnen, die wie der Hustenreflex, der Blinzelreflex über das Gehirn ablaufen. Sie machen ja wohl auch kaum die Personalität aus. Diese Reflexe laufen über den Hirnstamm ab. Für unser normales Verständnis von Personalität sind sie, zumal wenn wir die Rückenmarkreflexe schon ausgeschieden haben, dann auch nicht entscheidend. Also ist der

Hirnstamm vielleicht auch nicht so relevant für das menschliche Leben, für das Menschsein. Das hieße dann, daß der betreffende Mensch schon tot ist, wenn nur das Großhirn ausgefallen ist.

Im Hirntod-Konzept liegt also eine innere Logik, die darauf drängt, die Hirntod-Definition zu reduzieren auf einen Teilhirntod. Viele amerikanische Ethiker haben das auch gefordert. Sie waren der Ansicht, daß bei einem Großhirninfarkt, bei Absterben des Großhirns, der Tod der betreffenden Person gegeben ist. Für den Begriff von Personalität sei das Leben des Stammhirns genauso irrelevant wie das Leben des Rükkenmarks. In diesem Sinne wäre dann ein Mensch tot, bei dem nicht nur der Kreislauf intakt ist, sondern bei dem auch beispielsweise noch der Hustenreflex vorhanden ist. Praktisch hätte das noch mehr kontraintuitive Folgen als das bisherige Hirntod-Konzept. Der Betreffende würde aufgrund seiner Kreislauftätigkeit nicht nur durchschnittlich viereinhalb Tage überleben, wie das normalerweise beim dissoziierten Hirntod der Fall ist, sondern auch spontan atmen können, weil die Atmung vom Stammhirn gesteuert wird. Der Tod der Person, so haben es amerikanische Ethiker gefordert, kann auch bei jemand vorliegen, der noch atmet. Das meint der Begriff des Teilhirntodes. Ich darf es pointieren: Man könnte seinen toten Angehörigen mit nach Hause nehmen - was heute nicht mehr sehr üblich ist - und sagen: Opa ist tot, er liegt im Nebenzimmer und atmet noch, du kannst ihn noch besuchen. Das wäre die Konsequenz des Teilhirntod-Konzeptes - und gewiß eine völlige Änderung unserer Sterbekultur.

Auf diese Dissoziation zwischen unserer Intuition und den neurophysiologischen Konzepten will ich nicht hinweisen, um das Hirntod-Konzept zu diffamieren, sondern um auf seine Probleme aufmerksam zu machen und es ethisch umso besser fundieren zu können. Der Irrtum, es handle sich um ein ontologisches oder naturwissenschaftliches Konzept, erlaubt keine ungerechtfertigten Analogien. Es gibt viele medizinische Kollegen, die der Ansicht sind, das Hirntod-Konzept sei gut gesichert, es sei ein rein naturwissenschaftliches Konzept, man könne schließlich mit dem EEG, mit dem Angiogramm, mit den evozierten Potentialen und mit anderen Techniken genau bestimmen, ob das Gehirn ausgefallen sei. Der Irrtum besteht darin, daß man hierbei die Ebenen verkennt. Die Messung des Ausfalls des Gehirns hat nichts damit zu tun, wie wir die Kriterien bestimmen, was gemessen werden soll. Die Kriterienfindung hat nichts damit zu tun, wie wir die Feststellung des Todes definieren. Die Definition des Todes hat nichts damit zu tun, welche Rückschlüsse auf die konkrete "Person" gezogen werden. Die Zuschreibung "tot" muß unabhängig davon sein, was für ein Personkonzept dahintersteht. Das heißt: das naturwissenschaftliche Hirntod-Konzept betrifft nur die Kriterienfindung und die Meßtechnik sowie die Entscheidung, ob wir mit elektrophysiologischen Methoden, mit dem EEG, mit den evozierten Potentialen oder mit der Durchblutungsmessung den Tod des Hirns konstatieren, oder ob wir auch die Hirnstammreflextestung hinzunehmen. Sie betrifft vielleicht auch noch die praktische Definition des Hirntodes. Sie hat aber nichts zu tun mit den Ebenen der Attribution des Todes.

Auf die Folgen kommt es an

Ich glaube, daß diese Unterscheidung wichtig ist, weil wir sonst in Schwierigkeiten geraten hinsichtlich der Analogien und Konsequenzen, die aus dem Hirntod-Konzept gezogen werden - als handle es sich nämlich um ein ontologisch gesichertes, naturwissenschaftlich begründetes Konzept.

Als Beispiel hatte ich schon den Begriff des Teilhirntodes genannt. Er zeigt die innere Dynamik dieses schwierigen "Hirntod"-Begriffs und verleitet leicht dazu, am Schluß auch den Alzheimer-Patienten von einem gewissen Stadium an für tot zu erklären. Man sagt dann, die Großhirnfunktionen seien ja ausgefallen, folglich handle es sich nur noch um einen vegetativen Menschen. In der Umgangssprache findet man solche Äußerungen ohnehin, in denen zum Ausdruck kommt, der Betreffende sei seelisch-geistig gestorben, ja sozial tot.

Die Gefahr, daß wir, von diesem Konzept ausgehend, Menschen ausgrenzen, die noch ein Leben aufweisen, ist groß.

Eine andere Gefahr besteht in der Überlegung: Wenn der Mensch bei ausgefallenem Gehirn tot ist, dann ist er ebenso tot, auch wenn das Gehirn noch gar nicht ausgebildet ist. In den ersten dreißig Tagen nach der Befruchtung, wenn noch kein Gehirn ausgebildet ist, brauchten wir uns demnach um ethische Probleme - Fragen der Personalität, des Menschseins - gar nicht zu kümmern. Der Embryo ist dann ein totes Gebilde, da es kein Hirn aufweist.

Wenn man sich nicht klarmacht, daß es sich bei dem Hirntod-Konzept eben nicht um ein naturwissenschaftlich begründetes ontologisches Konzept handeln kann, sondern eigentlich um eine ethische Vereinbarung, wird die spezielle Analogie gefährlich.[1]

[1] Auf der Suche nach einem einheitlichen ethischen Standard für den Umgang mit dem Lebensende und dem Lebensanfang plädiert der Bochumer Medizinethiker Hans-Martin SASS (*Hirntod und Hirnleben,* in: H.-M. Sass (Hrsg), *Medizin und Ethik,* Stuttgart 1989, 160-181) für eine Analogie zwischen dem "Noch nicht" von Hirnfunktionen in der Embryonalentwicklung und dem "Nicht mehr" von Hirnfunktionen beim Hirntod. Biologisch sei erst am 57. Schwangerschaftstag Zellmaterial vorhanden, aus dem später funktionierendes Hirngewebe entstehe. Vernetztes Hirngewebe selbst beginne sich erst ab dem 70. Tag auszubilden. "Wenn wir nach einem *Gegenstück* zur Hirntoddefinition am Ende des Lebens suchen, dann bieten sich Stadien *nach* dem 70. Tag p.c. (post coitum) an; denn *vor* dem 70. Tag können keine hirnorganspezifischen Funktionen wahrgenommen werden, weil das Organ einfach noch nicht vorhanden ist" (172).
Sass schlägt dann vor, "vom 57. Tag p.c. dem werdenden menschlichen Leben den vollen rechtlichen Schutz und die volle ethische Solidarität und Achtung zuzusprechen". Denn "vor dem 57. Tag p.c. ist der menschliche Embryo ebenso wie der hirntote Erwachsene kein vollwertiges Mitglied der Rechts- und Solidargemeinschaft; wie dem Hirntoten gebührt ihm aber Respekt und ein frivoler oder anderweitig unverantwortlicher Umgang mit ihm ist auszuschließen" (173).
Sass macht ferner selbst auf Autoren aufmerksam, " die die Gleichsetzung des personalen Todes mit dem irreversiblen Verlust der Funktionen aller Hirnteile incl. des Stammhirns als zu strikt kritisieren" und "das Kriterium eines irreversiblen Funktionsausfalls des Großhirns für ausreichend (halten), des Teils also, in dem

Wenn man das Hirntodkonzept betrachtet, so muß man würdigen, daß es für die praktische Medizin große Fortschritte und für viele Patienten großen Segen gebracht hat. Wir sollten uns aber davor schützen, die Realität des Menschen hierdurch in eine völlig neue Perspektive zu rücken. In einer pluralistischen Gesellschaft verführt, so fürchte ich, dieses Konzept dazu, etwas zu realisieren, das - ohne es eigentlich zu reflektieren - nur naturwissenschaftlich abläuft. Das wird von der Postmoderne gern beschrieben. Der Hirntote ist sozusagen ein postmoderner Leichnam. Die Auferweckung des Menschen im Lazarus-Syndrom läßt sich aber nicht zum Verschwinden bringen.

Auch ohne das Hirntod-Konzept haben sich Umgangsweisen mit dem menschlichen Körper entwickelt, die den Menschen so betrachten, wie die postmoderne Architektur ihre Gebäude herstellt: mit historischen Zitaten, Versatzstücken aus allen möglichen Bereichen. Ganz ohne Rücksicht darauf, ob Hirnstrukturen entscheidend sind für die Personalität, wird mittlerweile auch Hirngewebe zur Transplantation benutzt. Von Embryonen zwischen dem ersten und fünften Monat gewonnes Hirngewebe wird bei Parkinson-Kranken eingesetzt, um dem Patienten eine bessere Funktion des Gehirns zu er-

diejenigen Prozesse ablaufen, die wir mit Bewußtsein, Schmerzempfindlichkeit, Denken, Kommunikation in Korrelation sehen" (165).
Konkret zeigt sich die Problematik etwa in der Diskussion um Anenzephalie (Neugeborene - wörtlich - "ohne Hirn"). Wenn das Hirn offenkundig nicht da sei, so die Überlegung, müsse man keinen Hirntod abwarten, um Organe zur Transplantation zu entnehmen. Neugeborene mit dieser schweren Mißbildung wären demnach optimale Organspender.
Anenzephale Neugeborene können aber eine Zeitlang spontan überleben, was für eine mindestens rudimentäre Ausbildung von Stammhirn spricht. Tatsächlich finden sich bei Anenzephalen in der Regel auch ektopische Großhirnzellen, die man als unbeachtlich erklären müßte. Dies wiederum drängt nun weiter geradezu die Frage auf, wieviel Großhirn als irrelevant angesehen werden kann oder wieviel mindestens erforderlich ist, um seinen Träger als vollwertiges Mitglied der Rechts- und Solidargemeinschaft anzusehen (Anm. d. Hrsg.).

möglichen. Angesichts dieser Entwicklung muß man sich fragen, ob das Hirntod-Konzept eigentlich ernstgenommen wird. Einerseits macht man die Personalität und den personalen Tod am Gehirn fest, auf der anderen Seite steht Hirngewebe nun auch zur Transplantation frei.

Ohne große Ableitungen möchte ich die Diagnose wagen, daß spätestens hier die essentialistische Dimension des Menschen in Gefahr steht, verloren zu gehen. Vielleicht haben wir uns, was die Botschaften der Leib-Seele-Tradition angeht, doch zu cartesianisch verrannt. Dafür, daß Sir John Eccles uns darauf hinweist, wir dürften den menschlichen Organismus nicht materialistisch fehlinterpretieren, müssen wir ihm gewiß dankbar sein. Aber es gibt auch eine Gefahr, das - allzu geistig verstandene - *Ich* als sehr unabhängig von der Leiblichkeit zu verstehen. Das bewußte *Ich* wird dann als völliger Herrscher auch über das Gehirn betrachtet, statt den Menschen in seiner Leiblichkeit, Geistigkeit und mit seiner Seele als ein integratives Wesen zu sehen. Das dualistische Geist-Hirn-Interaktionsmodell von Sir John Eccles ist auch in der Gefahr, eine Dissoziation zwischen dem Ich und dem Organismus zu stabilisieren. Mit dem Organismus kann man dann wie mit einer Maschine umgehen, an der man beliebig Teile austauscht. Schließlich kann man auch noch an dem Organ austauschen, das als Substrat auch der vernünftigen Vorgänge gilt, am Gehirn.

Ohne hier in ein materialistisches Konzept zu verfallen, muß man doch wohl in stärkerem Maße die Einheit von seelischen und Hirnprozessen sehen. Deswegen ziehe ich das parallelistische Verständnismodell vor, jedenfalls im medizinischen Kontext.

Philosophisch oder theologisch sollte man weitergehen. Wenn man den Menschen nicht konzipieren will als ein postmodern bis ins letzte zerstückeltes Wesen, dann sollte man wohl die ethische Dimension auch wieder stärken. Wir sollten nicht nur danach fragen, was der Mensch naturwissenschaftlich ist, sondern auch, wie wir ihn ethisch ergänzen, wie wir zu einer Ganzheit kommen können.

In einem karitativen Deutungszusammenhang bietet sich ja durchaus eine solche Ganzheit an. Ich will das abschließend an einem Beispiel verdeutlichen. In Matthäus 25,37 wird gefragt: “Wann haben wir dich hungrig gesehen, Herr, und dir zu essen gegeben, oder durstig und dir zu trinken gegeben?” Wenn wir die rein naturwissenschaftliche Perspektive einnehmen, müßten wir konsequenterweise auch bei einem Dürstenden erst einmal feststellen, ob der Betreffende zur Spezies Mensch gehört, sodann die Wasserkonzentration des Organismus und seine Standardabweichung bestimmen und erst dann entscheiden, ob wir für ihn etwas tun. Viele Situationen legen uns auf, die Fragestellung umzukehren und zuerst das karitative und dann das objektive Geschehen zum Zuge kommen zu lassen.

Aussprache

Leitung: Gerhard van Kaick

Joachim Lehnhardt: Sie haben eine Gedankenbrücke vom Hirntod zu einem dreißig Tage alten Embryo gezogen. Der Embryo hat sein Leben noch vor sich. Bei einem Hirntoten ist das nicht der Fall. Besteht darin der entscheidende Unterschied?

Linke: Der Vergleich ist nicht meine Position. Martin Sass macht ihn. Mir geht es darum, die Gefahr dieser Analogie aufzuzeigen. Der wichtige Unterschied liegt tatsächlich in der Potentialität des Embryos. Herr Sass hat, als ich diesen Einwand 1984 in einem persönlichen Gespräch machte, lakonisch gemeint: Na ja, die Potentialität haben wir ja auch schon bei abgeschlagenen Samenfäden. Um die alle können wir uns ja nicht auch noch kümmern. Damit war wohl für ihn die Potentialität vom Tisch und das Thema erledigt. Ich habe noch darauf hingewiesen, daß man dann wohl auch über einen Schlafenden verfügen kann, weil er ja auch nur potentiell ein Wacher mit Bewußtsein sei. Mir scheint, daß wir auf den Begriff der Potentialität zwar nicht verzichten dürfen, aber auch die Gefahr sehen müssen, daß das Argument umgekehrt werden kann: Da der Alte keine Potentialität hat, brauchen wir für ihn auch nicht mehr allzuviel zu tun. Man muß vorsichtig mit den Begriffen umgehen. Entscheidend ist, daß hier schon gezeugtes Leben ist, das wir nur naturwissenschaftlich in seiner Personalität noch nicht erfassen können. Ich würde das Argument von Herrn Sass sogar naturwissenschaftlich radikalisieren und sagen: Auch nach siebzig Tagen ist das Personsein naturwissenschaftlich nicht begründbar. Die Vernetzungsstruktur der Neuronen, die nach siebzig Tagen eine Komplexität aufweist, wie wir sie auch bei Wasserschnecken finden, ist doch kein Befund, dem wir Personalität attribuieren.

Über Personsein können wir nur etwas sagen, wenn wir einen Begriff davon haben aus der Erfahrung mit Personen, aus einem Weltbild heraus. Wir könnten etwa Personalität von vornherein als Schöpfungsgeschenk verstehen, oder sie aus der liebenden Begegnung zwischen Menschen ableiten, aus dem Caritas-Begriff, aber nicht aufgrund des Nachdenkens über Laborbefunde.

Dr. Beatrix Dolfen: Der Hirntod ist ja in der Praxis oft nicht so leicht feststellbar. Theorie und Praxis sind doch manchmal zweierlei. Ich bin Kinderärztin und erinnere mich an ein Kind mit einer schweren Gehirnentzündung, mit einer Herpesenzephalitis: keinerlei Reflexe, voll beatmet. Wir haben uns die Köpfe heißgeredet, ob ein Hirntod vorliegt oder nicht. Die Nullinie im EEG ist nicht immer eindeutig nachweisbar auf einer Intensivstation mit vielen anderen elektrischen Geräten. Hirndurchblutung war noch vorhanden, aber keine Reflexe. Die Eltern baten, wir möchten doch die Therapie endlich reduzieren oder gar abstellen. Ein anderes Kind war nach plötzlichem Kindstod reanimiert worden. Ein Zustand mit schweren Organdefekten aufgrund des Sauerstoffmangels. Auch hier war der Hirntod nicht eindeutig feststellbar. Wie sollen wir uns als Ärzte verhalten? Machen wir volle Therapie weiter? Machen wir reduzierte Therapie, Minimaltherapie oder setzen wir die Therapie ab? Was tun, wenn der Wunsch der Eltern in diese Richtung geht?

Linke: Zur Maximal-Therapie sind wir in Grenzsituationen nicht verpflichtet. Man kann sich durchaus auf die Seite der Eltern stellen. Die Notwendigkeit der exakten Diagnose des Hirntodes ergibt sich ja in erster Linie dann, wenn Organe entnommen werden sollen. Dann muß man natürlich auf höchste Akkuratesse der Diagnostik achten. Mit dem EEG gibt es wirklich einige Probleme. In den USA haben recht unterschiedliche Techniken in der Diagnostik den Ausschlag gegeben. Man hat das EEG früher in den Vordergrund gestellt. In England sind es heute mehr die Hirnstammreflexe, bei uns war es lange Zeit die Angiographie. Das EEG ist problematisch. Es gibt - wenn ich den Fachterminus benutzten darf - leptomeningeale kollaterale Verbindungen zwischen der carotis externa und der interna im Internagebiet, die dazu führen, daß auch bei eingetretenem Zirkulationsstillstand über die inneren Hirngefäße noch ein paar Kortexareale versorgt werden. Das führt zu einem kleinen Alpharhythmus in lokalen Gebieten. Das sind oft gar nicht Artefakte. Die Meinung ist voreilig, da könne doch jetzt nichts mehr sein; weil der Doppler in der Karotis nicht mehr durchgängig ist, müßte doch eigentlich der völlige Stillstand der Hirnaktivität eingetreten sein. Es ist wirklich so, daß auch bei solchen Hirntodkriterien noch ein paar Kortexareale elektrische Hirnaktivität aufweisen. Sie werden sozusagen vernachlässigt. Streng genommen ist das schon eine objektive Abschwächung der Hirntod-Diagnostik. In der Praxis gibt es mit den Messungen durchaus Probleme. Auch die Pulsation wird stärker, wenn die Okklusion erfolgt. Der Kopf vibriert dann stärker. Man muß auch das Beatmungsgerät berücksichtigen, usw. Auch die zusätzliche Diagnostik mit evozierten Potentialen ist nicht ganz einfach zu handhaben. Eine flächendeckend, auch für das kleine Krankenhaus geeignete Hirntod-Diagnostik kann meßtechnisch wirklich Probleme bereiten. Aber das alles hat natürlich nur Bedeutung für die Transplantation. Für die anderen Fälle gilt, daß wir dann nicht alle therapeutischen Möglichkeiten ausschöpfen müssen.

Ernst Michael Striefler: Mit der Verschmelzung der Samenzellen ist - philosophisch gesprochen - sozusagen die Potentialität in den Akt überführt, medizinisch gesprochen der Leib da. Es genügt, daß ein menschlicher Leib da ist, um von Menschenwürde zu sprechen. Der tote Leib, aufgebahrt, kurz vor dem Begräbnis, hat auch eine Würde. Wir könnten sie Totenwürde nennen, aber nicht Menschenwürde. Wir sprechen dann ja auch nicht vom Leib, sondern vom Leichnam. Bis wann darf ich von einem Leib und ab wann muß ich von einem Leichnam sprechen? Wenn noch Funktionen der

Leiblichkeit da sind? Wenn der Mensch noch da ist und mit ihm seine Menschenwürde? Wie kann ich dann Organe entnehmen, selbst wenn ein Patiententestament vorliegt?

Kluth: Bei dem Hirntod-Konzept handelt es sich, so habe ich Sie verstanden, nicht um ein ontologisch-naturwissenschaftliches, sondern um ein ethisches Konzept, um einen Begriff, der eine bestimmte ethische Rechtfertigung zusammenfaßt. Was mit diesem Konzept erreicht wird, haben Sie nur angedeutet.

Welche Gründe rechtfertigen für Sie die Organtransplantationen und welche den Hirntod-Begriff als Rechtfertigungsgrund für Organentnahme? Von der Begründung hängt für den Juristen wieder die Überprüfbarkeit dieses Konzeptes und die Reichweite seiner Tragfähigkeit ab. Sie sagten: Wenn der Patient der Transplantation zugestimmt hat, dann sehen Sie wohl keine Probleme. Da stellt sich die Frage: Wie weit geht dieses Selbstbestimmungsrecht und wie weit Ihr Verfügungsrecht? Wenn es soweit geht, daß man auch das Gehirn transplantieren dürfte, träte ja ein Zirkelschluß auf. Wie weit gehen stellvertretende Entscheidungsbefugnisse? Inwieweit kann also beim Fehlen einer vorgängigen Selbstbestimmung - wenn es weder ein Patiententestament noch eine frühere Willenserklärung des Hirntoten gibt - ein Dritter entscheiden? Ist eine Befugnis des Staates denkbar? Der Staat könnte ja sagen: Weil wir von staatlicher Seite für die Gesundheit der Bevölkerung zuständig sind, erarbeiten wir ein Gesetz des Inhalts, daß bestimmte Organe wie Nieren, Leber, Herz usw. entnommen werden dürfen, wenn dadurch einem anderen Menschen geholfen werden kann. Das ließe sich nach moderner Denkweise sogar grundrechtlich in eine Pflicht übersetzen: Der Staat hat die Pflicht, die Gesundheit der Bürger zu schützen. Daraus leitet der Staat dann die Verpflichtung ab, Gesundheitsvorsorge zu betreiben. Das bedeutet, daß er diese Eingriffe rechtfertigt.

Linke: Die Organentnahme bei Hirntod wird positiv gesehen. Es ist ja auch die Lebendspende durchaus akzeptiert. Es hat vielen Menschen das Leben gerettet, daß Brüder, Eltern oder sonstige Verwandte ein Organ gespendet haben. Die Lebendspende läßt sich auch positiv für den Hirntod formulieren, wenn man nicht darauf besteht, daß der Tod der Person eingetreten ist. Eine hoffnungslose Situation rechtfertigt dann die Lebendspende. Bedingung ist, daß der Spender ohnehin keine Chance mehr hat, je auf die gespendeten Organe angewiesen zu sein. In diesem Sinne könnte man die Hirntodsituation neu formulieren. Vielleicht würde das viele rechtliche Probleme aufwerfen. Man könnte diese Lebendspende vielleicht auch theologisch-christlich legitimieren und in diesem Zusammenhang eine Ausnahme von sektoral ontologischem Denken gestatten. Christus hat ja auch seinen Leib hingegeben. Das könnte als Maximalanalogie dienen.

Rechtlich sollte man aber sehr behutsam vorgehen. Kleine Änderungen können unübersehbare Folgen haben. Eine staatliche Intervention der Art etwa, daß der einzelne Anspruch hätte auf Organe eines anderen, ist als sogenannte Widerspruchslösung in Österreich nahezu realisiert. Der Arzt bedarf keiner Zustimmung durch Organspenderausweis o.ä. Er darf umgekehrt Organe entnehmen, wenn nicht ein ausdrücklicher Widerspruch des Hirntoten bekannt ist. Diese Lösung halte ich für gefährlich angesichts der recht komplexen Situation. Stellvertretung durch Eltern, durch Angehörige würde ich begrüßen. Das wird ja zur Zeit bei uns auch so gehandhabt. Einer Befragung der Angehörigen nach dem mutmaßlichen Willen des Betreffenden kann man zustimmen.

Fatal wird die Situation, wenn man zur Hirngewebeverpflanzung übergeht. Da geht es nun wirklich an den Persönlichkeitskern. Und es steht in einem absoluten Widerspruch zum Konzept des Hirntodes selbst.

Thomas: Den Hirntod als *ethische Vereinbarung* zu verstehen, bringt eine komplexe Sache auf eine kurze Formel. Sie begegnet aber der Schwierigkeit, daß sie nicht der Sprache angehört, die unter Ärzten und in den Kliniken gesprochen wird. Dort wird in Befunden, Diagnosen, Indikationen, Therapien, Prognosen, Prophylaxen usw. gedacht. In medizinische Sprache übersetzt, ist Hirntod eine Diagnose. Wenn man die Diagnose gestellt hat, erhebt sich die Frage, was nun zu tun ist, die Frage nach der Indikation. Hätten Sie einen Einwand dagegen, daß man sagt: bei der Diagnose Hirntod lautet die Indikation grundsätzlich, den Hirntoten sterben zu lassen? Anders zu verfahren, wäre dann gesondert begründungspflichtig. Gründe dafür kann es ja geben, zum Beispiel spätere Organentnahme.

Linke: Das läuft durchaus in meine Richtung. Der Hirntod ist eine Diagnose. Das Problem ergibt sich in der Tat erst daraus, daß gesagt wird: Der Hirntod ist auch der Tod der Person, was natürlich über die diagnostischen Kompetenzen der Medizin hinausgeht. Wenn man es so handhabt, daß man sagt, der Hirntod ist Diagnose, und dann überlegen wir, was wir machen, bleiben wir insoweit im korrekten Fahrwasser. Man könnte also diese Sprechweise übernehmen.

Dr. Jürgen Eberle: Sie haben hervorgehoben, daß die Deutung des Hirntodes von praktischer und ethischer Vereinbarung diktiert ist. Das ist einsichtig, scheint mir aber dennoch etwas überpointiert formuliert. Denn diese ethische Vereinbarung hat sehr viel mit Ontologie zu tun. In der Nullinie des EEG drückt sich etwas von dem aus, was realiter geschieht oder ist; sie ist ein Indiz für das, was vor aller Vereinbarung auf der personalen oder ontologischen Ebene sich vollzieht (oder nicht mehr vollzieht).

Das wirft natürlich auch wissenschaftstheoretische Fragen auf. Man darf die verschiedenen Ebenen weder verwechseln noch auseinanderreißen. Die Ebene der praktisch-medizinischen Entscheidung aufgrund eines Vorzugsurteils oder auch einer Vereinbarung kann sich nicht loslösen von der ontologischen, die durch ihre Indizien in unseren Denk- und Erfahrungsbereich tritt. Ohne diese Rückbindung wäre ethisch-praktische Vereinbarung entwurzelt und unverantwortlich. Wir sollten im Verhalten gegenüber dem “Hirntod” also zumindest unterscheiden: die medizinisch-praktische Ebene (Diagnose/Therapie), die ethisch-praktische Ebene (darf ich Organe entnehmen oder wegen Organentnahme weiter beatmen?) und die philosophisch-ontologische Ebene (Person-Verständnis). Das wäre meine erste - wissenschaftlich-theoretische - Anmerkung.

Die zweite: Wir kommen sowieso nicht ohne Ontologie aus. Es liegt jeder Einschätzung oder Entscheidung unausgesprochen ein ontologisches Verständnis zugrunde, in aller Regel ein defizitäres, weil man sich eben nicht genügend über die Voraussetzung seines eigenen Handelns Rechenschaft gibt. Wenn dieses Vorverständnis schließlich von einem Philosophen oder Theologen artikuliert wird, ist das Ergebnis vielleicht Verwunderung. Ein Regelwerk oder Übereinkünfte erlauben, hier und jetzt eine schnellere Entscheidung zu treffen. Praktikabilität ist jedoch kein ausreichender Ersatz für Begründung. Oft hilft natürlich die "karitative Gewohnheit" - Sie haben das kurz angesprochen - über praktische Entscheidungsnöte hinweg, besonders in christlichen Krankenhäusern; dennoch ist auch da natürlich ein Begründungsbedarf.

Ohne Ontologie, ohne einen reflektierten Personbegriff, ohne eine philosophische Anthropologie kommen wir in der Ethik nicht aus. Gibt es da nicht auch ein starkes Ausbildungsdefizit? Wie kann man dem entgegenwirken, über solche Gespräche hinaus, wie sie hier gerade geführt werden?

Linke: Eine andere Möglichkeit als solche Gespräche sehe ich gegenwärtig nicht. Wenn ich von der Ethik spreche, begebe ich mich nicht in einen fichteanischen Setzungsdiskurs, wo ich, weil alles, was draußen in der Welt vorgeht, eigentlich gleichgültig ist, meine Ethik aus mir selber entwerfe: Wo das Ich setzt, was richtig sein soll. Ich meine eine Ethik, die sich an den Dingen orientiert. Mit dem Hinweis auf die Ethik soll gerade angedeutet werden, daß wohl in den Dingen selbst schon eine ethische Aufforderung liegt. Die Ethik orientiert sich an der Ontologie. Sie zeigt aber auch, wie durch die Orientierung an der Gesamtontologie Ausnahmen von dem ermöglicht wurden, wozu uns normalerweise einzelne ontische Bereiche auffordern. Eine Ausnahme davon, das Leben immer zu schützen, ergibt sich, wenn wir uns sagen: Nun gut, bei dem Hirntoten ist *nur* das vegetative Leben im Vordergrund. Hier können wir eine Ausnahme vereinbaren, ohne die Gesamtontologie in Frage zu stellen. Wir können aber eine solche Vereinbarung nicht etwa auf die Aussage gründen, das Personkonzept sei schlechthin nur an das Gehirn gebunden. Es ist irreführend zu meinen, der Neurophysiologe habe mit dem Nachweis der Hirnströme die Grundlage des Personseins objektiviert. Damit wird die Personalität auf eine Leiblichkeit eingeschränkt, die wir normalerweise nie zu Gesicht bekommen, nämlich auf die Leiblichkeit des Gehirns, die nur drei Prozent unseres Organismus ausmacht. Das ist nicht die Leiblichkeit, in der wir erscheinen, in der wir dem anderen begegnen. Insofern muß die Objektivität der Naturwissenschaft immer befragt werden auf einen Gesamthorizont. In diesem Gesamthorizont gehen dann Ethik und Ontologie eine innige Verbindung ein. Ich meine also gerade nicht, daß nur aus der Selbstsetzungsfähigkeit des Menschen heraus entschieden wird, was richtig sein soll. Daraus ergäbe sich dann natürlich als fatale Konsequenz, daß dieses Selbstsetzungsvermögen das Charakteristikum des Menschen wäre. Es kommt dann dem Behinderten nicht mehr zu, weil er nicht in der Lage ist - wie der Schreibtischphilosoph - sein Selbstsetzungsvermögen in den Vordergrund zu stellen.

van Scherpenberg: Ich sehe einen gewissen Widerspruch, wenn man die Würde mit der Geistigkeit des Menschen begründet, dann aber die Leiblichkeit - unabhängig von der konkreten Geistigkeit - den Ausschlag gibt, die Würde zuzuerkennen. Setzt da nicht implizit mein Urteil die Beziehung von Geist zu Körper fest? Sollte man nicht besser sagen, der Geist verantworte die Würde auch des Körpers, der Geist umfasse den Körper in seinem Verständnis?

Linke: Man muß dann aufpassen, daß der Körper nicht als reine processio aus dem Geist, als aus dem Geist hervorgehend verstanden wird. Für Locke war es wichtig, den Körper als Grundmuster von Besitz in der Schöpfung auszuweisen. Wenn wir den Körper als Metapher für Eigentum in der übrigen Welt nehmen, dürfen wir nicht übersehen, daß wir den Körper nicht beliebig besitzen. Es gibt doch auch eine Unverfügbarkeit des eigenen Körpers. Wenn wir das nicht sehen, verschwindet die leib-seelische Einheit wieder.

Ein Verständnis des Leibes vom Geist her - im weitesten Sinne verstanden - scheint mir aber möglich. Ich möchte es in folgender Formulierung einfangen: Der Körper als liebende Rücknahme der eigenen Unendlichkeit. Einerseits wird diese Formulierung dem maßlosen Begehren des Geistes nach Unendlichkeit gerecht, andererseits bestimmt sie einen Ort, der die Begegnung mit anderen möglich macht.

Michael Pullmann: Die Leichen Verstorbener spielen in der Ausbildung von Medizinstudenten eine nicht zu unterschätzende Rolle. Rücksichten, die hier zu nehmen sind, ergeben sich offenkundig nicht aus einem Recht auf Unverletzlichkeit - es gibt ja die Person, das Subjekt nicht mehr, die oder das ein solches Recht haben könnte -, sondern aus der Pietät gegenüber dem Toten, gegenüber der Person, die der Verstorbene einmal war. Wie ist das nun beim Hirntoten? Ist er ein Toter wie andere Tote, also eine Leiche? Was sollte dann hindern, daß der Hirntote auch Medizinstudenten zur Ausbildung zur Verfügung steht? Dagegen gibt es meines Erachtens nur zwei Argumente: Entweder der Hirntote ist nicht tot, oder der Umgang mit Leichen in der medizinischen Ausbildung war immer schon fragwürdig. Pietät gegenüber Leichen oder der Einspruch von Angehörigen ändern an der Sache selbst nichts. Ebensowenig das Argument, die Verfügbarkeit sei für eine wirklichkeitsnahe Ausbildung von Ärzten notwendig. Nun stelle ich mir eine öffentliche Diskussion darüber vor. Was meinen Sie: Endet diese damit, daß Hirntote zu Ausbildungszwecken freigegeben werden, daß Medizinstudenten überhaupt nicht mehr an Leichen sezieren dürfen, oder damit, daß der Hirntod als Todesdefinition revidiert wird?

Linke: Ich fürchte, die allgemeine Tendenz eines gewandelten Umgangs mit dem Sterben und dem Sterbenden hat längst dazu geführt, daß die Angehörigen den Leichnam heute oft gar nicht mehr sehen wollen. Sie sind froh, wenn der Sarg zu ist. Die Begegnungsstätten mit dem Toten, sprich Leichenschauräume, werden im Krankenhaus zu PC-Räumen umfunktioniert. Irgendwo möchte man seinen Personal-Computer unterbringen. Es hat sich eine andere Sterbekultur entwickelt. Der Tote wird nicht mehr zu Hause im Schlafzimmer aufgebahrt. Man macht keine Totenmaske mehr. Man will den Toten nicht mehr sehen, den Tod nicht mehr vor Augen haben.

Ob der Tod verdrängt wird, ist schwer zu sagen. Er kommt in anderer Gestalt, in der Gestalt des Machbaren, des Behandelbaren. Im Fernsehen schaut man sich den Tod ständig an, weil man ihn dort beherrscht, und sei es mit dem Einschaltknopf. Man will nicht den unverfügbaren Tod. Das gilt allgemein. Die Medizin ist da kein Sonderfall. Die Gesellschaft sieht den Arzt in der Rolle eines Kämpfers gegen den Tod. Angesichts des Todes muß gehandelt werden. Es reicht nicht, mit dem Zeigefinger auf Mißstände hinzuweisen. Wenn es ans Sterben geht, dann ist das Überleben das einzige, was uns alle interessiert. Dafür opfere ich auch die personale Identität und lasse mir, wenn nötig, fremde Hirnzellen einpflanzen. Und die Hauptfrage, die hinter all diesem steht, ist nicht, wieviele technische Prothesen noch die Leiblichkeit gewährleisten, sondern welches Verhältnis will die Gesellschaft, will ich zum Tode haben. Die Menschen sind heute offenbar nicht bereit, sich dem Unausweichlichen hinzugeben. Sie sind auf das Handeln ausgerichtet.

Ignatius Kordecki: Ethik komme ohne Ontologie nicht aus, hieß es zuvor. Sie leite sich ab aus Dingen der Wirklichkeit. Zur Wirklichkeit gehört auch, daß der Mensch mehr ist als eine Vernunft, die aus sich selbst setzt, was richtig sein soll. Die Aussage, daß der Mensch mehr ist als eine ratio, ist wiederum nur eine rationale Aussage. Führt Ihre "karitative Dimension" aus diesem Zirkel heraus? Sie nannten sogar den Opfertod Christi eine Maximalanalogie.

Linke: Ich habe eine Diagnose gestellt. Mit dem Caritas-Begriff habe ich einen "Therapievorschlag" angedeutet, der aber nicht weiter ausgeführt wurde. Ihn durchzusetzen ist aber wohl wenig aussichtsreich in einer auf Diskurs ausgerichteten pluralistischen Gesellschaft, die, wenn wir auf die Postmoderne schauen, den Pluralismus soweit treibt, daß sie sagt: auch das Individuum ist pluralistisch konfiguriert. Ein solches Individuum ist am Überleben interessiert ohne Rücksicht auf technische Veränderung seiner selbst. Es wird immer wieder - das ist meine pessimistische Prognose, bei fortbestehender trinitarisch-karitativer Hoffnung - mit dem Finger auf Mißstände in der Medizin zeigen, im Ernstfall aber jederzeit von medizinischen Möglichkeiten der Technisierung seiner selbst Gebrauch machen.

Die Frage nach einer Grenze zwischen Ehrfurcht vor dem Leib und Pietät gegenüber dem Leichnam berührt nur ein Teilproblem. Die Untrennbarkeit von Personalität und Leiblichkeit wird in einer auf Diskurs ausgerichteten Gesellschaft, die nicht mehr die Essenz der Person, sondern deren Diskursfähigkeit in den Vordergrund stellt, nicht mehr als relevant angesehen.

Isabel Scheringer: Ich sehe wohl, daß die Ärzte beim Hirntod in einem Dilemma sind, sehe aber noch nicht den Ausweg, den der Therapievorschlag Ihres "karitativen Konzeptes" weisen soll. Was meint hier näherhin "karitatives Konzept"?

Hartmut Vogler: Daß "Christus seinen Leib hingegeben hat", stand unter anderen Voraussetzungen als denjenigen heute diskutierender Philosophen. Christus bezog sich auf einen Jemand, auf eine Person, die er seinen Vater nannte. Wir beziehen uns auf uns selbst und unsere Interessen.

Linke: Beim Zugang von der caritas her will ich nicht Franziskus von Assisi gegen Thomas von Aquin ausspielen. Ich möchte aber schon Franziskus gegen Singer antreten lassen. Wie Franziskus gegenüber den Vögeln zeigt, sollen wir wohl die Welt liebend erobern, auch in die Tierwelt hinein. Eine solche Erweiterung sollten wir rational begleiten. Die karitative Dimension der Geschöpflichkeit verhindert, daß wir uns in der Rationalität selber verfangen, wie es Singer geschieht. Die karitative Dimension informiert die Praxis und Realität des Sterbens in dem Sinne, daß die Krankenschwestern und Pfleger überhaupt noch wissen, warum sie ihre Arbeit tun. Dazu reicht dann auch nicht ein objektiver Personbegriff und eine diskursive Begründung der medizinischen Praxis. Hier muß die Hingabe thematisiert werden, rein aus praktischen Gründen.

Hier gehört die Frage nach Christus hin. Christus hat mit seinem Kreuzestod die Selbsthingabe für andere bis in die Konsequenz deutlich gemacht, daß für andere der Leib hingegeben werden kann. Aber eben nicht als Verrechnungsposten, sondern in einem größeren Zusammenhang der Liebe. Dieser Begriff steht in einer diskursiven Gesellschaft offenbar quer.

Felix Ermacora

Grundrecht auf Unverfügbarkeit des leiblichen Lebens

Die Verfügbarkeit oder Unverfügbarkeit des leiblichen Lebens ist ein Thema menschenrechtlicher Natur. Es betrifft den Menschen in all seinen Lebensäußerungen, und es betrifft die Persönlichkeit des Menschen, so wie er in die moderne Gesellschaft gestellt ist.

Damit sind vom Juristischen her alle jene Regeln angesprochen, die Leib und Leben selbst, aber auch die Freiheit betreffen, über Leib und Leben zu verfügen - und die Grenzen dieser Freiheit. Die Frage nach dem Verfügungsrecht und der Verfügungsgewalt über das leibliche Leben berührt aber vor allem auch das Gewissen des Menschen, ganz gleich, ob es sich nun um denjenigen handelt, der im Peloton eines Exekutionskommandos auf einen Menschen zu schießen hat; ob um jemanden, der einen Verhaßten entführt, foltert und tötet; oder um den, der die Entscheidung über die Herbeiführung einer Schwangerschaft auf andere Weise als durch Geschlechtsverkehr trifft; oder um die Schwangere, die sich veranlaßt sieht, die Leibesfrucht abzutreiben; oder um alle jene, die wissenschaftliche Kenntnisse erarbeiten, mit denen leibliches Leben verändert, technisiert, manipuliert oder beendet werden kann. Die Verfügungsgewalt über das leibliche Leben ist rechtlich wie ein sensibler Besitz zu beurteilen. Als solcher unterliegt er, wenn man nur willens ist, andere Kategorien als jene bloßer Machbarkeit und Brauchbarkeit zu beachten, dem ganzen Katalog von Pflichten und Rechten, die Immanuel Kant in den metaphysischen Anfangsgründen der

Rechtslehre erörtert hat. Ich möchte mich nicht dieser metaphysischen Seite des Problems zuwenden, sondern den praktischen Problemen, die uns unsere Gegenwart beschert und von denen Kant nicht einmal geträumt hätte.

Umfang der Rechtsmaterie

Mit der Verfügungsgewalt über das leibliche Leben wird das Problem des Eigentums über sich selbst angesprochen, und damit im besonderen das der Autonomie. Ins Kalkül zu ziehen sind ferner - vor allem, wenn man Elemente menschlicher Körperlichkeit berücksichtigt - auch sachenrechtliche Fragen, deren Beachtung Schuld, Schadenersatz sowie strafrechtliche Gebote und Verbote begründen. Dann werden aber auch jene menschenrechtlichen Fragen angesprochen, die in den Grundrechtskatalogen der Zeit die Sicherheit des Lebens (Art. 2 der Europäischen Menschenrechtskonvention EMRK), die Freiheit und Sicherheit der Person (Art. 5 EMRK) und die Probleme der Privatheit (Art. 8 EMRK) betreffen. Berührt werden ebenso die Freiheit der Wissenschaft und ihrer Lehre wie die Freiheit des Erwerbes. Das Thema ist also auch rechtlich von komplexer Natur.[1]

Wenn man mit dem Fragenkomplex konfrontiert ist, den die Verfügbarkeit über leibliches Leben aufwirft, findet man keine geschriebene rechtliche Regel so eindeutig formuliert, daß sie von vornherein klar wäre. Keine Regel gestattet oder verbietet etwa von vornherein die Methoden der medizinischen

[1] Chinesischen Wissenschaftlern ist es, offiziellen Angaben zufolge, sensationellerweise gelungen, geistig zurückgebliebenen Kindern frische Gehirnzellen von Embryonen, die von ihren Müttern abgetrieben wurden, einzupflanzen und dadurch ihre Intelligenz zu erhöhen. Lt. der chinesischen Nachrichtenagentur Xinhua sind achtzig Kinder unter zehn Jahren seit 1988 auf diese Art und Weise in Zentralchina behandelt worden. Siebzig Prozent sollen daraufhin deutliche Fortschritte beim Sprechen und bei der Bewältigung des Alltags gemacht haben. Ein Beispiel dafür, daß gleichzeitig die Privatheit, Freiheit der Wissenschaft und die Freiheit des Erwerbes berührt sind.

Fortpflanzungshilfe, etwa das Einbringen von Samen in die Geschlechtsorgane der Frau, die Vereinigung von Eizellen mit Samenzellen außerhalb des Körpers einer Frau oder den Embryonentransfer, d.i. das Einbringen von entwicklungsfähigen Zellen in die Gebärmutter oder den Eileiter einer Frau. Man hilft sich daher mit Interpretationsregeln. Wie in kaum einem anderen Sachgebiet setzt zudem die juristische Handhabung der Probleme - sei es durch den Gesetzgeber, sei es in der Vollziehung oder der Gerichtsbarkeit - Erkenntnisse, Daten und Faktenermittlungen voraus, die von Wissenschaftszweigen beizubringen sind, die weitab vom Juristischen liegen.

Allein die der neueren Reproduktionsmedizin und Humangenetik zugrundeliegenden medizinischen, biologischen und technischen Erkenntnisse werfen mindestens drei Fragebündel auf:

a) humangenetisch-reproduktionsbiologische Fragen,
b) Fragen gentechnologischer Experimente und
c) Fragen der Genomanalyse.

Zu a) gehören die In-vitro-Fertilisation (IvF)[2], Samen-, Ei-[3] oder Embryonenspende[4], die homologe oder auch heterologe Befruchtung oder die Verwendung von Samengemischen, die sogenannte Leihmutterschaft[5], das ist das Einsetzen eines Embryos in eine fremde Gebärmutter, sowie das Anlegen von Samen-, Ei- und Embryonenbanken.

[2] Befruchtung einer mit Hilfe eines Instruments entnommenen menschlichen Eizelle mit Sperma in einem Kulturgefäß.

[3] Eispende: Zurverfügungstellung einer weiblichen Keimzelle zur Befruchtung, die nicht zu einer eigenen Schwangerschaft führen soll; Samenspende: Die Zurverfügungstellung von Sperma zur Befruchtung bei einer anderen Frau als der Ehefrau.

[4] Embryonenspende: Ein aus den eigenen Keimzellen durch In-vivo- oder In-vitro-Befruchtung entstandener Embryo, der von den beteiligten Keimzellengebern anderen zur Verfügung gestellt wird.

[5] Auch "Gastmutter", "Tragmutter" genannt: Eine Frau, die ein nicht aus ihrer Eizelle entstandenes Kind zur Welt bringt, welches sie an Wunscheltern abgeben will.

Zu b) gehören die Forschung an Embryonen zur Entwicklung von Behandlungsmethoden, die Konservierung von Embryonen (Kryokonservierung)[6], zu welchen Zwecken auch immer; das Klonen[7] zur Herstellung erbidentischer Menschen, die Erzeugung von Chimären[8] und Hybridwesen[9] aus Mensch und Tier und eine womöglich erwerbsmäßige Verwendung dieser Produkte.

Unter c) fällt die Gesamtheit der genetischen Information der menschlichen Gene im einzelnen[10] sowie des jeweiligen Individuums. Die Kenntnis der Gene ist die Grundlage für jeden Gentransfer.

Die skizzierten Vorgänge sind technisch-wissenschaftlicher Natur. Ihr Zustandekommen setzt die Freiheit der Wissenschaft und Forschung voraus. Diese Vorgänge berühren wegen ihrer Auswirkung auf den Menschen als ein durch Naturgegebenheiten vorgezeichnetes Wesen das Gewissen und die Verantwortung des Forschers sowie des medizinisch-biologischen Technikers, die für Entdeckung und Durchführung der Verfahren verantwortlich sind. Deren Tragweite ist nicht geringer als die der Entdeckung und Verwertung der Atomkraft.

Grauzone zwischen Sachenrecht und Menschenrecht

Die Vorgänge betreffen einzelne Gegenstände (Sachen) wie Gene - man spricht von 50.000 bis 100.000 menschlichen Erbfaktoren. Je nach dem Standort der Betrachtung sind auch Em-

6 Kryokonservierung ist die Tiefkühlung von Zellen oder Zellverbänden in einem Gefrierschutzmittel, aufbewahrt flüssigem Stickstoff bei minus 196° C.

7 Künstliche Herstellung genetisch identischer Wesen.

8 Lebewesen, die durch Zusammenfügung embryonaler Zellen gleicher oder verschiedener Arten entstanden sind und Zellen verschiedener Herkunft mit verschiedenen genetischen Informationen enthalten.

9 Organismus, der durch Kreuzung zweier verwandter Lebewesen entstanden ist.

10 Abschnitt der Erbinformation, der die Information für bestimmte Vorgänge in der Zelle enthält oder der Zelle bzw. dem Organismus bestimmte Eigenschaften und Merkmale verleiht.

bryonen[11] Faktoren des menschlichen Körpers. Oder sie machen einen Menschen im frühen Entwicklungsstadium aus. Menschen sind in diesem Geschehen vielfältig betroffen: als Ungeborene, als Unfruchtbare, als Forscher, als Personen, die den Unfruchtbaren zur Verfügung stehen und an deren Statt an einem Zeugungsprozeß des Menschen teilnehmen; als Mann, der bereit ist, aus seinem Leib Samen für einen künstlich einzuleitenden Zeugungsprozeß zur Verfügung zu stellen; als Frau, die bereit ist, für einen künstlich einzuleitenden Zeugungsprozeß Eier zur Verfügung zu stellen oder sonst an ihm teilzunehmen und sich so in den Dienst Dritter zu stellen. Betroffen ist auch der dann Geborene, der einen fiktiven Vater sowie eine natürliche und eine legale Mutter haben kann. In diese Vorgänge sind womöglich dritte Personen und Einrichtungen verwickelt, die mit den "Gegenständen", die zu einem Zeugungsprozeß führen, etwa Handel treiben.

In Österreich haben M. Nowak und Öhlinger[12] sich des menschenrechtlichen Details angenommen. Angesichts des im Art. 12 EMRK normierten Rechts auf Gründung einer Familie, haben sie aus dem Gebot der Achtung der Menschenwürde (Art. 3 EMRK) keine Bedenken gegen die "Künstliche Fortpflanzung" abgeleitet. Insoweit erweisen sich in Österreich die geltenden Grundrechte als wenig aussagekräftig. Man hat den Eindruck, daß der geltende Grundrechtsbestand bei der künstlichen Reproduktion des Menschen eher in Richtung auf Handlungsfreiheit als auf deren Beschränkung hin gedeutet wird. Das stellt G. Holzinger als Leiter eines Arbeitskreises fest mit den Worten: "Ein generelles Verbot der genannten Befruchtungstechniken stände jedoch mit Sicherheit

[11] Im medizinischen Sprachgebrauch Bezeichnung des Entwicklungsstadiums des Menschen zwischen dem 7. Tag nach der Befruchtung bis zum 3. Monat. Im allgemeinen Sprachgebrauch aber auch schon die befruchtete Keimzelle ab Befruchtung.

[12] *Grundrechtsfragen künstlicher Fortpflanzung*, in: BMUJF (Bundesministerium für Umwelt, Jugend und Familie, Wien) (Hrsg.), Familienpolitik, 31.

in Widerspruch zu Art. 8 und Art. 12 EMRK."[13] Auch von der im Art. 3 EMRK angeführten Menschenwürde lasse sich demnach keine Verpflichtung ableiten; ebenso könne ein Grundrecht auf Kenntnis des genetischen Vaters durch ein Kind aus Art. 8 EMRK nicht abgeleitet werden.[14] Es sollte "im Hinblick auf die Dynamik des wissenschaftlich-technischen Fortschritts an die Ausarbeitung neuer rechtlich-verbindlicher Regelungen mit äußerster Vorsicht herangegangen werden"[15].

Aus den sehr eingehenden Beratungen in Österreich über das Für und Wider künstlicher Reproduktion des Menschen, die verschiedenste Rechtsbereiche und auch verschiedenste menschenrechtliche Normen berühren, ergibt sich, daß es sich hier um eine menschenrechtliche Querschnittsmaterie handelt (s. Rz 1163) und zugleich um eine Grauzone, da - wie die Referate und Diskussionsbeiträge an der österreichischen Enquete (Wien, Dezember 1985) klar gezeigt haben[16] - die vorhandenen Regelungen des Verfassungs-, Zivil- und Strafrechts je nach dem Standort des Interpreten antinomistisch ausgelegt werden können und diese gewichtige Grauzone daher einer gesellschafts- und rechtspolitischen Relativitätsauffassung unterworfen wird. Dazu kommt, daß die verantwortlichen Gestalter dieser Enquete die Gesamtregelung der Frage auf den Europarat abgeschoben haben.

Mit anderen Worten: Wir werden von der Technik überwältigt. Genauer: Wir wurden von Forschung und Technik längst überwältigt. Wir können die Entwicklung nicht mehr aufhalten. Wir können nur noch offenkundigen Mißbräuchen vorbeugen. Das ist die Rückzugslinie, auf der heute das Recht steht.

[13] G. HOLZINGER als Leiter des Arbeitskreises 1 "Grundrechtsfragen" in: *Österreichische Enquete 'Familienpolitik und künstliche Fortpflanzung'* (Dez. 1985), 96 ff.

[14] Ebd. 98.

[15] Ebd. 99.

[16] Als einziger bei den in Anm. 13 angeführten Beratungen hat E. LOEBENSTEIN diesen Gesichtspunkt in seinem Diskussionsbeitrag zur Beratung gestellt - und niemand ist auf dessen eigentliche Fundamentalfrage eingegangen (s. 160 ff).

Die Naturwüchsigkeit der Menschen ist keine Option des Rechts, sondern seine Voraussetzung

Die juristische Beurteilung all dieser Vorgänge erfordert zuallererst eine Standpunkteinnahme. Das gilt sowohl für den Rechtssetzer als auch für den Rechtsanwender. Aber ebenso für den Forscher. Entweder man begnügt sich mit einem normativen Zugang zu all diesen Fragen, oder aber man sucht einen komplexen Zugang und entwickelt von hier aus die normative Beurteilung.

Unter normativem Zugang verstehe ich die Erfassung der geschriebenen Regeln, die auf diesem Sachgebiet bestehen, und ihre juristisch-technische Interpretation. Den komplexen Zugang sehe ich viel gestalthafter. Er verlangt die Moralität des Forschens wie der Anwendung und Nutzung der Forschungsergebnisse. Daher muß bei diesem komplexen Zugang zum Problem die Frage nach der Verfügbarkeit leiblichen Lebens des Menschen vom Begriff des Menschen ausgehen, also vom Menschbild und seinem Wert in der jeweiligen Gesellschaftsordnung.

Von der menschenrechtlichen Komplexität und Systematik her betrachtet, fällt die Beurteilung der verschiedenen Zusammenhänge bei der künstlichen Reproduktion des Menschen je anders aus. Nach dem Menschenbild, das allen österreichischen Texten zugrunde liegt, ist der Mensch ein Wesen, das auf dem durch natürliche Abläufe vorgegebenem Weg in die Welt gesetzt ist. Wenn das der Ausgangspunkt der Betrachtung ist - und dieser Ausgangspunkt ist bei einer systematischen Interpretation von Rechtsordnungen, die nicht allein auf "Rechtshandlungen", sondern auf die Institution Mensch abstellt, zwingend -, dann ergibt sich eine differenziertere Betrachtung und eine klare Ablehnung von Machbarkeiten in diesem Bereich. Da die Natur des Menschen berührt wird, müßten "unnatürliche" Vorgänge durch das Recht ausdrücklich erlaubt werden; die Freiheit des Handelns findet dann im Natürlichen des Menschen seine absolute Schranke. Jede Ausnahme von diesem Grundsatz müßte durch die Rechtsordnung ausdrücklich erlaubt werden. Die Grenzen im Interpretationswege zu verschieben, wird der Tragweite des Problems nicht gerecht: Wenn das Anlegen von Samen-, Ei- und Embryobanken nicht ausdrücklich gestattet ist, ist sie nicht erlaubt; wo die heterologe Befruchtung nicht zugelassen ist, ist sie nicht erlaubt; wo die gewerbsmäßige Zurverfügungstellung als Leihmutter ("Mietmutter") nicht gestattet wird, ist sie nicht erlaubt; wo die entgeltliche oder unentgeltliche Verwertung eines lebenden oder toten Embryos oder eines Teiles desselben nicht ausdrücklich vorgesehen ist, ist sie nicht erlaubt.[17]

Das Rechtsgut menschlichen Lebens: Todesstrafe und Abtreibung

Das Menschenbild und sein Wert in der Gesellschaftsordnung bestimmen ganz entscheidend die Stellung des Lebens des Menschen. Daß dies keine rhetorische Frage ist, beweist uns der Zusammenprall der abendländischen und der morgenländischen Rechtsauffassung. Ist der Wert des menschlichen Lebens ein Grundwert oder ein nachgeordneter Wert? Das Leben des Menschen hat nicht überall gleichen Rang. In den Kämpfen des Fundamentalismus der islamischen Welt zeigt sich sehr deutlich, daß es dort noch höhere Werte als das Leben des Menschen gibt, so vor allem die Ehre. Die Frage nach der Verfügbarkeit über das leibliche Leben wird man also letztlich danach zu beantworten haben, für welches Menschenbild man sich entscheidet.

Die Frage lautet daher: Was ist dem Recht menschliches Leben wert? Auf den ersten Blick ist die Antwort weltweit ganz einfach. In allen Menschenrechtstexten ist das Recht auf Leben vorrangig. In der ganzen Friedensdiskussion, die wir seit Jahrzehnten - trotz Gentechnik, Abtreibungspraktiken und

[17] Im Hinblick auf die für das Wesen des Menschen maßgebenden Fragen muß die Grenzsituation des Problems i. S. eines "status positivus" die Umkehr der Freiheit in ein Erlaubtsein gebieten.

willkürlicher Verfügbarkeit über das Leben - führen, stehen Frieden und Leben an vorderster Propagandafront.

Blickt man aber in die Gesellschaftsordnungen etwas genauer hinein, stößt man auf zwei Rechtsprobleme, die ich als paradigmatisch ansehen möchte, weil das Bekenntnis zum Leben und die zulässige Verfügbarkeit über Leben auseinanderklaffen.

Diese Rechtsprobleme entzünden sich an der Frage nach der Todesstrafe und an der Frage nach der Abtreibung. Die diesbezüglichen Meinungsbildungsprozesse sind keineswegs abgeschlossen. Die Frage nach dem Krieg will ich aussparen. Was die Verfügbarkeit über leibliches Leben anlangt, sind beide Fälle sozusagen die Primitivfälle. Im Falle der Todesstrafe geht es um die klassische Fremdverfügung. Im Falle der Abtreibung stellt sich ein doppeltes Verfügungsproblem, nämlich das der Eigenverfügung der Abtreibenden über ihren Körper, die hinsichtlich der Leibesfrucht auch Fremdverfügung ist, sodann das der Fremdverfügung über eine fremde Leibesfrucht durch jene, die an einer Abtreibung beteiligt sind. Die Rechtsordnungen der Welt nehmen, wie sich feststellen läßt, trotz ihres Bekenntnisses zum Recht auf Leben in beiden Kernfragen eine unterschiedliche, gar zweideutige Haltung ein, nämlich: Todesstrafe nein und Abtreibung ja, oder Todesstrafe ja und Abtreibung nein, oder beides nein.

Ein hervorragendes Beispiel liefern die USA: Bund und Staaten verhalten sich widersprüchlich zu Todesstrafe und Abtreibung. Demokraten befürworten seit der Bundesgerichtshof-Entscheidung "Roe versus Wade" das Recht der Frau auf Abtreibung. Bei der Prüfung des Abtreibungsgesetzes von Pennsylvania wurden bestimmte einschränkende Bedingungen zugelassen, andere nicht. Die Demokraten finden sich in der pro-choice-Bewegung und fürchten die Abhängigkeit einer legalen Abtreibung von solchen Konditionen, aus denen ein Klassenrecht auf Abtreibung erwachsen könnte. In der Bundesrepublik Deutschland war gemäß BVerfGe 39, 1 § 218 a StGB maßgebend. Er stand in heftiger Diskussion. Am 25.6.1992 ist der Bundestag in Bonn dem Beispiel der ostdeutschen

Länder (§§ 153 ff. StGB) und Österreichs gefolgt. In Österreich herrscht seit 1973 die Fristenlösung, die vom ÖVfGH als mit dem Recht auf Leben im Einklang stehend angesehen worden ist.

Rechtliche Konsistenz und Interessenkampf

Wenn man die Geringschätzung menschlichen Lebens in den unfaßbaren Ereignissen kriegerischer Auseinandersetzungen und politischer Gewalt in Europa und anderswo als Barometer für die Verfügbarkeit des leiblichen Lebens ansehen will, ermißt man, daß dieser Apokalypse im Großen das Apokalyptische im Kleinen nur entspricht, ob es sich um die Ungeborenen handelt oder um das Verfügen über Elemente des einzelnen menschlichen Lebens sonst. Auch das ist ein Spielen mit dem Tod.[18]

So wenig es eine einheitliche Regelung über die Abtreibung und über die Todesstrafe gibt - gegen die Todesstrafe wird vor allem in Europa durch Konventionsentwürfe geworben und zwar mit der Unterstützung von Persönlichkeiten, die in der Regel einen Zusammenhang von Abtreibung und Menschentod nicht anerkennen -, so wenig kennt Europa eine einheitliche Regelung über Organentnahmen und Embryonenschutz. In Deutschland besteht ein Embryonenschutzgesetz vom 3.12.1990 (BGBl I 2756). In Österreich ist das eine weitgehend ungeregelte Angelegenheit. Dort haben wir einen Entwurf sozialdemokratischer Abgeordneter über das Fortpflanzungshilfegesetz von 1990 und eine gelehrte Abhandlung mit dem Titel "Leben und Sterben lassen. Zur Frage verbrauchender Experimente an Embryonen"[19]. Sie zeigt,

[18] Unter "Spielen mit dem Tod" fällt für mich der Fall eines jungen Mannes, der sich in den Kopf geschossen hatte, im Krankenhaus mit Transfusionen körperlich am Leben gehalten wurde, um seine Organe rechtzeitig intakt zu entnehmen. Die Eltern wurden zu dem so Behandelten nicht zugelassen.

[19] Peter LEWISCH, *Leben und Sterben lassen,* ÖJZ 1990, 133 ff.

daß man auf § 22 ABGB aus dem Jahr 1811 zurückgreifen muß, der von den “Personenrechten der Minderjährigen und sonst in ihrer Handlungsfähigkeit Beeinträchtigten” handelt, um Ungeborene zu erfassen, die in ihrer Lage ihr Recht nicht zu wahren vermögen.

In der Schweiz will der Verfassungsgesetzgeber ein klares Verbot jeglichen Eingriffs in das menschliche Keim- und Erbgut durch eine Änderung der Bundesverfassung (Art. 24 Decies) erreichen. Noch vor einigen Jahren mußte ein St. Gallener Gesetz kraft Gerichtsentscheid der Freiheit der Forschung weichen.[20] Am 17. Mai 1992 hat nun eine eidgenössische Volksabstimmung sich für die Neuerung der Verfassung ausgesprochen.

Der neue Verfassungsartikel hat folgenden Wortlaut:

1) Der Mensch und seine Umwelt sind gegen Mißbräuche der Fortpflanzungs- und Gentechnologie geschützt.

2) Der Bund erläßt Vorschriften über den Umgang mit menschlichem Keim- und Erbgut. Er sorgt dabei für den Schutz der Menschenwürde, der Persönlichkeit und der Familie und läßt sich insbesondere von den folgenden Grundsätzen leiten:

a) Eingriffe in das Erbgut von menschlichen Keimzellen und Embryonen sind unzulässig.

b) Nichtmenschliches Keim- und Erbgut darf nicht in menschliches Keimgut eingebracht oder mit ihm verschmolzen werden.

c) Die Verfahren der Fortpflanzungshilfe dürfen nur angewendet werden, wenn die Unfruchtbarkeit oder die Gefahr der Übertragung einer schweren Krankheit nicht anders behoben werden kann, nicht aber um beim Kind bestimmte Eigenschaften herbeizufüh-

[20] Der Beschluß des Großen Rates des Kantons St. Gallen vom 24.2.1988 über Eingriffe in die Fortpflanzung beim Menschen (GRB) wurde vom Schweizer Bundesgericht (BGer), Lausanne, mit Urteil vom 15.3.1989 für teilweise verfassungswidrig erklärt. Verworfen wurde wegen Verstoßes gegen die persönliche Freiheit u.a. das generelle Verbot der heterologen künstlichen Insemination, der Kryokonservierung von Samenzellen für eine spätere Verwendung, von In-vitro-Fertilisation und Embryotransfer, (Anm. d. Hrsg.).

ren oder um Forschung zu betreiben. Die Befruchtung menschlicher Eizellen außerhalb des Körpers der Frau ist nur unter den vom Gesetz festzulegenden Bedingungen erlaubt. Es dürfen nur so viele menschliche Eizellen außerhalb des Körpers der Frau zu Embryonen entwickelt werden, als ihr sofort eingepflanzt werden können.
d) Die Embryonenspende und alle Arten von Leihmutterschaften sind unzulässig.
e) Mit menschlichem Keimgut und mit Erzeugnissen aus Embryonen darf kein Handel getrieben werden.
f) Das Erbgut einer Person darf nur mit ihrer Zustimmung oder auf Grund gesetzlicher Anordnung untersucht, registriert oder offenbart werden.
g) Der Zugang einer Person zu den Daten über ihre Abstimmung ist zu gewährleisten.
3) Der Bund erläßt Vorschriften über den Umgang mit Keim- und Erbgut von Tieren, Pflanzen und anderen Organismen. Er trägt dabei der Würde der Kreatur sowie der Sicherheit von Mensch, Tier und Umwelt Rechnung und schützt die genetische Vielfalt der Tier- und Pflanzenarten.[21]

Nicht nur die primitivsten Fragen über die Verfügbarkeit leiblichen Lebens, nämlich die nach Todesstrafe und Abtreibung, werden also mit unterschiedlichen Regelungen beantwortet. Auch wesentlich subtilere Fragen, so die nach der Verfügbarkeit von gezüchteten Embryonen, von menschlichen Organen, bei denen ein Spiel mit dem Tod und dem Sterben einsetzt, treffen

[21] 1987 sammelte die Volksinitiative "gegen Mißbräuche der Fortpflanzungs- und Gentechnologie beim Menschen" ("Beobachter-Initiative") 126686 Unterschriften für ein Volksbegehren zur Schaffung einer Verfassungsgrundlage gegen den Mißbrauch der Fortpflanzungs- und Gentechnologie bei Menschen. Bundesrat und Parlament arbeiteten daraufhin einen Gegenentwurf aus, der auch Tiere, Pflanzen und andere Organismen berücksichtigt. Die Initiatoren der "Beobachter-Initiative" unterstützten den Abstimmungstext der Bundesversammlung vom 21.6.1991 und zogen ihren eigenen zurück. Über Art. 24 *decies* wurde am 17.5.1992 in der Schweiz bundesweit abgestimmt. Er erhielt 73.8% (1.270.816) Ja- und 26.2% (450676) Nein-Stimmen, (Anm. d. Hrsg.).

nicht auf klare gesetzgeberische Haltungen. Hier führen die Wege in Europa auseinander. Standpunktlosigkeit und Opportunismus beugen sich oft dem Ruf nach Freiheit der wissenschaftlichen Forschung und Lehre, die die Grundlagen für die technische Machbarkeit liefern. Forschung gegen das Leben, Unrecht als Recht sind in diesem Zusammenhang nicht minder brennende Probleme als diejenigen, die sich bei den heuchlerischen Bekenntnissen zu den Menschenrechten jüngst in Afghanistan stellten und gegenwärtig in den Staaten des ehemaligen Jugoslawien aufgeworfen werden. Toleranz steht gegen Recht, Interessen stehen gegen das Recht.

Von der rechtlichen Rücksicht zum Rückzug des Rechts

Alles in allem zeigt sich, daß das Recht sich nicht aus seinem Grundanspruch heraus, nämlich dem Menschen zu dienen, entfaltet, sondern daß es aus Rücksicht auf pluralistische Interessen in Rechtsprechung und Interpretation zu einem unverläßlichen Komplex von Regulativen verkommt. Es geht in der öffentlichen Diskussion gar nicht grundsätzlich um das Recht auf Leben oder das Gebot der Unverfügbarkeit des leiblichen Lebens, sondern um die Abwägung mannigfaltiger Interessen vom Prozeß Betroffener, wobei im Interessengemenge das menschliche Leben, ob ungeboren oder gar des Menschen, der im Sterben liegt, auf der Strecke bleibt.

Will man das Gebot, die Menschenwürde zu achten, ernst nehmen, dann erfaßt diese Menschenwürde nicht nur die Achtung des im konkreten Falle Vernunftbegabten, sondern auch die Achtung der Menschennatur an und für sich. Die Manipulationen berühren die Schöpfungsordnung und es bedarf einer verantwortlichen Abwägung, wo die Verfügbarkeit über leibliches Leben ihr noch entspricht. Kann man dies je erfassen? Muß man nicht gänzlich unzeitgemäß argumentieren und sagen, mit Blick auf das Lebensrecht seien weder Kompromiß noch Toleranz erlaubt? Oder sind Kompromisse doch eingehbar für das kinderlose Paar, zugunsten des kranken

Jungen oder sonst eines Kranken, der eines Transplantates bedarf? Darf Leben letztlich dem Interesse untergeordnet werden? Wo liegen dann unüberschreitbare Grenzen?

Auf welcher Seite steht das Recht? Was ist der Zweck des Rechts bei allen diesen Fragen? Wer hat ein Recht auf die Verfügbarkeit des leiblichen Lebens, wenn der Mensch dieses Recht bestimmt - und der Ungeborene wie der nie zu Gebärende, die ja nicht handlungsfähig sind, immer fremdbestimmt bleiben?

Ich kann meine Ausführungen nur mit diesen brennenden Fragen schließen. Ich fürchte, ihre Lösung ist dem positiven Recht längst entglitten. Die Aufgabe scheint so, als wolle man im hochindustrialisierten Europa einen Umweltpark einrichten. Dies kann man nur, wenn man bereit ist, den Interessen den Kampf anzusagen. Niemand wagt dies ernsthaft. Auch hier gilt der Gedanke: Man wird sich mit dem Kampf gegen zu offenkundigen Mißbrauch der Verfügung über Leben zu begnügen haben, weil man nicht mehr imstande ist, das menschliche Leben jeder Verfügbarkeit zu entziehen. Das Recht auf Leben hat im Interessenkampf verloren.

Aussprache

Leitung: Gerhard van Kaick

Ignatius Kordecki: Das deutsche Embryonenschutzgesetz verbietet die In-vitro-Fertilisation zu Forschungszwecken. Es verbietet auch genetische Geschlechtswahl mit Ausnahme von Fällen, wo dies zur Meidung geschlechtsgebundener Erbkrankheiten geschieht, sowie zur Förderung anderer "positiver" Eigenschaften. Es stimmt aber zu, daß das Verfahren Eltern ein Kind ermöglicht, die natürlicherweise kein Kind bekommen können. Wird aber damit nicht implizit die Forschungs- und Weiterentwicklungsnotwendigkeit gerade eingeführt? Sehen Sie, daß die Volksabstimmung in der Schweiz, die ja In-vitro-Fertilisation und Embryonentransfer auch nicht schlechthin verbietet, diesen Zusammenhang trennen und das Dilemma juristisch lösen könnte?

Felix Ermacora: Ich habe die der schweizerischen Bevölkerung vorgelegte Verfassungsänderung nicht sonderlich gutgeheißen. Immerhin aber macht sich hier ein Verfassungsgesetzgeber nach vielen Jahren die Mühe, solche Grundsatzprobleme in einem verständlichen Text zu formulieren, unterwirft sie langer Diskussion in der Bevölkerung und stellt die formulierten Überlegungen zur Abstimmung. Ich halte das für positiv. Man hat dann eine gewisse Richtlinie für die weitere Entwicklung. Was nun den Inhalt des Textes angeht, so stimme ich Ihnen zu: Die Regeln setzen, ohne daß das ausdrücklich ausgesprochen wird, die Forschungstätigkeit und deren Weiterentwicklung voraus. Ein Satz wie "Die Verfahren der Fortpflanzungshilfe dürfen nur angewendet werden, wenn die Unfruchtbarkeit oder die Gefahr der Übertragung einer schweren Krankheit nicht anders behoben werden können" setzt die Forschungsfreiheit voraus, stellt ihre Ausübung aber in einen gewissen Rahmen.

Martin Reufels: Sie sprachen von einer Rückzugslinie des Rechts, von einer Unfähigkeit, mit den technischen Entwicklungen zurechtzukommen. Das ist ein reichlich pessimistisch anmutendes Resümee. Leitet dieses Ergebnis sich aus dem Parlamentarismus, aus der Demokratie her? Der reaktive Charakter des Rechts entspricht dem Recht als Spiegelbild der ethischen Wertvorstellungen, die sich in einer Volksvertretung äußern. Welche Möglichkeit und Wahrscheinlichkeit sehen Sie, das Naturrecht als Muster der juristischen Argumentation wieder mehr nutzbar zu machen, wie das ja in der Bundesrepublik jüngst die Urteile zu den Mauerschützenprozessen haben aufblinken lassen? Halten Sie eine stärker als bisher an das Naturrecht gebundene positive Rechtsentwicklung, auch in der Grundrechtsdogmatik, in unserer Demokratie für möglich?

Ermacora: Mein Pessimismus bezieht sich darauf, daß dieses fundamentale Recht auf Leben einer gesellschafts- und rechtspolitischen Relativitätsauffassung weicht. Mir ist mehrmals aufgefallen, wie sehr auch schon die hier geführten lebhaften Diskussionen über medizinische und philosophische Aspekte des Themas sich mit dieser Relativität irgendwie abgefunden haben. Unter der Decke dieser Relativität beschäftigen wir uns mit Detailfragen, die gewiß gewichtig sind, aber die Kernfrage - wie mir scheint - etwas verdrängen. Mein Pessimismus resultiert daraus, daß ich mich argumentativ dieser in der Gesellschaft vorherrschenden Relativitätsauffassung unterwerfen muß.

Ein vom naturrechtlichen Gedanken getragenes Konzept für die Gesamtproblematik zu entwerfen wird so einem Gesetzgeber schwerlich gelingen, vielleicht nicht nur aus Unfähigkeit, sondern auch, weil die technische Situation auf diesem Gebiet so kompliziert ist. Aber ich bilde mir ein, daß dann in der Anwendung der Vorschriften Überlegungen Platz greifen müssen, die für den einzelnen Fall bestimmend sind. Diese Überlegungen hat der Richter, hat vielleicht das Verwaltungsorgan am Grundsatz der Menschenwürde und an der Bedeutung des Wertes des Lebens zu messen und im konkreten Falle zu entscheiden. Hier möchte ich an der Hoffnung festhalten, daß man bei der Behandlung der konkreten Fälle nicht wie ein Federfuchser nur den Wortlaut von Einzelnormen interpretiert, sondern deren Wortlaut im Licht der Gesamtproblematik liest, im Licht der Menschenwürde, des Rechts auf Leben. In Österreich haben wir diesen Zugang überhaupt nicht. Bis zum vorigen Jahr war ich zwanzig Jahre lang auch Parlamentarier. Ich kenne die Gedankengänge, die bei solchen Fragen zum Zuge kommen. Es sind Gedankengänge der Machbarkeit. Solche Probleme werden rein positivistisch beurteilt. Regeln, die über das Positivistische hinausgehen und im Naturrechtlichen ankern - wie das Recht auf Leben und die Menschenwürde - sind aber letzten Endes nicht verzichtbar. Mindestens in der Anwendung positiver Normen wird die Verwaltung und Rechtsprechung letztlich zu rekurrieren haben auf vorpositives Recht, auf Würde und auf das Recht auf menschliches Leben, das nach meiner Meinung sehr umfassend gesehen werden muß.

Martin Rothweiler: Wird durch die In-vitro-Fertilisation das Grundrecht auf Unverfügbarkeit des leiblichen Lebens verletzt? Bezieht mein Recht, daß über mein Leben nicht verfügt werden darf, eigentlich meine Entstehungsgeschichte mit ein, oder fällt meine Vor- und Frühgeschichte da heraus, weil ich, tatsächlich oder rechtlich einfach noch gar nicht existierte, also damals noch kein Rechtsträger war?

Ermacora: Das ist eine sehr präzise juristische Frage. Wenn sich die Würde des Lebens nicht nur auf den konkreten Menschen, sondern auf den Menschen als Kreatur Mensch bezieht, als eine besondere Würde des Menschen im System, dann ist diese juristische Frage so zu beantworten, daß die Würde weit über das einzelne Individuum hinausreicht. Sie zeichnet dann den Menschen aus wegen seiner Existenz als Mitglied des Menschengeschlechtes. Ich verstehe die Würde in diesem umfassenden Sinne. Die schweizerische Formulierung zur Verfassungsänderung ist insofern nicht ganz uninteressant: “Der Bund erläßt Vorschriften über den Umgang mit Keim und Erbgut von Tieren, Pflanzen und anderen Organismen. Er trägt dabei der Würde der Kreatur... Rechnung”. Hier kommt ausdrücklich der Systemrahmen der ganzen Schöpfung zur Sprache und damit zugleich etwas von unserer modernen Umweltproblematik, die nach meiner Meinung hier auch hingehört.

Carsten Hobohm: Ich habe Sie so verstanden, daß Sie Kompromißlosigkeit darin fordern, das Leben als höchsten Wert aller Rechtsordnungen anzuerkennen. Meine kurze und ketzerische Frage: Stellen Sie sich damit nicht gegen eine Kirche, die von jeher Menschen anerkennt, die Märtyrer nämlich, die ihr eigenes Leben zur Ehre Gottes vernachlässigt haben?

Ermacora: Es ist eine vom Theologen zu beantwortende Frage, ob jemand als Märtyrer gelten kann, der sein eigenes Leben “vernachlässigt”. Als Jurist bedrängt mich weniger das Problem des Märtyrers, der allenfalls - vor die Wahl gestellt - auf sein Leben verzichtet, als das seiner Mörder, die sein Recht auf Leben mißachten. Trotzdem habe ich mich seit 1984 als von den Vereinten Nationen bestellter Berichterstatter über die Menschenrechtslage in Afghanistan mit verwandten Fragestellungen konfrontiert gesehen. Afghanistan ist in eine Turbulenz sondersgleichen geraten. Bei meinen Bemühungen um Anerkennung des Rechts auf Leben seitens der verschiedenen dort konkurrierenden Kräfte haben mich eher die fundamentalistischen Leute verständnislos angesehen. In ihren Augen hat man das menschliche Leben der Ehre von Sippe, Familie, Volk zu opfern. Auf dieser nicht transzendenten Ebene neige ich dazu, eine solche Argumentation für eher bedenklich zu halten, ohne allerdings ein letztes Urteil abgeben zu wollen. Es ist ja auch nicht etwas, das uns nur in fremden Ländern begegnet. Auch hier gab es berühmte Sentenzen, nach denen es süß sei, für das Vaterland zu sterben.

van Kaick: Sind über die Unverfügbarkeit des leiblichen Lebens wirklich tragende internationale Vereinbarungen denkbar, die das Grundrecht auf Leben wirksam gewährleisten?

Ermacora: Sowohl im Europarat als auch in den Vereinten Nationen werden seit Jahren Probleme diskutiert wie die medizinische Ethik. Es werden Fragen diskutiert über den Einfluß der Biotechnik und der Technologie auf die Stellung des Menschen. Aber in all diesen Diskussionen ist man bis jetzt, sowohl in der Weltgemeinschaft als auch im Europarat nicht dazu gekommen, einen gemeinsamen Nenner zu finden. Daher mein Eindruck, daß die Entwicklung von der technischen Seite über uns inzwischen so hinweggeht, daß man sie mit Rechtsprinzipien nicht mehr einzuholen imstande ist.

Winfried Kluth

Probleme der Inanspruchnahme von Ärzten für nichtärztliche Dienstleistungen

Ein Blick in die literarischen Zeugnisse ärztlicher Berufspraxis der vergangenen Jahrhunderte führt uns das gleichbleibende Bild eines dem Leben und der Heilung verpflichteten, jedoch zugleich der Natur und dem Schicksal - bisweilen widerstrebend - ergebenen Arztes vor Augen. Seine herausgehobene soziale Stellung ist durch besonderes Vertrauen, aber auch durch die selbstlose Einsatzbereitschaft in Notlagen gekennzeichnet und begründet. Der Arzt erscheint nicht selten als Menschenfreund und Menschenkenner, bei dem die Beherrschung von Diagnose- und Heilungstechniken nur eines von mehreren Merkmalen der Persönlichkeit ausmacht.

I.
Wandlungen im Erscheinungsbild ärztlichen Handelns

Die Situation hat sich geändert. Das betrifft zunächst das Zurücktreten des Allgemeinmediziners hinter den Spezialisten. Das Spezialistentum wiederum verweist auf die Potenzierung des Einsatzes von Technik zusammen mit hoch aggregiertem Fachwissen. Selbst unter Ärzten ist ein fachlicher Dialog nur noch eingeschränkt möglich. Die arbeitsteilige Gesellschaft hat sich hier zu einem arbeitsteiligen Berufsstand fortentwickelt. Das oft komplexe und unübersichtliche "Überweisungswesen" mit seiner geteilten Verantwortlichkeit erscheint manchen Patienten als beklagenswertes Resultat dieser Entwicklung, dem er hilflos ausgeliefert scheint.

Indes hat der technische Fortschritt nicht nur die *Organisation* des Ärztestandes beeinflußt. Frühere und umfassendere Diagnosemöglichkeiten, nachhaltigere und gefahrvollere Therapiemethoden bis hin zur künstlichen Reproduktion menschlichen Lebens in der Retorte haben auch den Gegenstand ärztlichen Handelns verändert. Adolf Laufs hat dies für den Gynäkologen anschaulich gemacht:

"Die Rolle des Gynäkologen hat sich grundlegend geändert, wie die Geburtshilfe zeigt. An die Stelle der Haus- trat die Klinikgeburt, bei der die Ärzte weniger auf die Kräfte der Natur vertrauen und abwarten, als vielmehr aktiv diagnostizieren und eingreifen. Der Preis liegt in einer weitgehenden Medikalisierung und Technisierung. 'Die Schwangeren haben wir zu Patientinnen werden lassen', so berichtet ein Gynäkologe, 'unsere Kreißsäle wurden mit apparativem und personellem Aufwand zu Intensivüberwachungseinheiten. Die moderne Geburtshilfe unter Einschluß des Pädiaters führte zu einem Hochleistungssystem, das kompliziert und kostenintensiv ist'[1]."

Besonders deutlich werden die mit dem technischen Fortschritt verbundenen Tragweiten der Handlungserweiterung am Lebensbeginn. Ermöglichen die hormonelle Therapie und die In-vitro-Fertilisation (IvF) auf der einen Seite eine Überwindung der Unfruchtbarkeit, die lange Zeit als schicksalhafter Makel galt, so verlangt ein zu erfolgreicher Einsatz dieser Mittel im Fall einer ungewollten Mehrlingsschwangerschaft in den Augen von Auftraggebern und Ärzten oft eine nachträgliche Korrektur durch den "selektiven Fetozid", der gleichermaßen erst durch eine verfeinerte Tötungstechnik ermöglicht wurde. Aus dem Bereich der Intensivmedizin und der sog. Sterbehilfe könnten ähnliche Beispiele über Gratwanderungen ergänzt werden - doch sind diese zum einen weitgehend bekannt und zum anderen nicht das Anliegen dieses

[1] A. LAUFS, *Fortpflanzungsmedizin und Arztrecht*, Berlin 1992, 24.

Beitrages. Es genügt hier vielmehr festzustellen, daß der technische Fortschritt - oder sollten wir besser neutral vom technischen “Wandel” sprechen? - den Tätigkeitsbereich des Arztes nachhaltig verändert und ihn vor neue Fragen und Herausforderungen gestellt hat. Die Bedrohung des Humanen, die aus diesem Wandel droht, hat Alexander Mitscherlich in eine treffende Formulierung gegossen: “Der Patient - nur ein Werkstück?” Die Wirklichkeitsnähe dieser Kennzeichnung unterstreicht ein Urteil des Europäischen Gerichtshofs vom 4.10.1991, in dessen Tenor es nüchtern - und juristisch völlig korrekt - heißt: “Der ärztliche Schwangerschaftsabbruch ... stellt eine Dienstleistung im Sinne von Art. 60 EWGV dar.”[2]

Vom patriarchalischen zum aufgeklärten Berufsverständnis

Der technische Fortschritt ist aber nur ein Gesichtspunkt des Wandlungsprozesses. Wirkmächtige Veränderungen sind auch im größeren sozialen Kontext der ärztlichen Berufstätigkeit zu konstatieren. Hier ist zunächst auf die Veränderungen im Verständnis des Arzt-Patienten-Verhältnisses hinzuweisen. Sah sich der Arzt im Kontext des klassischen, etwa durch den Eid des Hippokrates geprägten Berufsverständnisses vor allem dem Wohl oder Heil des Patienten verpflichtet, und war diese Verpflichtung zugleich Rechtfertigung seines Handelns, so tritt uns heute als Rechtfertigungsgrund in erster Linie der an der Patientenautonomie orientierte “informed consent”, d.h. die auf ausreichender Aufklärung beruhende Einwilligung in eine Behandlung entgegen. Aus der gemeinsamen Verpflichtung von Arzt und Patient auf ein objektiv verstandenes Wohl, das den Inhalt der heilenden Tätigkeit des Arztes - freilich nach Maßgabe seiner eigenen Interpretation - bestimmte, ist so ein vornehmlich durch den Patientenwillen determinierter Behandlungsauftrag geworden. Der Arzt bietet in diesem

[2] EUGH, Urt. v. 4.10.1991, Rs C-159/90, EuZW 1993, 35.

Modell seine Dienste an und "leistet" nur das, wozu der Patient ihm seine Einwilligung gibt. Neben der damit verwirklichten und aus grundrechtlicher Perspektive sicher folgerichtigen Aufwertung des Patientenwillens fördert ein solches Verständnis indes eine Haltung, in der nun umgekehrt der Patient sich als Auftraggeber des Arztes und diesen wiederum als Dienstleistenden versteht. Als Maßstab und rechtfertigende Norm ärztlichen Handelns fungiert dann nicht mehr der indizierte Heileingriff, d.h. ein Handeln zugunsten eines objektiv verstandenen Patientenwohls, sondern der einer inhaltlichen Hinterfragung nicht mehr zugängliche Wille des Patienten.

Wertewandel

Ihre eigentliche Tragweite haben die beschriebenen Wandlungen für den ärztlichen Berufsstand indes erst im Zusammenhang mit einem weiteren Phänomen erlangt: dem Wandel der sittlichen Anschauung in Fragen, die den Bereich des ärztlichen Handelns betreffen. Die Stichworte Sterilisation, Kontrazeption, Abtreibung, Euthanasie, Transplantation, Invitro-Fertilisation und Geschlechtsumwandlung verdeutlichen, um welche Bereiche es hier geht. Es würde nun zu weit führen, den in diesen thematischen Bereichen festzustellenden Wertewandel im einzelnen zu analysieren oder auch nur zu beschreiben. Es liegt jedoch auf der Hand, daß jeder der angesprochenen Bereiche früher nicht oder nur in eng begrenzten Ausnahmefällen Gegenstand ärztlichen Handelns war, während sie heute schon fast zum normalen Repertoire "ärztlicher Dienstleistungen" zählen. In der gebotenen Kürze soll allerdings auf zwei Punkte hingewiesen werden, die so etwas wie einen gemeinsamen Nenner der erwähnten Bereiche ausmachen können. Zunächst ist auffällig, daß viele der genannten Bereiche mit der sexuellen Selbstbestimmung zusammenhängen und zwar überwiegend im Sinne der Ermöglichung einer folgenfreien Sexualität. Ob, wie es den Anschein hat, etwa die In-vitro-Fertilisation in vielen Fällen eine Nebenwirkung vorangehender Verhütungsstrategien ist und sich insofern ein bedenklicher Zusammenhang herstellen läßt, kann hier nicht entschieden werden. Ohne Zweifel besteht jedoch ein Zusammenhang zwischen diesen, den Lebensbeginn betreffenden Handlungen und der Euthanasie insofern, als es in beiden Fällen um die Maximierung von Lebensqualität geht. Die Steigerung des persönlichen Wohlbefindes ist dabei der universale Maßstab.

Die Rede vom "nichtärztlichen" Handeln

In eher skeptischen, auf die Beibehaltung überlieferter Orientierungen abzielenden Stellungnahmen trifft man immer wieder auf den Begriff der "nichtärztlichen" Handlung. Hier wird eine Unterscheidung vorgenommen, die bestimmte neue Entwicklungen kritisiert und bekämpft, indem sie ihnen eine Überschreitung des ärztlichen Heilauftrages entgegenhält. Der Begriff des ärztlichen Handelns wird bestimmten inhaltlichen Anforderungen genügendem Handeln vorbehalten und zur normativen Richtschnur erhoben. Alle Handlungen, die diesem Verständnis nicht entsprechen, trifft das Verdikt "nichtärztlichen" Handelns. Dem Ausführenden wird das Arzt-sein bestritten.

Ähnliche Argumentationsweisen sind aus anderen Themenfeldern zur Genüge bekannt. So etwa wurde in der Staatsphilosophie bis zu Augustinus als Staat nur eine solche politische Gemeinschaft anerkannt, die bestimmte ethische Mindestbedingungen erfüllte, während etwa die Tyrannis nicht diesen Namen verdiente. Aus der jüngeren Geschichte ist vor allem die Unterscheidung zwischen gerechtem und ungerechtem Recht geläufig, bei der letzterem die Bezeichnung als Recht streitig gemacht wurde. In allen diesen Fällen geht es um eines: In den beschreibenden Begriff, der in der Regel eine bestimmte Funktion bezeichnet, werden verdeckt einige ergänzende wertende Merkmale aufgenommen und auf diese Art und Weise die Anwendungsbreite des Begriffs eingeschränkt.

Semantisch ist dies ohne weiteres möglich, und auch begriffslogisch sind dagegen keine Einwendungen zu erheben, solange die "differentia specifica" erkennbar bleibt. Dennoch hat eine solche Redeweise einen entscheidenden Nachteil. Sie läßt nämlich nicht deutlich werden, in welcher Argumentationsschicht die Abgrenzung bzw. Unterscheidung verläuft. Da jedoch bei der Begriffsbildung in den Wissenschaften, die sich mit sozialen Phänomenen beschäftigen, die funktionalen Elemente überwiegen bzw. primär identitätsprägend wirken, während die erwähnten Einschränkungen in den allermeisten Fällen das Resultat ethischer oder sonst wertender Überlegungen sind, provozieren sie Mißverständnisse und erschweren zudem eine sachliche Diskussion. Hinzu kommt, daß sich ein solches Begriffsverständnis auch gegenüber - aus seiner Sicht - legitimen Fortentwicklungen bzw. Wandlungen schwer tut. Deshalb erscheint es grundsätzlich vorzugswürdig, wertende Elemente nicht dem beschreibenden Begriff, in unserem Falle also der ärztlichen Tätigkeit, einzuverleiben, sondern sie explizit und getrennt von diesem Begriff zu behandeln und zu diskutieren. Mit dieser Abkehr vom "nichtärztlichen" Handeln soll nicht geleugnet werden, daß es hier der Sache nach um ein berechtigtes Anliegen geht. Es sollte jedoch sprachlich anders artikuliert werden, etwa indem auf den Begriff der "Heilbehandlung" abgestellt wird, der ein wesentliches Merkmal ärztlichen Tuns präziser und sachlicher bezeichnet.

Nach diesen Vorüberlegungen und Klärungen können wir uns nun der Frage zuwenden, wie die beschriebenen Wandlungen im Bereich der ärztlichen Berufspraxis zu beurteilen sind. Dazu möchte ich in drei Schritten vorgehen. Zunächst soll geklärt werden, wie sich orientierende Sitten und Berufsbilder herausbilden und in welchem Verhältnis dabei praktische und normative Faktoren zueinander stehen. In einem zweiten Schritt sollen dann die rechtlichen Kriterien für die Bestimmung des "ärztlichen Handelns" und ihre Bedeutung für die Bewältigung der skizzierten Wandlungen untersucht werden. Im dritten Schritt soll ein kurzer Blick auf die ethische Diskussion geworfen und in einem Schlußteil dann eine Reihe von Fragen für die weitere Diskussion formuliert werden.

II.
Das Verhältnis von "Praxis" und "Norm" bei der Herausbildung von Sitten und Berufsbildern

Die Selbstverständlichkeit, mit der wir den Begriff des ärztlichen Handelns gebrauchen und meinen, damit einen mehr oder weniger genau fixierten Bereich von Handlungen zu erfassen, der durch gleiche Grundsätze, Zielsetzungen und Regeln geprägt ist, verweist auf ein Phänomen, das mit dem Begriff der Sitte bzw. Standessitte bezeichnet wird. Solche ausgeprägten Standessitten gibt es nicht für alle Bereiche der beruflichen Tätigkeit. Denken wir etwa an den Unternehmer, den Fabrikarbeiter, den Verkäufer, den Büroangestellten, den Lehrer usw., so macht es keinen Sinn, auf eine bestimmte Standessitte zur Beschreibung der beruflichen Tätigkeit bzw. ihrer Regeln zu verweisen. Und das, obwohl der Gegenstand der beruflichen Tätigkeit in diesen Fällen weder ungewiß ist noch Zweifel an den Regeln für die Berufsausübung bestehen. Die Standessitte ist demnach keine automatische Begleiterscheinung der beruflichen Betätigung. Sie ist vielmehr an besondere Bedingungen gebunden.

Die Funktionen der Standessitte

Es ist hier nicht der Ort, die Gründe für das Entstehen von Standessitten im einzelnen zu erforschen. Ich möchte mich deshalb an dieser Stelle nur auf eine Erkenntnis stützen, die Jochen Taupitz in seiner umfangreichen und grundlegenden Arbeit über "Die Standesordnungen der freien Berufe" aus dem Jahr 1991 anführt: Daß die Herausbildung einer Standessitte bei den sogenannten freien Berufen, zu denen auch die Ärzte zählen, mit der - so Taupitz - "Zentralwertbezogenheit" des freiberuflichen Handelns zusammenhängt. "Die Tätigkeit der

Professionsangehörigen bezieht sich oft auf soziokulturelle Werte, die von zentraler Bedeutung für das Wertsystem der Gesellschaft sind, wie Leben, Gesundheit, Freiheit, Gerechtigkeit usw. Die Erhaltung und Förderung 'ethischer Sachgehalte' ist in diesem Sinne geradezu Aufgabe des Freiberuflers, sein 'Arbeitsziel'; schon rein quantitativ ist er damit den ethischen Katalogen stärker ausgesetzt, was gleichzeitig die Konsequenz beinhaltet, daß sein Handeln unter dem Aspekt der Ethik besonders kritisierbar ist. Beides bedingt zwangsläufig eine Ausrichtung vieler freiberuflicher Pflichten auf ethische Sachgehalte, denn unbestreitbar ist, daß ein Großteil auf dieses Ziel gerichtet der 'ordnungsgemäßen' Erfüllung der Berufsaufgabe dient."[3]

Die Herausbildung einer Standessitte dient damit der gesellschaftlichen Rechtfertigung des Handelns eines Berufsstandes und begegnet auf diese Weise der besonderen Begründungslast, die ohne dieses Institut durch den einzelnen Berufsausübenden immer wieder neu zu tragen wäre. Konkret gesprochen: der Verweis auf die Standessitte enthebt den einzelnen Arzt der angesichts der Tragweite seines Handelns einzufordernden ethischen und fachlichen Rechtfertigung seines Handelns. Sie ermöglicht ihm ein vereinfachtes Handeln, solange er sich dafür auf die bestehende Standessitte und die von ihr ausgehende Legitimationswirkung berufen kann. Zugleich wirkt die Standessitte als Kontrollinstrument gegenüber dem Handeln solcher Ärzte, die in ihrer beruflichen Tätigkeit von anderen Grundsätzen ausgehen. Insoweit markiert die Standessitte auch eine Grenze, jenseits derer ärztliches Handeln besonders rechtfertigungsbedürftig wird.

Die Entstehung von Standessitten

Ist damit die Funktion der Standessitte grob umrissen, so muß uns als nächstes die Frage nach Entstehung und Geltungsgrund

[3] J. TAUPITZ, *Die Standesordnungen der freien Berufe*, Berlin 1991, 189.

von Standessitten beschäftigen. Aus dem zur Funktion der Standessitten Gesagten geht insoweit schon hervor, daß Standessitten an eine Gruppenpraxis anknüpfen. Standessitten sind - um ein Wort Heinrich Henkels zu benutzen - eine geistige Gruppenleistung, die in der Errichtung von Leitbildern sozialrichtigen Verhaltens liegt und ihre Grundlage in einem auf Übereinstimmung und Übereinkunft beruhenden Gemeinwillen hat, der die Maßgeblichkeit der normierten Verhaltensmodelle postuliert und ihre Einhaltung unter Kontrolle hat.[4] Entscheidend ist nun, daß faktische Verhaltensweisen alleine nicht genügen, um eine Standessitte zu erzeugen. Ähnlich wie beim Gewohnheitsrecht muß zu der praktischen Übung eine Geistes- oder Willenshaltung hinzutreten, die zunächst die Normvorstellung erzeugt und dann die ihr entsprechenden Reaktionen auslöst.[5]

Eine so entwickelte Standessitte konkretisiert sich zu einer Standesordnung, in der die Anforderungen an das berufliche Handeln in der Regel allgemein und fallgruppenweise positiviert und formuliert werden. Der Eid des Hippokrates ist ein Archetyp einer solchen Standesordnung. Voraussetzung dafür sind ausreichende Erfahrungswerte, die Verarbeitung von pluralen Tendenzen sowie die Anerkennung einer artikulationsfähigen Funktionselite.[6] Solchermaßen etablierte Standesordnungen sind tendenziell eher als staatliches, oktroyiertes Recht in der Lage, beim Freiberufler ein Bewußtsein für eine ordnungsgemäße Erfüllung seiner beruflichen Pflichten zu aktivieren.[7] Das gilt vor allem dort, wo aus rechtlicher Perspektive ohnehin keine strikten Vorgaben möglich erscheinen oder diese zu sehr im Allgemeinen bleiben würden.

[4] H. HENKEL, *Einführung in die Rechtsphilosophie*, München ^{2}1977, 59.

[5] HENKEL, a. a. O.., 56.

[6] Vgl. TAUPITZ, a. a. O., 451 ff.

[7] TAUPITZ, a. a. O., 476.

Standessitte und Recht

Vom Recht unterscheidet sich die Standesordnung gleich in mehrfacher Hinsicht. Offensichtlich ist das bezüglich des Geltungsgrundes. Recht "gilt" im demokratischen Verfassungsstaat als Ausfluß der parlamentarischen, auf die Ausübung aller Staatsgewalt durch das Volk zurückführbaren Rechtsetzungshoheit. Sein Geltungsanspruch wird durch das staatliche Gewaltmonopol gesichert. Gleich sind sich Recht und Standessitte jedoch insofern, als sich beide mit der Erfüllung äußerer Verhaltensanforderungen begnügen. Auch die Standessitte fragt nicht nach den Motiven des Handelns.

Nimmt das Recht, wie in den ärztlichen Berufsordnungen, auf die Standessitte Bezug und verleiht ihnen damit seinen besonderen Geltungsanspruch, so beeinträchtigt das den Fortbestand der Standessitte aus ihren eigenen Geltungsquellen nicht. Sie besteht neben dem Recht fort und erfüllt, vor allem gegenüber den Berufsangehörigen, ihre selbständige Funktion auch weiterhin. Man kann insofern von der Begründung von sogenannten Komplementärpflichten sprechen.[8]

Nach diesen Klärungen der Grundlagen können wir uns nun der Frage zuwenden, welchen Einfluß die erwähnten Wandlungen auf die ärztliche Standessitte haben bzw. haben können. Dabei sind die verschiedenen Änderungsfaktoren gesondert zu behandeln.

Standessitte und technischer Wandel

Der technische Wandel öffnet dem Arzt neue Behandlungsmöglichkeiten. Ihnen kommt in aller Regel ein rein instrumentaler Charakter zu. Nur dort, wo durch technischen Fortschritt bestimmte Zwecke erstmals überhaupt realisiert werden können, wie etwa bei der In-vitro-Fertilisation, kommt dem

[8] TAUPITZ, a. a. O., 169.

technischen Fortschritt eine darüber hinausweisende Funktion zu.

Die Einführung neuer Techniken wirkt sich in den meisten Fällen nicht bzw. nur insofern auf die ärztliche Berufssitte aus, als diese den Einsatz der besten und zuverlässigsten Heilmethode verlangt. Besonders zu bedenken sind in vielen Fällen indes Nebenwirkungen technischen Fortschritts. So sind etwa durch die erweiterten Möglichkeiten der Intensivmedizin neue Konfliktlagen entstanden, da vitale Funktionen auch dann noch erhalten werden können, wenn eine Aussicht auf Heilung, konkret verstanden als Wiedererlangung des Bewußtseins, nicht mehr bestehen. In einem solchen Fall muß sich die Standessitte unter Berücksichtigung der bislang anerkannten Grundsätze und anhand von ausreichenden Erfahrungswerten fortentwickeln. Im Bereich der Intensivmedizin ist dies mittlerweile mit weitreichendem Erfolg geschehen.

Eröffnet technischer Fortschritt neue Handlungsmöglichkeiten, für die es an speziellen Regeln fehlt, so bedarf es gleichfalls einer Fortentwicklung der Standessitte. Dabei sind folgende Grundsätze zu beachten: Steht die neue Technik prima facie mit den anerkannten allgemeinen Grundsätzen der Standesethik in Einklang, so erscheint es angebracht, mit ihr Erfahrungen zu sammeln und auf der Grundlage der damit verbundenen Erkenntnisse neue, spezielle Regeln herauszubilden. Diese Aufgabe fällt heute insbesondere den sogenannten Ethik-Kommissionen zu. Steht dem Einsatz der neuen Technik dagegen prima facie ein anerkannter Grundsatz entgegen, so ist besondere Vorsicht geboten. Dies gilt um so mehr, je gewichtiger die potentiell betroffenen Interessen der Patienten sind. Die Forschung im Bereich der In-vitro-Fertilisation dürfte diesen Anforderungen weitgehend nicht entsprochen haben.

Gewandeltes Werteverständnis

In einen schwierigen Wechselwirkungsprozeß gerät die ärztliche Standessitte infolge des allenthalben beobachtbaren Wandels ethischer Anschauungen. Dabei treffen zwei Faktoren zusammen: Einmal wird die Tätigkeit des Arztes zunehmend als ausschließlich durch den "Auftrag" des Patienten bestimmte und gerechtfertigte Dienstleistung verstanden. Als Heilung wird verstanden, was dem Willen des Patienten dient, weil es sein subjektives Wohlempfinden mehrt. Da zugleich die sittliche Einstellung zu Sterilisation, Abtreibung, In-vitro-Fertilisation und vielen anderen Maßnahmen, die keinen Heileingriff im Sinne der Wiederherstellung von defekten Körperfunktionen darstellen, im Wandel begriffen ist, sieht sich die ärztliche Standesethik doppelt gefordert.

Nun ist es - und das macht die Besonderheit unserer heutigen Lage aus - aber so, daß die im Bereich der sittlichen Grundsätze beobachtbaren Pluralisierungstendenzen ihrerseits die Herausbildung von Standessitten grundlegend in Frage stellen. Hier ist daran zu erinnern, daß die Herausbildung von Standessitten eine geistige Gruppenleistung ist. Zu ihr kann es aber nur kommen, wenn ein ausreichend großer Konsens in der Gruppe herrscht. Standessitten begnügen sich, anders als der parlamentarische Rechtsstaat, nicht mit knappen Mehrheiten, da sie ihre Geltungskraft aus der allgemeinen und weithin unwidersprochenen Anerkennung durch die Gruppenmitglieder beziehen. Das führt zu der Feststellung, daß die Standessitte aus strukturellen Gründen nicht in der Lage ist, angemessen auf einen Wertewandel zu reagieren, jedenfalls so lange nicht, als sich nicht ein neuer Konsens gefestigt hat. Da zugleich die überkommenen Grundsätze der Standessitte in Frage gestellt werden, hilft auch die Berufung auf sie nur begrenzt weiter. Die Standessitte erweist sich damit gegenüber Wandlungen im sittlichen Bewußtsein als weitgehend hilflos.

Indes bleibt in einer solchen Umbruchsphase auch kein reines Vakuum zurück. Vielmehr leiten die überkommenen, anerkannten Grundsätze der Standessitte zumindest als Leitprinzipien die Fortentwicklung. Sie führen zu einer Argumentationslastverteilung, bei der Abweichungen von überkommenen Grundsätzen einer besonderen Begründungspflicht unterliegen. Die zu führende Argumentation ist ihrerseits auf die Ebene der beiden einschlägigen Normbereiche verwiesen: der Ethik und des Rechts. Auf ihren Beitrag zur Beurteilung der Wandlungen im Bereich der ärztlichen Berufspraxis ist deshalb näher einzugehen.

III.
Rechtliche Kriterien zur Bestimmung "ärztlichen" Handelns

Das Recht erfaßt den ärztlichen Beruf in den Kategorien, die für seine verschiedenen Teilgebiete prägend sind: Das Verfassungsrecht aus dem Blickwinkel des Grundrechts der Berufsfreiheit sowie des grundrechtlichen Schutzes von Leben und Gesundheit; das Verwaltungsrecht unter dem Gesichtspunkt der beruflichen Ausbildung und Anerkennung, der Einbeziehung in das System der staatlichen Gesundheits- und Krankenfürsorge sowie der besonderen Maßgaben für die Berufsausübung einschließlich der Berufsordnungen und des Rechts der Ärztekammern; das bürgerliche Recht erfaßt die vertraglichen und deliktischen Beziehungen zwischen Arzt und Patient; schließlich betrifft das Strafrecht den Schutz der Integrität der Patienten vor unsachgemäßen oder nicht erlaubten ärztlichen Eingriffen.

Das ärztliche Berufsrecht

Die dem Verwaltungsrecht zugehörigen Regelungen des ärztlichen Berufsrechts regeln die Ausbildung, Anerkennung und Fortbildung der Mediziner. Durch die auf Pflichtmitgliedschaft aufbauenden berufsständischen Kammern sorgt der Staat dafür, daß im Ärztestand der erforderliche Sachverstand garantiert ist und so die Bevölkerung von Gesundheitsschäden infolge unsachgemäßer Behandlung geschützt wird. Im Rahmen der den Kammern übertragenen Erzeugung von Berufsrecht wird durch die Berufsordnung auf die ärztliche Standessitte verwiesen. "Der ärztliche Beruf verlangt, daß der Arzt seine Aufgabe nach seinem Gewissen und nach den Geboten der ärztlichen Standessitte erfüllt", heißt es in § 1 Abs. 1 der Musterberufsordnung, die die meisten Ärztekammern übernommen haben.

Waren nach den Berufsordnungen früherer Zeiten "problematische" Eingriffe wie die Sterilisation und die Abtreibung entweder generell verboten, zumindest aber an eine spezielle ärztliche Indikation - aus medizinischen, genetischen oder sozialen Gründen[9] - gebunden, so wird heute schlicht auf die übrige Rechtsordnung verwiesen. Zulässig und kassenfinanziert ist die "nicht rechtswidrige" Sterilisation. Ähnlich verhält es sich mit der Abtreibung.[10] Die In-vitro-Fertilisation wird heute durch das Embryonenschutzgesetz und ergänzende Standesrichtlinien in gewisse Bahnen gelenkt, die einzelnen Mißbrauchsgefahren vorbeugen sollen.[11]

Das ärztliche Berufsrecht hat sich damit für Maßnahmen und Eingriffe geöffnet, die ethisch sowohl im Ärztestand als auch in der breiten Gesellschaft umstritten sind. Den damit programmierten Gewissenskonflikten begegnet das Recht mit Freistellungsklauseln, die dem einzelnen Arzt ein Weigerungsrecht einräumen. Doch ist nicht zu übersehen, daß der Normalbefund und die an ihm orientierte regelmäßige Erwartungshaltung in eine andere Richtung drängen.[12] Das wird noch verstärkt werden, falls im Bereich der Abtreibung eine Fristenregelung in Kraft treten sollte.[13]

Die Erfassung des ärztlichen Handelns in allen diesen Bereichen durch das Berufsrecht ist derzeit unzureichend. Rechtlich und vor allem verfassungsrechtlich wäre mehr geboten.

[9] LAUFS, a. a. O., S. 127.

[10] Dazu Ruth ESSER, *Der Arzt im Abtreibungsstrafrecht*, Berlin 1992, 24 ff.

[11] Dazu im einzelnen LAUFS, a. a. O., 60 ff. und W. KLUTH, *Recht auf Leben und Menschenwürde als Maßstab ärztlichen Handelns im Bereich der Fortpflanzungsmedizin*, in: Zeitschrift für Politik 36 (1989), 115 ff.

[12] Vgl. W. KLUTH, *Der Gewissensentscheid als Todesurteil*, in: Schriftenreihe der Juristen-Vereinigung Lebensrecht e.V., Nr. 4, Köln 1987, 49 ff.

[13] Dazu M. KRIELE, *Die nicht-therapeutische Abtreibung vor dem Grundgesetz*, Berlin 1992.

Das Grundgesetz setzt durch den weitreichenden Schutz des Lebensrechts sowohl der Abtreibung als auch der Vernichtung von künstlich erzeugten Embryonen bei konsequentem Verständnis engere Grenzen, als sie derzeit im einfachen Gesetzesrecht zum Ausdruck kommen. Für den Arzt bedeutet dies, daß er in weiten Bereichen für Handlungen bzw. Eingriffe in Anspruch genommen wird, die auch verfassungsrechtlich bedenklich sind. Hier bestehen mögliche Ansatzpunkte für eine Verdeutlichung der Grenzen einer Inanspruchnahme des Ärztestandes durch Staat und Gesellschaft.

Das Recht kann Grenzen aber immer nur dort ziehen, wo es um den Rechtsgüterschutz geht. Bei der Sterilisation etwa ist es jedoch schwierig, unter Berufung auf den Rechtsgüterschutz Grenzen zu ziehen. Auch die Berufung auf allgemeine sittliche Anschauungen und den Gedanken der Unverfügbarkeit der Zeugungsfähigkeit ist angesichts der gewandelten Anschauungen und zumal der Möglichkeit künstlicher Zeugung heute im Rahmen einer säkularisierten Mehrheitsdemokratie nicht mehr schlagkräftig. Ein insoweit als verpflichtend empfundendes normatives Menschenbild gehört nicht mehr zum Gemeingut der Rechtsgesellschaft.

Die Auflösung sittlicher Standards in der Gesellschaft und das Zurückweichen der Berufsordnung lassen die allgemeinen Grundsätze des ärztlichen Handelns stärker hervortreten. So ist mit Recht darauf hingewiesen worden, daß eine strafrechtliche Fristenregelung den Arzt nicht von der Pflicht enthebt, nach der Indikation für den Eingriff zu fragen.[14] Denn die Beseitigung des strafbewehrten Verbotes, Abtreibungen - und analog die anderen erwähnten Eingriffe - durchzuführen, ist nicht in der Lage, diesen allgemeinen Grundsatz des ärztlichen Berufsrechts außer Kraft zu setzen. Dieser Umstand ist nicht nur vom Gesetzgeber bislang übersehen worden und sollte gerade für die Diskussion innerhalb der Ärzteschaft fruchtbar gemacht werden. Gesetzessystematisch ist insoweit noch folgendes zu bedenken: Der für das Strafrecht zustän-

[14] LAUFS, a. a. O., 36.

dige Bundesgesetzgeber kann durch die Beseitigung der strafrechtlichen Sanktion nur die Rechtsfolgen eines Handelns regeln. Strafrecht ist als Sanktionsrecht Recht einer sekundären Ebene und deshalb nicht in der Lage, dem in die Kompetenz der Länder fallenden Berufsrecht verbindliche Vorgaben zu machen. Auch aus diesem Grunde besitzt der Arzt nicht nur die Freiheit, sondern im Grunde auch die berufsrechtliche Pflicht, eine Abtreibung nicht ohne ihre “ärztliche Angezeigtheit” vorzunehmen.[15]

Wenn das Arztrecht in dieser Situation von “besonderen ärztlichen Eingriffen” spricht und auf die Probleme ihrer Rechtfertigung hinweist, so entspricht dies ganz und gar diesem Befund und macht deutlich, daß wir es hier mit Verwerfungen innerhalb der Rechtsordnung zu tun haben, die nicht einfach hingenommen werden sollten. Gerade weil der ärztliche Heileingriff grundrechtlich rechtfertigungsbedürftig ist und sich diese Rechtfertigung nicht alleine aus der Einwilligung eines Beteiligten ableiten läßt, weil weiter in der Rechts- und Wertordnung des Grundgesetzes nicht jedes Rechtsgut beliebig verfügbar ist[16], zumal dann, wenn es besonderer Ausfluß der Menschenwürde ist, sind dem simplen Einwilligungsmodell hier klare Grenzen gezogen, die der Gesetzgeber zwar kaschieren, aber nicht aufheben kann. Rechtlich und zumal verfassungsrechtlich weist der ärztliche Heileingriff insofern unerwartet klare Konturen auf, die es weiter zu verdeutlichen gilt.

Zivilrechtliche Rechtsverhältnisse

Wo uns die Rechtsordnung hinführen kann, wenn diese verfassungsrechtlichen Vorgaben nicht oder nicht hinreichend bedacht werden, zeigen die zivilrechtlichen Folgen, die sich aus Kunstfehlern bei der Durchführung etwa von Sterilisa-

[15] LAUFS, a. a. O., 36.

[16] Dazu nur Chr. HILLGRUBER, *Der Schutz des Menschen vor sich selbst*, Köln 1991.

tionen und Abtreibungen ergeben können. Nach der höchstrichterlichen Rechtsprechung haftet der Arzt bei fehlgeschlagener Sterilisation und unterlassener oder mißglückter Abtreibung für den erhöhten Unterhaltsaufwand, der den Sorgepflichtigen durch die Geburt eines Kindes entsteht. Ob sich ähnliche Entwicklungen auch im durchaus denkbaren Fall eines unterlassenen selektiven Fetozids ergeben, bleibt abzuwarten, dürfte nach der Logik der bisherigen Argumentation jedoch nicht ausgeschlossen sein.

Diese Rechtsprechung wie auch ein großer Teil der literarischen Äußerungen zu diesem Themenkomplex ist, abgesehen von konstruktiven Mängeln und Widersprüchen, vor allem Ausdruck einer Sichtweise, die den ärztlichen Heileingriff mit der Fabrikation eines Schrankes auf eine Stufe stellt. Sicher hat der Arzt formalrechtlich für sein kunstfertiges Tun einzustehen. Aber sollte man nicht bedenken, daß durch eine solche Interpretation die von Alexander Mitscherlich beschworene Perspektive vom Patienten als Werkstück bedrohlich wirklich wird? Wer das nicht sieht, der wird auch nicht merken, wie ein solches Arztrecht unter dem Deckmantel der Sachlichkeit den humanen Kern der ärztlichen Tätigkeit aushöhlt und mit dazu beiträgt, daß die viel gescholtene Sterilität des Klinikbetriebs weiter forciert wird.

Verdeutlichung des ärztlichen Heilauftrages

Ohne daß damit die rechtlichen Aspekte unserer Themenstellung auch nur annähernd erschöpft wären, möchte ich diesen Teil mit einem kurzen Ausblick beschließen. Zwar ist es richtig, daß das Recht in der Bestimmung des ärztlichen Berufsbildes und damit auch des ärztlichen Handelns weite Spielräume besitzt, so daß auch die erwähnten neuen Eingriffe durchaus in das ärztliche Berufsbild eingepaßt werden können. Wie ich zu zeigen versucht habe, bietet das Arztrecht, aber auch das Verfassungsrecht, zahlreiche Ansatzpunkte, von denen ausgehend der ärztliche Heileingriff und damit auch das ärztliche Handeln schärfer konturiert werden können. Angesichts der Tatsache, daß die Gesetzgeber in Bund und Ländern eher dazu tendieren, das ärztliche Berufsrecht den gesellschaftlichen Erwartungen anzupassen und die herkömmlichen, wohlbegründeten Eingrenzungen des ärztlichen Heilauftrags zu planieren, ist es Aufgabe des Berufsstandes, sie deutlicher hervorzuheben, sich auf sie zu berufen und zur Herausbildung einer entsprechenden, rezeptionsfähigen Standessitte beizutragen. Daß dies auch heute möglich ist, beweisen die im großen und ganzen positiven Entwicklungen im Bereich der Intensivmedizin, die sich trotz mancher überzeichnender Kritiken durchweg im Bereich jener Grundsätze halten, die in der Linie der klassischen Berufsethik stehen.

IV.
Ethische Gesichtspunkte

Das Versagen der Standessitte und die Offenheit und begrenzte Leistungsfähigkeit des Rechts, zumal des einfachen Gesetzesrechts gegenüber dem eingangs skizzierten Wandel, führen zu der Feststellung, daß seine Bewältigung und Einordnung auf einer anderen Ebene zu bewerkstelligen ist. Gefordert ist die Ethik, die sich mit der Begründung und Herausbildung der sittlichen Prinzipien des praktischen Handelns befaßt und auf ihre Weise auch die Grundlagen der (Verfassungs-) Rechtsordnung[17] und Standessitte konstituiert.

Der Ort der Ethik neben Standessitte und Recht

Gegenstand der Ethik ist das menschliche Handeln in seiner Orientierung an sittlichen Prinzipien. Die Frage nach dem Guten und Bösen, nach dem Gesollten und zu Unterlassenden

[17] Dazu H.-L. SCHREIBER, *Recht und Ethik - am Beispiel des Arztrechts*, in: Hanack/Rieß/Wendisch (Hrsg.), Festschrift für Dünnebier, Berlin 1982, 633 (636 f. m.w.N.).

ist der eigentümliche Bereich ethischer Normen. Insofern das ärztliche Handeln menschliches und auf Menschen gerichtetes Handeln ist, unterfällt es diesen Kategorien.

Es gehört mittlerweile zu den Allgemeinplätzen, daß es keine spezielle "ärztliche Ethik" gibt, sondern daß dies nur so verstanden werden kann, daß man über die Anwendung der allgemeinen ethischen Grundsätze auf die mit dem ärztlichen Berufsalltag verbundenen Handlungstypen spricht.[18] Damit ist zugleich gesagt, daß Ärzte weder Sonderrechte beanspruchen noch schärferen Regeln unterliegen.

Beiträge der Ethik zur Bestimmung des ärztlichen Handelns

Der Beitrag der Ethik zur Bewältigung unserer Fragestellung ist darin zu sehen, daß sie uns zunächst den anthropologischen Rahmen vermittelt, ohne den eine Diskussion über ärztliches Handeln nicht sinnvoll geführt werden kann. Wie so häufig spielen dabei die Aussagen über das Ziel menschlichen Lebens und Seins und die daraus abzuleitenden Aussagen über die "Normalverfassung" des Menschen als Orientierungspunkt des ärztlichen Handelns eine wichtige Rolle.

Auf der Grundlage einer solchen Anthropologie ist es dann in einem weiteren Schritt möglich, den Gegenstand und die Regeln ärztlichen Handelns näher zu bestimmen. Was der Arzt darf, was er soll und was ihm untersagt ist, welche Bedingungen im Einzelfall zu beachten sind, all dies ergibt sich aus der Analyse der jeweiligen Handlungstypen.

Wie dabei vorzugehen und zu argumentieren ist, muß hier zunächst einmal offenbleiben. Geht es heute doch nicht um einen inhaltlichen Nachweis der einzelnen Bestimmungsfaktoren ärztlichen Handelns. Zu betonen ist indes noch einmal, daß es sich der Sache nach um die Herausarbeitung von durch-

[18] Vgl. nur TAUPITZ, a. a. O., 191 m.w.N.

aus allgemeinen ethischen Regeln handelt, wobei der Adressat in vielen Fällen nur in zweiter Linie der Arzt ist. So sind die gegen Sterilisation, Abtreibung, Geschlechtsumwandlung, In-vitro-Fertilisation etc. gerichteten Einwände zunächst an die betroffene Person und erst in zweiter Linie an den behandelnden Arzt gerichtet. Insofern geht es tatsächlich zuallererst um eine die Gesamtgesellschaft betreffende ethische Debatte, an der sich die Ärzte zu beteiligen haben. Wenn sie in der einen oder anderen Frage eine besondere Betroffenheit sehen, dann deshalb, weil sie zur Realisierung solcher Handlungen notwendig sind.

Ausblick

Ich komme damit zu dem recht ernüchternden Schluß, daß die im Titel beschriebene Inanspruchnahme der Ärzte für nichtärztliche Dienstleistungen uns auf das allgemein zu beobachtende Phänomen des Wertewandels verweist, mit dem sich auch die Ärzte auseinanderzusetzen haben. Indes sind sie als Ausführende insofern in einer besonderen Lage, als sie in vielen Fällen etwas tun müssen, das aus Motiven heraus geschieht, die sie nicht teilen. Hier beginnt ein Prozeß der Inanspruchnahme für Handlungen, die den klassischen Bereich der "Heilbehandlungen" verlassen und sich nur noch durch den Patientenwunsch rechtfertigen. Gegen dieses Ansinnen kann - und muß - sich der einzelne Arzt unter Berufung auf sein Gewissen, der Stand jedoch durch die Herausbildung einer Standessitte zur Wehr setzen, soll die innere Humanität des ärztlichen Berufsethos bewahrt bleiben.

Aussprache

Leitung: Hans Thomas

Prof. Dr. Lothar Schneider: Einerseits wird heute viel von der Mitsprache des Patienten bei der Behandlung geredet. Ethiker, die sich öffentlich zu dem Erlanger Fall der hirntoten Marion Ploch geäußert haben, zogen sich mitunter auffällig hinter die Zustimmung oder Nicht-Zustimmung der Großeltern des ungeborenen Kindes zurück. Andererseits berichtete das Fernsehen von einem an Blutkrebs erkrankten Kind. Die Eltern wollten es der vorgesehenen Therapie der Universitätsklinik entziehen. Sie wurden binnen zwei Stunden entmündigt. Es hat mich überrascht, daß das rechtlich möglich sein soll, zumal in einer Sache, die offenbar unterschiedliche Meinungen rechtfertigt. Es ging um massive Chemotherapie. Der Vorwurf an die Eltern lautete, wenn ich mich recht erinnere, auf unterlassene Hilfeleistung. Untergräbt das Gericht hier nicht den Grundsatz der Patientenautonomie, bei dem das Kind natürlicherweise durch seine Eltern vertreten wird?

Kluth: So kurzfristig läßt sich zwar nicht eine Entmündigung, wohl aber in einer Einzelfrage der Entzug des Sorgerechts durch das Gericht erreichen. Erstmals hat meines Wissens ein Gericht das Sorgerecht an sich gezogen bei der Verweigerung elterlicher Zustimmung zu einer Bluttransfusion durch Zeugen Jehovas. Der Fall wurde auch vom Bundesverfassungsgericht gebilligt. Wer unter Berufung auf seine Gewissensfreiheit oder seine Glaubensüberzeugung die notwendigen Hilfsmaßnahmen für einen ihm anvertrauten Menschen versagt, überschreitet die Grenzen des Grundrechts.

Bei hochdifferenzierten Therapiefragen sind natürlich die Abwägungsmöglichkeiten sehr viel größer als bei einer indizierten Bluttransfusion. Ich habe auch gewisse Zweifel, ob man eine solche Entscheidung den Eltern entziehen kann. Die Erkenntnis, daß deren Entscheidung schädlich ist, müßte schon sehr eindeutig sein. Die Patientenautonomie soll gerade gewahrt werden, entweder durch die Eltern oder das Gericht.

Dr. Ingeborg Schwab: Bei manchen Typen von Leukämie bei Kindern kann man mit der entsprechenden Chemotherapie heute wirklich in 90 Prozent der Fälle eine Dauerheilung erzielen.

Dr. Elisabeth Gödde: Es gibt zwar Therapieschemata für Leukämie, die aber für den Individualfall modifiziert werden. Im Gespräch zwischen behandelndem Arzt und Patienten oder Eltern sucht man einen Konsens darüber zu finden, was im einzelnen gemacht wird. Tatsächlich sollen der Patient oder dessen Eltern nach entsprechend adäquater Information heute in die Behandlung einwilligen oder auch nicht. Wenn die Situation sich so zuspitzt, daß man zum Gericht läuft und den Eltern das Sorgerecht entzogen wird, steckt womöglich noch irgendwas anderes dahinter.

Otto Döpper: Nicht selten sagen Ärzte oder Heilkundler, es gebe eine alternative Therapie, was dann die "Schulmedizin" meistens leugnet. Aber selbst, wenn der Schaden für das Kind ziemlich wahrscheinlich wäre, so gewiß wie bei der Tötung eines Kindes, das die Mutter abtreiben lassen will, ist er nicht. Daß in einem solchen Fall ein Gericht das Sorgerecht an sich gezogen hätte, habe ich aber noch nicht gehört.

Dr. Bruno Stübben: Juristisch problemlos sind bei uns eigentlich nur Behandlungsmethoden, die statistisch gesehen die besten Erfolge ausweisen können. Neue Behandlungsformen sind im Grunde von vornherein behindert. In Deutschland ist es besoders schwierig, Alternativmethoden zu entwickeln.

Vermutlich kommen deshalb so viele Impulse für Neuerungen aus dem Ausland. Wenn Gerichte grundsätzlich darauf beharrten, daß man sich nach der Behandlungsmethode richten müsse, die die statistisch erwiesene beste Erfolgsmöglichkeit hat, wäre therapeutische Forschung geradezu blockiert.

Kluth: Das kann man so nicht sagen. Wenn man eine neue Behandlungsmethode einführt, muß der Patient auch darüber wie über etwaige Risiken aufgeklärt werden. Wenn man Versuchsreihen macht, sind zuvor Ethik-Kommissionen zu befragen. Das Abweichen von anerkannten Regeln ist besonders begründungspflichtig, aber es ist möglich.

Gödde: Eine neue Behandlungsmöglichkeit ist in der Regel die Modifikation einer vorhandenen. Wenn man an die Leukämie denkt, wird man kaum ein Therapieschema ganz verwerfen, sondern es in kleinen Schritten modifizieren. Eine neue Behandlungsmöglichkeit ist mit Sicherheit nicht vergleichbar mit dem, was man unter dem Ausweichen in alternative Medizin versteht.

Schwab: Andererseits werden Neuentwicklungen oft im Ausland ausprobiert, speziell in der Dritten Welt, wo die Kontrolle nicht so stark ist. Ich denke zum Beispiel an Antikonzeptiva und Abortiva.

Thomas: Die Helsinki-Deklaration der internationalen Ärzteschaft unterscheidet zwei Arten von Forschung. Einmal die therapeutische Forschung unter der Behandlung: Sie muß abgewogen sein, in Vergleich gesetzt werden mit den Erfolgsaussichten probater Methoden, aber sie wird prinzipiell gutgeheißen. Dann die rein biomedizinische Forschung, die für die Versuchsperson konkret keine Vorteile bringt. Sie muß aber doch auf diagnostische, therapeutische oder prophylaktische Erkenntnisse gerichtet sein. Bei Kontrazeptiva, Abortiva, Schönheitsoperationen, Geschlechtsumwandlungen geht es aber im allgemeinen nicht um die Behandlung einer Krankheit. Solche Behandlungen fallen durch alle klassischen Raster, auch das der Deklaration von Helsinki. Man hilft sich dann doch stillschweigend mit willkürlich erweiterten Krankheitsdefinitionen.

Dr. Dr. Alfred Sonnenfeld: Lassen sich eigentlich juristisch konkrete, nicht auf Heilung gerichtete Tätigkeiten abgrenzen? Könnte man solche Grenzen den Ärzten klarmachen?

Kluth: Die Begriffe Krankheit, Heilen, Gesundheit sind keine originär juristischen Begriffe. Wir müssen als Juristen da auch auf den Sachverstand der Ärzte zurückgreifen. Was Krankheit oder Gesundheit, was Heilung bedeutet, können wir Juristen auch nur in formalen Kategorien erfassen. Die Begriffsinhalte übernehmen wir aus der Berufswelt. Juristisch gesehen kann man nur einige Kategorien bilden. Da ist einmal das Merkmal des Eingriffs in die körperliche Integrität. In die körperliche Integrität einzugreifen, ist rechtfertigungsbedürftig. Ein Rechtfertigungskriterium ist das Merkmal der Einwilligung. Das Recht bleibt in diesen Dingen von seiner Natur aus relativ diffus. Erst wenn Rechtsgüter Dritter betroffen sind oder es um nicht verfügbare Rechtsgüter geht, ist der Jurist wieder auf eigenem Terrain und kann Grenzen ärztlichen Handelns aufzeigen. Aber im Fall einer Sterilisation geht es etwa um die Beurteilung, ob die Sterilisation ein Heileingriff ist oder nicht. Das hängt davon ab, wie ich die Situation des Menschen sehe, ob da ein Krankheitszustand vorliegt oder ob es für die Frau gesundheitsschädlich ist, weitere Kinder zu bekommen. Jedenfalls weiche ich als Jurist auf andere Erkenntnisfelder aus, auf ethische, anthropologische oder auch medizinische. Sie liefern eigentlich die Argumente.

Thomas: Wie werden denn die Juristen fertig mit der Tatsache, daß alles, was man im beruflichen Sittenkodex der letzten Jahrhunderte an *Inhalten* vorfand, mehr oder minder verschwindet und durch formale Prinzipien, durch Verfahrensfragen ersetzt wird wie Zustimmung der Betroffenen oder ihrer

Vertreter, Einschalten von Ethikkommissionen usw.? Es gibt zwar immer mehr Aufklärungspflichten und institutionalisierte Beratungen, zugleich aber immer weniger Vorgaben und Kriterien, nach denen aufgeklärt und beraten werden soll.

Kluth: Inhaltliche Vorgaben können nur entstehen, wenn ein weitgehender Konsens vorhanden ist. Das hängt mit der Natur der Orientierungsnorm zusammen. Unsere pluralistische Gesellschaft findet kaum noch einen Konsens über Inhalte. Sie einigt sich aber noch über Verfahrensregeln. Die allgemeine Rechtsordnung, sowohl das Verfassungsrecht wie auch das Arztrecht mit seinen Grundsätzen, enthält durchaus noch eine ganze Reihe von inhaltlichen Vorgaben und Schranken, die bisweilen nur nicht konsequent beachtet werden. In der Rechtsprechung - das könnte ich an einzelnen Urteilen des Bundesgerichtshofes aus letzter Zeit aufzeigen - merkt man ganz genau die Sprünge. Grundsätze des Arztrechts werden bewußt außen vor gelassen, um ein bestimmtes "gesellschaftspolitisch" erwünschtes Ergebnis herbeizuführen.

Da geht es etwa um die Frage, ob der Arzt in gleicher Weise für sein Handeln haftbar gemacht werden kann wie der Schreiner oder Automechaniker aus dem Werkvertrag. Man macht sich heute mehr Gedanken über den Gegenstand des Arztvertrages. Wohl zu Recht, wenn vermieden werden soll, daß der Mensch wie eine Maschine behandelt wird. In dem Maße, in dem der Arzt als Funktionsträger behandelt wird, verbreitet sich natürlich in der Ärzteschaft die Neigung, sich hinter Aufklärungsformularen zu verstecken, um haftungsrechtlich möglichst nicht belangt zu werden. Man sichert sich ab und gelangt zu einer Defensivmedizin. Diese Entwicklungen sind in ihrem Zusammenwirken noch zu wenig durchdacht worden. An der Fristenregelung wird sich die Frage beweisen. Adolf Laufs sagt, das Arztrecht gebiete nach wie vor die Indikation: der Arzt sei nach den Regeln des Berufsrechts nicht berechtigt einfach zu sagen, ich mache das, weil die Frau es will. Das läßt sich auf andere Behandlungsmethoden ausdehnen. Der Arzt hat, was häufig übersehen wird, auch eine Selbstverantwortung. Er muß den Einsatz seines fachlichen Könnens aus dem Berufsrecht heraus legitimieren können. Die Rechtsordnung muß darauf die nötige Rücksicht nehmen. Sonst macht sie in der Tat den Arzt beliebig verfügbar und zum bloßen Instrument sogenannter gesundheitspolitischer Konzepte.

Wir stehen vor einem Zwiespalt. Nehmen wir etwa das Beispiel der Abtreibung. Auf der einen Seite will der Staat Willkür verhindern und bloße Willfährigkeit eindämmen. Auf der anderen Seite soll der Frau bei der Abtreibung auch kein Schaden entstehen. So entsteht der sogenannte Arztvorbehalt. Der hat aber eine bestimmte Erwartungshaltung gegenüber dem Ärztestand zur Folge. In einigen Fällen weicht dann der Normalmaßstab, den das einfache Gesetzesrecht an den Arzt heranträgt, vom Normalmaßstab des Verfassungs- und Arztrechts ab. Der Gesetzgeber hat es sich zu einfach gemacht. Von der Systematik her stellt sich damit eine Aufgabe des ärztlichen Berufsstandes. Er müßte die Initiative ergreifen. Er müßte seine herausgebildeten Standessitten in einem entsprechenden Berufsrecht artikulieren und sich gegen solche Entwicklungen stellen.

Döpper: Im alten preußischen Landrecht, § 10 "Personen und deren Rechte", heißt es zum "Recht der Ungeborenen": "Die allgemeinen Rechte der Menschheit gebühren auch den noch ungeborenen Kindern schon von der Zeit ihrer Empfängnis." Dahinter steht eine ganz bestimmte Auffassung vom Menschen, die verbindlich war für Christen, Atheisten und wen sonst auch immer. Das war nicht irgendein anthropologischer Ansatz, von dem man womöglich ausgehen könnte, wie Sie sagten, Herr Kluth. Es mag tausend anthropologische Ansätze geben. Kommunisten haben einen. Nazis auch. Das beunruhigt mich nicht. Was mich beschäftigt, ist der Umstand, daß ein deutsches Parlament sich heute einfach eine Berufsgruppe, die Ärzteschaft, herauspicken kann und sagt: Ab sofort habt ihr nicht nur zu heilen, sondern auch zu töten. Wo bleibt der Aufstand der Ärzte, die sich dagegen wehren und sagen, das könnt ihr mit uns nicht machen? Wenn Sie da allerhand anthropologische Ansätze diskutieren, dann läuft das in Wirklichkeit doch darauf hinaus, daß ich als Arzt eben *da-*

mit und *damit* Geld verdienen kann und Standesethik so umformuliert wird, daß man allenfalls bestimmte Auswüchse ausklammert. Das ist für mich Ausdruck einer neuen Ideologie, die es rechtfertigt, Menschen zu töten, aber kein Grund, es zu tun.

Thomas: Wenn Sie die Ärzte zum Aufstand bringen wollen, müssen Sie ihnen mindestens erklären, warum diese Art Pluralismus sie entmündigt. Wenn Ärzte sich in Anspruch nehmen lassen für “Dienstleistungen”, die mit ihren inhaltlichen Vorstellungen von ihrem Beruf nichts mehr zu tun haben, dann kommt schließlich der Gesetzgeber und das Gericht und ziehen die Freiheit des Arztseins in dem Satz zusammen, daß niemand zu diesen Dienstleistungen gezwungen werden darf. Da müssen Sie dem Arzt sagen: Sieh mal, wie deine Freiheit respektiert wird: Du darfst dich verweigern. Deinem Gewissen wirst du doch wohl deine Karriere opfern, oder?

Kluth: Sie können der Meinung sein, daß das pluralistische System eine Fehlentwicklung ist. Damit ändern Sie aber nichts daran, daß die Herausbildung von Standessitten in der menschlichen Gesellschaft bestimmten Regeln unterliegt, die man nicht einfach ignorieren kann. Ich habe mich bemüht, die Wirklichkeit zu beschreiben, nach der in unserer politischen, pluralistischen Gesellschaft solche Normen entstehen und welche Probleme dabei auftreten.

Das Rechtssystem, vor allem das Verfassungsrecht, ist an sich gerade dadurch gekennzeichnet, dem Pluralismus enthobene verbindliche Normen zur Verfügung zu stellen. Es ist wichtig, sich an der Interpretation zu beteiligen, die ethische Diskussion zu führen und Grundsätze zu artikulieren. Nicht meine eigenen anthropologisch-ethischen Vorstellungen waren mein Thema, sondern die kulturellen Bedingungen des Normbildungsprozesses, in den wir Argumente einbringen sollen. Dazu hilft es nicht festzustellen, wie das im Allgemeinen Landrecht einer werthomogenen Gesellschaft geregelt war, wo es in 99 Prozent der rechtlich geregelten Lebensbereiche eine ethische Diskussion vielleicht überhaupt nicht gab. Es hilft nicht zu sagen, das war damals schöner. Wir müssen uns mit der Wirklichkeit unserer Zeit und unseres Gemeinwesens auseinandersetzen. Da muß jeder, auch der Ärztestand, seine Argumente tragfähig für gemeinsame Überzeugungen machen.

Sonnenfeld: Oft kommt es zu einer Kollision zwischen der Gesinnung des Arztes und der Gesinnung des Patienten. Das kann man nicht steuern, nicht determinieren, weil das Humane nicht berechenbar ist. Das ist auch gut so. Manchmal bin ich aber enttäuscht, wenn ich höre, was Ärzte tun, nur weil Patienten entsprechende Wünsche haben. Neulich erzählte mir der Krankenhausseelsorger einer Bonner Klinik, daß dort täglich fünf künstliche Befruchtungen stattfinden, andererseits im gleichen Hause Abtreibungen vorgenommen werden. Diese Kollision wird stillschweigend einseitig tabuisiert: der Arzt erfüllt Wünsche bestimmter Patienten oder Kunden...

Thomas: ... und es entsteht eine Rahmenbedingung für die Ärzte, die ihnen stillschweigend die Möglichkeit nimmt, überhaupt noch eine eigene anthropologische Sicht umzusetzen. Sie werden darauf festgelegt, jedesmal auf den einzugehen, der da nun kommt. Die eine sagt, ich will In-vitro-Fertilisation. Dann kommt die andere und will eine Abtreibung. Nachfragen am Service-Markt.

Schwab: Das ist die logische Folge, wenn das sogenannte Selbstbestimmungsrecht des Patienten immer vorgeht. Das klingt gut, ist aber keineswegs unproblematisch. Schon die Aufklärung ist oft problematisch. Ich denke an die Aufklärung, als meinem Mann ein Nierenstein entfernt werden sollte. Das war eine Aufklärung, bei der jeder sagt, das ist ja *so* gefährlich, das lasse ich nicht machen. Wenn es um eine Abtreibung geht, erfolgt die Aufklärung so nicht, weil die Schwangere sie nicht haben will. Es wird Rücksicht genommen. Die Rücksichtnahme besteht in weniger Aufklärung. Die Aufklärungspflicht vor Operationen hat zur Konsequenz, daß der Patient, wenn der Arzt nicht aufgeklärt hat und etwas daneben geht, ihn verklagen kann. Da tickt eine Zeitbombe für die Ärzte: Wenn die Frau durch die Abtreibung einen körperlichen oder seelischen Schaden davonträgt, kann sie sagen, der Arzt habe sie nicht aufgeklärt. Hätte er ihr das vorher gesagt, hätte sie das nie machen lassen. Folglich könne sie ihn verklagen.

Kluth: Für seelische Schäden im Gefolge einer Abtreibung gibt es, da kein Vermögensschaden entsteht, keinen Schadenersatz. Wird umgekehrt das Kind - wider Willen - geboren, dann hat man einen vermögenswerten Schaden im erhöhten Unterhalt.

Schwab: Es gibt auch körperliche Schäden nach der Abtreibung. Dafür gibt es auch Schadenersatzansprüche.

Kluth: Da muß aber dem Arzt ein Verschulden nachgewiesen werden. Wenn er berufsgerecht gehandelt hat, gibt es nichts.

Schwab: Wenn der Arzt nicht aufgeklärt hat, und es tritt - auch ohne einen Fehler des Arztes - ein Schaden ein, kann die Patientin klagen.

Kluth: Aufklärung ist natürlich Voraussetzung.

Döpper: Wenn das Verhältnis Arzt/Patient von vornherein durch Haftungsfragen bestimmt wird, ist etwas falsch.

Thomas: Dieses System einseitiger "Patientenautonomie" sieht tatsächlich am Anfang sehr verlockend aus, geht aber meines Erachtens auf die Dauer nicht auf. Selbstverständlich hat es in der Ärzteschaft immer einige gegeben, die wie Diktatoren sich überhaupt nicht darum gekümmert haben, was ihre Patienten denken und einfach drauflos gehandelt haben. Jetzt wird so getan, als sei das Diktat des Arztes, der sich überhaupt nicht darum kümmert, was der Patient empfindet, denkt, will, das typisch Patriarchalische der hippokratischen Ethik. Zuerst wird ein Schwarz-Weiß-Bild gemalt, dann das Prinzip zu Tode geritten. Nun feiert man die Autonomie des Patienten, der sich endlich emanzipiert hat und nun auch sagen darf, was er will - was er natürlich früher auch schon getan hat. Weil man dies jetzt übertreibt, hat der Arzt nichts mehr zu sagen. Patientenautonomie versus Arztautonomie. Das geht schon deshalb nicht auf, weil es eine Vielzahl von Patienten gibt, die im Ernstfall diese Aufklärung und Selbstbestimmung gar nicht verkraften können und damit überfordert sind.

Schwab: Interessanterweise ist es so, daß zunehmend Patienten bei vollkommen richtiger Behandlung klagen und vermuten, es sei etwas falsch. Wenn der Arzt tatsächlich einen Kunstfehler gemacht hat, wird das meist überhaupt nicht registriert. Um einen Kunstfehler auszumachen, fehlt schlicht die Einsicht und das Wissen.

Beatriz Mertz-Echauri: Bei jedem Gespräch zwischen Arzt und Patient, in dem es um Aufklärung und Einwilligung zu Maßnahmen geht, projiziert der Arzt unweigerlich sein eigenes Unbehagen oder seine eigenen Wünsche im Sinne der Werbung für eine bestimmte von ihm gewünschte Therapie. Kommt das vom Patienten nicht gleich so zurück, wird nachgeholfen je nach dem Wunschdruck von ihm. So kommt dann eine 29jährige, die gerade ein halbes Jahr verheiratet ist, in der Klinik an, überwiesen zur In-vitro-Fertilisation, nicht etwa zur Prüfung, ob ..., sondern mit der Empfehlung, daß ... Andererseits wollen die Patienten das, was sie selbst nicht möchten, auch gar nicht erst erklärt bekommen. Da ist vor dem Gespräch die Türe schon zu.

Gödde: Hier bei uns in Deutschland, wo es Ärzte genug gibt, gehen Patienten entweder, zumal wenn sie eine akute Erkrankung haben, zu dem Arzt, zu dem sie immer gehen, weil sie ihm vertrauen oder gar nicht über andere Möglichkeiten nachdenken, oder sie wollen kritischer sein, sich eine eigene Vorstellung bilden und beraten sich erst einmal mit ihrem Umfeld, wo sie einen Arzt finden, der auch das tut, was sie gerne haben möchten, wie sie auch zu dem Friseur gehen, der ihnen empfohlen wird. Wenn sie dann bei einem landen, der ihnen nicht nach dem Mund redet und nicht willfährig ist, dann nehmen sie halt ihren Krankenschein und gehen zum nächsten Doktor. Insofern sind Konfliktsituationen ja eigentlich Ausnahmefälle.

Ich zweifle auch, daß die Voraussetzung dafür, "ärztliches Handeln" ganz auf eine Zielrichtung wie Heilen festzulegen, noch gegeben ist. Wenn man sich die Berufsordnung anschaut und auch die Praktiken der Ärztekammern, zum Beispiel bei der Festlegung des Kammerbeitrages, dann gilt als ärztliches Handeln alles, was auf dem erlernten medizinischen Wissen beruht, egal, wo man es anwendet.

Thomas: Am Arzneimittelgesetz läßt sich übrigens geradezu mit Datum aufzeigen, wann sich hier ein solcher Selbstverständniswandel durchgesetzt hat. § 2 AMG definiert in fünf Punkten, was ein Medikament ist. Die ersten vier Punkte nennen eindeutig und ausschließlich diagnostische, therapeutische, prothetische Verwendungen. Ziff. 5 fügt - ganz neutral - Mittel hinzu, um "die Beschaffenheit, den Zustand oder die Funktionen des Körpers oder der seelischen Zustände zu beeinflussen". Ziff. 5 entstammt der zweiten Novellierung des Gesetzes vom 16.8.1986 (BGBL I S. 2089).

Schwab: Die Dinge sind aber auch oft schwer zu durchschauen. Vermutlich bleibt ein Aufstand der Ärzte auch deswegen aus, weil sie zum einen auch Kinder ihrer Zeit sind, und zum anderen nie gelernt haben, ein Unbehagen auf den Punkt zu bringen und öffentlich zu formulieren.

Thomas: Eben deshalb könnte es durchaus sein, daß die veröffentlichte Meinung der Ärzteschaft nicht sehr repräsentativ ist. Ein Mitarbeiter unseres Instituts hat im Deutschen Ärzteblatt einen wertbetonten theoretischen Aufsatz zur medizinischen Ethik publiziert. Das Deutsche Ärzteblatt hat, um auch der anderen Meinung Gehör zu verschaffen, drei oder vier ablehnende Leserbriefe dazu abgedruckt. Daß es sich dabei um eine Auswahl aus etwa hundert Zuschriften handelte, von denen rund neunzig zustimmten, erfahren die Leser natürlich nicht.

Schwab: Es ist heute ein so komplexes Gebiet. Wenn man sich damit beschäftigen will, braucht man sehr viel Zeit. Wer hat die schon? Ich kann nur aus meiner Erfahrung sprechen. Zusammen mit einigen Kolleginnen habe ich Ärzte mobilisieren wollen, die auf unsere Standesvertretung einwirken. Das geht nur, wenn es viele sind. Bei mündlicher Kontaktaufnahme wurde mir allenthalben gesagt, wie phantastisch die Initiative sei. Man müsse unbedingt etwas tun. Als es dann darum ging, sich tatsächlich dahinterzustellen, was das Ergebnis erschütternd spärlich.

Kluth: Das ist an sich nicht so schlimm. In der Demokratie insgesamt geht die eigentliche Meinungsbildung von wenigen aus. Die Positionen müssen nur ausdauernd vertreten werden. Es gibt immer gewisse Strömungen, sowohl Haupt- wie Nebenströmungen, es gibt aber auch Trendwechsel. Wann sich etwas umkehrt, kann man nicht im voraus bestimmen.

Zwar ist der Begriff der Heilung zunächst, was die Tätigkeit des Arztes ausmacht, unumstritten. Auf den ganzen Bereich ärztlicher Tätigkeiten hatte der Begriff der Heilung nach der klassischen Situation eine sowohl begrenzende wie auch legitimierende Wirkung. Damals, solange das der Fall war, war der Beruf des Arztes oder der Begriff der ärztlichen Tätigkeit damit abschließend umschrieben. Damit sind auch heute gewiß noch 99 Prozent der ärztlichen Tätigkeit erfaßt. Nur zu sagen, da früher der Arzt nur geheilt hat, soll und wird er auch weiterhin nur heilen und alles, was darüber hinaus geht, fällt außerhalb seiner Zuständigkeit, wäre zwar eine formal mögliche Argumentation. Aber sie würde den Problemen nicht gerecht werden. Sie gibt auch keine inhaltlich zutreffende Antwort auf die Situation, die wir haben, daß nämlich der Staat für andere Maßnahmen den Ärztestand in Anspruch nimmt.

Ob der Staat die Ärzte dafür in Anspruch nehmen darf und in welcher Weise, das ist gerade das Problem, mit dem wir es zu tun haben. Jeder Fall ist auf seine Legitimation zu prüfen. Es genügt nicht, die formalen Kriterien des Heilens zu beschwören, um das eine zu befürworten, und das andere, vielleicht eine Fehlentwicklung, abzulehnen. Damit lassen sich weder der legitime Umfang ärztlicher Tätigkeit beschreiben noch alle Probleme medizinischen Einsatzes lösen. Auch die klassisch-formale Einschränkung der ärztlichen Berufstätigkeit ruhte auf Erfahrungswerten, die eine innere Rechtfertigung trugen und brachten nicht nur Ablehnung von Überschreitungen dieser Grenze zum Ausdruck. Die Gentherapie zum Beispiel verspricht durchaus auch positive Effekte, die aber den formalen Begriff des Heilens im klassischen Sinne in Schwierigkeiten bringen.

Markus von Lutterotti

Der Arzt und das Tötungsverbot

Im Jahre 1931 hielt Dr. Killick Millard in London eine Ansprache als Vorsitzender der Society of Medical Officers of Health, in der er behauptete, daß eine ungeheure Zahl von Menschen dazu verdammt sei, ihr Erdendasein in einer schleichenden, schmerzhaften und häufig qualvollen Todesart zu beschließen. Er forderte die Legalisierung des freiwilligen Gnadentodes für diejenigen erwachsenen Personen, die "an einer unheilbaren, tödlich verlaufenden und schmerzhaften Krankheit" litten.[1] Diese Ansprache fand große Zustimmung, und so gründete Dr. Millard im folgenden Jahr eine Gesellschaft für freiwillige Euthanasie (Voluntary Euthanasia Society), die sich zum Ziel setzte, "eine positive öffentliche Meinung zu Gunsten der Auffassung zu schaffen, daß eine erwachsene Person, die an einer tödlichen Krankheit leidet, für die keine Aussicht auf Heilung besteht, von Rechts wegen einen Anspruch auf einen schmerzlosen Tod haben sollte, wenn dies ihr ausdrücklicher Wunsch ist, und eine entsprechende Gesetzgebung zu fordern". 1936 und 1969 wurden entsprechende Gesetzesentwürfe eingebracht, die jedoch abgelehnt wurden.

Im Jahre 1931 scheint also die Geburtsstunde jener Diskussion um die freiwillige Euthanasie, wie sie in den angelsächsischen Ländern genannt wird, gewesen zu sein, einer Diskussion, die seither nicht abgerissen ist. Der Begriff "Eu-

[1] C.K. MILLARD, *Euthanasia*, London 1931.

thanasie" wird im nachfolgenden so verwendet, wie er in den angelsächsischen und vielen außerdeutschen Ländern üblich ist: "Euthanasie" wird generell im Sinne von aktiver Sterbehilfe verwendet, "freiwillige Euthanasie" ist die Tötung auf Verlangen und "unfreiwillige Euthanasie" die Tötung eines Kranken ohne dessen Wissen oder Willen. Euthanasiegesellschaften wurden später in einer Reihe von Ländern gegründet, in Deutschland als Deutsche Gesellschaft für humanes Sterben (DGHS). Die von ihnen angestrebte Legalisierung der Tötung auf Verlangen, unter welchen Kautelen auch immer, ist jedoch bisher noch in keinem Lande gelungen.

Demgegenüber zeigten Umfragen in den letzten Jahren eine zunehmende Befürwortung der Tötung auf Verlangen im Falle schwerer oder unheilbarer Krankheit.[2] Am 2.11.1987 berichtete die Frankfurter Allgemeine Zeitung über eine Umfrage, bei der sich fast 80 Prozent der Befragten dafür aussprachen, daß es dem Arzt erlaubt sein sollte, einem schwerkranken Patienten auf dessen ausdrücklichen Wunsch ein todbringendes Mittel zu geben.

Zu den Motiven und Begründungen dieser Einstellung läßt sich natürlich manches sagen. Motive liegen in erster Linie sicher in Angst vor Schmerzen und Leiden und in der Sorge, durch die modernen Medizintechniken an einem menschenwürdigen Sterben gehindert zu werden. Als Begründung dient das Selbstbestimmungsrecht des Menschen. Diese Überzeugung von der weitgehenden Autonomie des einzelnen erklärt sich auch aus dem Wertepluralismus der Gesellschaft, der natürlich ein experimentum medietatis zur Folge hat, wie Augustinus den Versuch des Menschen nennt, sich selbst als Mittelpunkt zu setzen. Wenn ärztliche Ethik aber weiterhin deontologisch bestimmt sein will, muß sie sich um eine allgemein annehmbare Begründung bemühen.

[2] P. SPORKEN, *Darf die Medizin, was sie kann?*, 1971, 207; R. LAMERTON, *Sterbenden Freund sein*, 1991, 104 ff.

Da die meisten medizinisch-ethischen Konflikte solche über das Tötungsverbot sind, ist es nicht verwunderlich, daß die verschiedenen Aspekte dieses Verbots Inhalt neuerer philosophischer Überlegungen sind. Es geht im Grunde um eine Kontroverse zwischen einer *deontologischen* und einer *konsequentialistischen* Ethik. Die Richtlinien der meisten Ärztegesellschaften fußen auf dem prinzipiellen Tötungsverbot einer deontologischen Ethik, die neben dem Rollenverständnis des Arztes letztlich durch das biblische fünfte Gebot begründet ist. Für viele aktuelle philosophische Überlegungen, wie sie vor allem in den angelsächsischen Ländern stattfinden, seien Peter Singer[3] und Helga Kuhse[4] beispielhaft erwähnt. Beide sehen, wohl zu Recht, die Wurzeln unserer bisherigen deontologischen Ethik in theologischen oder quasi-theologischen Voraussetzungen, die nach ihrer Überzeugung außerhalb dieses Rahmens wenig sinnvoll wären. Sehr viele ihrer Ausführungen beziehen sich auf Probleme zu Beginn des Lebens, die im Vorliegenden jedoch nicht diskutiert werden sollen; hier soll es nur um die Probleme von Euthanasie am Lebensende gehen. Singer führt zwar zu Recht aus, daß es in jeder uns bekannten Gesellschaft Tötungsverbote gegeben habe und daß vermutlich keine Gesellschaft überleben könne, wenn sie ihren Mitgliedern erlaube, einander uneingeschränkt zu töten; weitere Konsequenzen wurden daraus allerdings nicht gezogen. Da er, und noch ausgeprägter Helga Kuhse, das Prinzip einer absoluten *Heiligkeit des Lebens* ablehnen, kommen sie zu einer konsequentialistischen Ethik, die sich folgerichtig nicht, wie eine deontologische Ethik, an den *Absichten* des Handelnden, sondern vielmehr an den *Folgen* einer

[3] P. SINGER, *Praktische Ethik,* 1984.

[4] H. KUHSE, *The Sanctity-of-Life Doctrine in Medicine. A Critique*, Oxford University Press 1987. Dies.: *Warum Fragen der aktiven und passiven Euthanasie auch in Deutschland unvermeidlich sind*, DÄBl. 87, 1990, C-783. Dies.: *Die Lehre von der Heiligkeit des Lebens*, in: A. Leist (Hrsg.), Um Leben und Tod, (1990), 75 ff.

Handlung orientiert. Bei gleichen Folgen werden auch die dazu führenden Handlungen gleich gewertet.

Im Gegensatz zum klassischen Utilitarismus etwa eines John Stuart Mill, der Handlungen nach ihrer Tendenz zur Maximierung von Lust und Minimierung von Leid beurteilt, wird ein Präferenz-Utilitarismus eingeführt, der Handlungen danach beurteilt, inwieweit sie mit den Präferenzen, also den Interessen der von den Handlungen Betroffenen oder ihren Konsequenzen übereinstimmen. Es geht dabei primär um die *Interessen des einzelnen*, jeweils betroffenen Individuums und weniger um die Interessen der Gemeinschaft. Üblicherweise besteht das Interesse des Menschen darin, am Leben zu bleiben. Aber wenn nun ein Mensch, etwa bei einer unheilbaren Krankheit, sehr leiden müsse, so könne es in seinem Interesse liegen, dieses Leiden und ein Leben, das für ihn keine Qualität mehr habe, durch einen raschen Tod zu beenden. Falls aber rational handelnde Personen autonom entscheiden, daß sie sterben wollen, dann müsse uns der Respekt vor der Autonomie dazu veranlassen, ihnen zu dieser Entscheidung zu verhelfen. Wenn es nun moralisch zulässig ist, einen Patienten auf dessen ausdrücklichen Wunsch durch Entzug lebenserhaltender Maßnahmen, wie das Abschalten eines Respirators, sterben zu lassen, warum solle es dann moralisch verboten sein, einem solchen Patienten auf dessen eigenen Wunsch direkte und aktive Euthanasie zu gewähren. Kuhse fragt dann weiter, ob ein Arzt, der einen Patienten willentlich sterben lasse, also passive Sterbehilfe ausübe (und damit, wie sie meint, auch den Tod des Patienten beabsichtige), nicht genauso verantwortlich für dessen Tod sei wie ein Arzt, der dem Patienten eine tödliche Spritze gebe. Zu diesen etwas kurzschlüssigen Überlegungen wäre folgendes zu sagen: Bei der "passiven" Sterbehilfe (bzw. Euthanasie) beabsichtigt der Arzt den Tod des Patienten keineswegs, sehr oft wäre es ihm vielmehr lieber, er stürbe nicht. Aber der Arzt steht vor der Unmöglichkeit, den unausweichlichen Tod zu verhindern, er kann ihn höchstens (oft auf Kosten der Menschenwürde) verzögern; darauf eben will er verzichten. Er ist also nicht für den Tod an sich verantwortlich, sondern allenfalls dafür, daß dieser etwas früher eintritt. Auch für das Selbstverständnis des Arztes macht es im übrigen einen bedeutenden Unterschied, ob er den Tod nur geschehen läßt (weil er ihn sowieso nicht verhindern, sondern nur verzögern kann) oder ob er bewußt tötet. Dies darf nicht übersehen werden.

Für die Legalisierung der freiwilligen Euthanasie ließen sich nach Singer eher technische Schwierigkeiten erkennen als Einwände gegen die zu Grunde liegenden ethischen Prinzipien. Bei Anwendung entsprechender Kautelen, etwa Diagnose durch zwei Ärzte, eine entsprechende Frist, unabhängige Zeugen usw., sieht Singer offenbar keine Mißbrauchsgefahr. Er hält solche Einwände für ziemlich weit hergeholt. Allerdings lassen vor allem auch die Ausführungen von H. Kuhse (1990) erkennen, und dies scheint ein kritischer Punkt, daß die Wahrnehmung der berechtigten Interessen des Patienten bei ungenügender Entscheidungsfähigkeit (oder in diesem Falle auch bei Vorhandensein eines sogenannten Patiententestaments) wohl auch ohne dessen ausdrückliche Zustimmung durch die Beurteilung und Entscheidung des Arztes vorgenommen werden könne.

Es ging im Vorliegenden nur um eine kurze Darstellung der Positionen. Beiträge weiterer Philosophen, die in Abwandlungen etwa in der gleichen Richtung argumentieren, finden sich in unlängst erschienenen Sammelbänden[5], auf die hier verwiesen sei. Hinzuweisen ist auch auf eine Arbeit Birnbachers[6], der sich mit den Thesen Singers systematisch auseinandersetzt.

Eine etwas unterschiedliche Stellung in der angelsächsischen Philosophie-Diskussion nimmt Philippa Foot ein[7]. Sie argumentiert weniger mit dem oder gegen das Prinzip der

[5] H.-M. SASS (Hrsg.), *Medizin und Ethik,* 1989; A. Leist (Hrsg.), Um Leben und Tod, 1990; H.- H. ATROTT / H. POHLMEIER (Hrsg.), *Sterbehilfe in der Gegenwart*, 1990.

[6] D. BIRNBACHER, *Utilitaristische Ethik und Tötungsverbot. Zu P. Singers "Praktische Ethik"*, Analyse & Kritik [12]1990, 205-218.

[7] Ph. FOOT, *Euthanasie*, in: A. Leist (Hrsg.), Um Leben und Tod, 1990, 285 ff.

Heiligkeit des Lebens, sondern mit dem *Lebensrecht* des Menschen. Sie meint, wenn der Mensch selber auf dieses Recht verzichte, wie bei der freiwilligen Euthanasie, würde ja kein Recht dieses Menschen beeinträchtigt, falls man einem solchen Menschen erlaube, zu sterben, oder ihn sogar auf seinen eigenen Wunsch hin töte. Euthanasie führe ja in diesem Falle den Tod des Menschen zu dessen Gunsten herbei, also in seinem Interesse. So müßte eigentlich auch die Nächstenliebe dafür sprechen. Eine nicht freiwillige Euthanasie sieht sie allerdings durch das Lebensrecht ausgeschlossen. Sie diskutiert weiter die Möglichkeit, die "echte" Euthanasie, die nicht gegen die Erfordernisse von Gerechtigkeit und Nächstenliebe verstoße, zu legalisieren.

Ausdrücklich erörtert sie jedoch die Möglichkeit des Mißbrauchs, die nach ihr doch ein ernstes Problem darstellt. So ist sie gegen umfassendere Praktiken von Euthanasie immerhin skeptisch und meint, es könne von größter Bedeutung sein, eine psychologische Barriere gegenüber dem Töten aufrecht zu erhalten, denn auch Ärzte würden allgemein einen besonderen Widerwillen gegenüber der Vorstellung einer Todesinjektion verspüren.

Ärztliche Verlautbarungen zur Sterbehilfe

Die Verlautbarungen der Ärztevereinigungen in den meisten westlichen Ländern, abgesehen von Holland, sprechen sich ausdrücklich gegen die aktive Sterbehilfe aus.[8] So heißt es in den Verlautbarungen des 84. Deutschen Ärztetages 1981 wörtlich: "Mit aller Entschiedenheit wendet sich der 84. Deutsche Ärztetag gegen die von der Deutschen Gesellschaft für humanes Sterben geforderte gesetzliche Zulassung eines sogenannten Gnadentodes.

[8] *Richtlinien der Bundesärztekammer für die Sterbehilfe (1979)*, DÄBl. 76 +(1979), 957-960; K. M. v. LUTTEROTTI, *Ärztliche Handlungsanleitungen im Grenzbereich von Leben und Tod in strafrechtlicher Sicht,* Diss. jur., Freiburg 1990.

(...) Die Beteiligung am Gnadentod bedeutet für den betroffenen Arzt die aktive Teilnahme bei der Hilfe zum Sterben, also die aktive Tötung eines Menschen. Dies kann und darf nicht zu einer ärztlichen Aufgabe erklärt werden."

Diese Aussage, mit der die grundsätzliche Haltung der meisten Richtlinien wiedergegeben wird, basiert auf einer deontologischen Auffassung der Ethik, nämlich der Voraussetzung einer prinzipiellen Unverfügbarkeit des Lebens. Konsequent wird dann auch das Hauptgewicht auf die Absichten des Handelnden gelegt, und damit auch auf die Unterscheidung zwischen aktiver und passiver Sterbehilfe. Dadurch unterscheiden sich die Verlautbarungen der meisten Ärztegesellschaften von den angeführten Überlegungen angelsächsischer Bioethiker und Philosophen, die als konsequentialistische Ethiker die Position der Quality of Life gegen die These der Sanctity of Life einnehmen. Während die Vertreter der Sanctity of Life im Leben einen absoluten Wert sehen, das deshalb unantastbar und prinzipiell zu schützen sei, unabhängig von Teilqualitäten, sehen die Vertreter der Quality of Life-Position das Leben durch Addition von Teilqualitäten definiert und je nach deren Summe auch als disponibel an.

Wie eine Diskussion im Deutschen Ärzteblatt zu dem Artikel von H. Kuhse[9] gezeigt hat, stehen sich die beiden Positionen, jedenfalls von der Antwort der Ärzte aus gesehen, bislang betont emotional gegenüber. Der deontologische Standpunkt, der auch aus Tradition von der Mehrheit der Ärzte eingenommen wird, gründet allerdings nicht zuletzt, wie es Hoerster[10] für die juristische Position angemerkt hat, auf einer oft unreflektierten Übernahme metaphysisch-religiöser Voraussetzungen, die freilich heute als solche nur mehr sehr beschränkt durchsetzbar sind. Die Unsicherheit wird deutlich, sobald erst einmal begonnen wird, die metaphysischen Vor-

[9] *Warum Diskussion der aktiven und passiven Euthanasie auch in Deutschland unvermeidlich ist. Zu dem Beitrag von Dr. phil. Helga Kuhse,* in: Heft 16/1990, DÄBl. 87 (1990), 2696 ff., und 87 (1990), 2792 ff.

[10] N. HOERSTER, *Tötungsverbot und Sterbehilfe,* in: H.-M. Sass (Hrsg.), Medizin und Ethik, 1989, 55 ff.

aussetzungen einer Gesinnungsethik in Frage zu stellen; dies gilt für die Medizin wie für das Recht. Es war also nur folgerichtig, wenn Helga Kuhse ihrem Artikel im Deutschen Ärzteblatt[11] die Überschrift gab: "Warum Fragen der aktiven und passiven Euthanasie auch in Deutschland unvermeidlich sind."

Das Recht und die Euthanasie

Die Einstellung des Rechts ist an sich eindeutig, Tötung auf Verlangen wird in Deutschland durch § 216 StGB bestraft. In keinem der westlichen Länder hat der Gesetzgeber bisher das Tötungsverbot gelockert.[12]

Die ethischen Voraussetzungen des Tötungsverbotes werden aber nun von Hoerster[13] zur Diskussion gestellt. Obwohl die Unverfügbarkeit des Lebens auf religiösen Prämissen beruhe, werde eine derartige Form der Begründung in der gegenwärtigen deutschen Rechtswissenschaft nur selten ausdrücklich vertreten, was aber nicht bedeute, daß sie nicht zahlreichen Argumenten uneingestanden zu Grunde liege. Da aber bei der heutigen Pluralität der Meinungen eine religiöse Begründung nicht allgemein durchzusetzen sei, das menschliche Leben aber doch prinzipiell mit Rechtsmitteln zu schützen sei, müsse nach anderen Argumenten gesucht werden. Eine Begründung müsse daher auf rational-individualistischem Wege, ohne Rekurs auf anfechtbare, metaphysische oder religiöse Voraussetzungen, gesucht werden.

So gesehen sei die Unverfügbarkeit des menschlichen Lebens kein dem Menschengeschlecht absolut vorgegebener Wert, sondern eine im Interesse menschlicher Individuen existierende *soziale Errungenschaft*. Von diesem pragmatischen Ansatz aus aber lasse sich ohne weiteres plausibel

[11] S. Anm. 4.
[12] S. Seite 224, Anm. 3.
[13] S. Anm. 10.

machen, daß diese Unverfügbarkeit nicht unbedingt und ausnahmslos zu gelten brauche. So wenig wie die Unverfügbarkeit des Lebens sei aber auch das Selbstbestimmungsrecht des einzelnen eine a priori vorgegebene normative Größe, müsse vielmehr als Basis einer interessenorientierten Sichtweise erst begründet und in seinem Umfang bestimmt werden.

Die Sterbehilfe stelle einen Sonderfall dar, falls folgende Voraussetzungen erfüllt würden: "Der Betreffende leidet an einer unheilbaren Krankheit, die das weitere Leben für ihn wertlos macht." In einem solchen Fall entspreche es nicht dem Interesse des Menschen, ein Leben, das nur Leiden bringe, weiterzuführen. Hoerster betont, daß es selbstverständlich so etwas wie lebensunwertes Leben gebe, wenn dies vom Wertungsstandpunkt jenes Menschen aus entschieden werde, dem dieses Leben gehöre. Fremdinteressen wie Rasse, soziale Nützlichkeit müßten selbstverständlich ausscheiden. Der Lebenswert eines anderen Lebens könne aber auch durch eine allgemein geteilte, also intersubjektive Einschätzung in hohem Maße mitbestimmt werden. So meint er, es ließe sich nach all dem sehr gut rechtfertigen, für die Fallgruppe "lebensunwertes Leben wegen unheilbarer Krankheit" im Interesse des Individuums eine Ausnahme von dem allgemeinen Tötungsverbot zuzulassen. Von dem vertretenen individuellen Interessenstandpunkt aus könne eine Sterbehilfe aber nur dann als gerechtfertigt gelten, wenn der Betreffende selbst in die Tötung einwillige. - Hierzu eine Bemerkung: wenn schon, sollte man statt "einwilligt" besser "verlangt" sagen. "Einwilligung" setzt nämlich ein Befragen voraus, ein bei einem Schwerkranken oder Sterbenden doch recht brutales Vorgehen.

Da das Tötungsverbot nach Hoerster nur auf einer sozialen Errungenschaft im Interesse des Individuums gründe, könne es konsequenterweise auch bei einem überwiegenden Interesse des Individuums aufgehoben werden. So schlägt er folgende Neufassung des § 216 StGB vor:

"*§ 216 Tötung mit Einwilligung*

1) Die Einwilligung des Betroffenen schließt die Rechtswidrigkeit der Tötung nicht aus, es sei denn, daß wegen einer unheil-

baren Krankheit des Betroffenen ein Weiterleben seinem Interesse widerspricht und daß die Tötung von einem Arzt vorgenommen wird." Die Absätze 2 und 3 entsprechen im wesentlichen den bisherigen Absätzen 1 und 2.

Im Vergleich dazu lautet der Vorschlag des AE-Sterbehilfe[14] zu § 216 StGB in einem neuen Abs. 2: "Das Gericht kann unter den Voraussetzungen des Abs. 1 von Strafe absehen, wenn die Tötung der Beendigung eines schwersten, vom Betroffenen nicht mehr zu ertragenden Leidenszustandes dient, der nicht durch andere Maßnahmen behoben oder gelindert werden kann." - Damit sind, wie auch aus der Begründung deutlich wird, aber nur jene extrem seltenen Fälle gemeint, in denen ärztliche Hilfe nicht verfügbar ist und keine andere Möglichkeit zur Linderung schwerster, nicht mehr zu ertragender Leiden besteht. Ärzte würden daher von Abs. 2 in aller Regel nicht betroffen sein, da sie so gut wie immer helfen können, wenn sie dies ernstlich wollen.

Die Einwände gegen eine Freigabe der aktiven Sterbehilfe sieht Hoerster in der Annahme eines möglichen Dammbruchs, bezweifelt aber, ob solche Gefahren real zu erwarten seien. Auch in Ländern, die eine liberalere Haltung zur Sterbehilfe praktizieren als die Bundesrepublik, seien bisher keinerlei Anzeichen für einen Dammbruch des generellen Lebensschutzes zu erkennen. Nun, was es mit dieser optimistischen Annahme auf sich hat, wird anschließend zu erläutern sein.

Die holländische Praxis

Im Vergleich zu den meisten übrigen Staaten nimmt Holland derzeit in der Praxis der Euthanasie eine Sonderstellung ein.[15] Die

[14] Alternativentwurf eines Gesetzes über Sterbehilfe (AE-Sterbehilfe), Entwurf eines Arbeitskreises von Professoren des Strafrechts und der Medizin sowie ihrer Mitarbeiter, 1986.

[15] I. v. BRAUCHITSCH, *Euthanasie und Recht - die Entwicklung in den Niederlanden,* Wien, Med.Wschr. Nr. 21/22, 1990, Diskussionsforum Medizinische Ethik Nr. 5/Nov. 1990, E 4.

Akzeptanz der freiwilligen Euthanasie läßt dort eine deutliche Zunahme erkennen; so waren 1985 bei einer Umfrage 70 Prozent und 1986 bereits 76 Prozent der Holländer mit aktiver Euthanasie einverstanden, was von den Medien als Votum für die menschliche Freiheit ausgelegt wurde. Auf Grund von Stichproben wird geschätzt, daß es in den Niederlanden jährlich 10000 bis 12000 Fälle von aktiver Sterbehilfe gibt. Schon seit längerer Zeit verzichten die niederländischen Staatsanwälte und Richter (auf Grund des Opportunitätsprinzips) auf eine Strafverfolgung des Arztes, wenn sich bei der Überprüfung des Falles ergibt, daß gewisse Sorgfaltsregeln beachtet worden waren. Zu diesen Regeln gehört unter anderem das Vorliegen einer schriftlichen Einverständniserklärung des Patienten - also das Prinzip der Freiwilligkeit -, Gespräche mit dem Patienten und das Hinzuziehen eines zweiten Arztes bei der Beurteilung des Falles.

Zu weiteren Regeln, die sich auf Grund verschiedener Gerichtsentscheidungen in den letzten Jahren herausgebildet haben, gehört: daß es sich um einen unheilbar Kranken oder um eine aussichtslose Notsituation handelt; oder um schwere und länger dauernde Leiden, um körperlich und psychisch unerträglich schwere Leiden; oder um das Herannahen des Todes oder um eine nicht rückgängig zu machende Sterbephase. Folgerichtig empfiehlt die KNMG (Königlich-Niederländische-Medizin-Gesellschaft) auch, nicht mehr zwischen aktiver und passiver Euthanasie zu unterscheiden, sondern nur noch von "Euthanasie" zu sprechen. Ein Arzt, der Euthanasie betreibt, könnte sich in allen den erwähnten Situationen rechtfertigen. Die Euthanasie würde dann als ein "objektiv notwendiges menschliches Handeln" angesehen. In sechs der neunzehn niederländischen Gerichtsbezirken haben die Justizbehörden mittlerweile ein offizielles Meldesystem über Fälle von Euthanasie vereinbart. Dies bedeutet, daß der Arzt auf den Totenschein nicht mehr länger "Herzversagen" oder eine andere Scheindiagnose zu schreiben braucht, sondern als Todesursache ganz einfach "Euthanasie" angeben darf.

Das Bestreben der KNMG richtet sich aber nicht nur auf die praktische Zulassung der Euthanasie, sondern möglichst auch auf deren gesetzliche Verankerung. Unter der Überschrift: "Königliche Botschaft an die zweite Kammer - Regelung der Hilfeleistung durch einen Arzt" ist der Gesetzesentwurf in der zweiten Kammer eingegangen. Dort wurde die Entscheidung allerdings vertagt, und man vergab zunächst einen Forschungsauftrag. Der Gesetzesentwurf sieht einen Zusatz zum bisherigen § 293 des niederländischen StGB vor, dessen bisher vorgesehene Höchststrafe von zwölf auf höchstens viereinhalb Jahre reduziert werden soll. Weiterhin sollen zwei neue Artikel hinzugefügt werden, in denen sinngemäß bestimmt wird: a) Nicht zur Tötung auf Verlangen soll gehören: das Unterlassen von medizinischer Behandlung auf Wunsch des Patienten, das Unterlassen einer medizinisch sinnlosen Behandlung sowie das, was in Deutschland als indirekte Sterbehilfe bezeichnet wird. b) Der andere Artikel soll lauten: "Unter Berücksichtigung der Verantwortlichkeit gemäß dem Strafgesetz muß der Arzt, der auf das ausdrückliche und ernstliche Verlangen eines Patienten zur Lebensbeendigung eingeht, die Erfordernisse sorgfältiger medizinischer Behandlung beachten."[16]

Zu diesen Erfordernissen gehören die genaue Information des Patienten, die Prüfung des Arztes, ob der Patient seine nächste Umgebung in die Beschlußfassung einbeziehen will, und daß der Arzt nach sorgfältiger Prüfung aller Umstände zur Überzeugung kommt, daß der Patient in seinem Wunsch nach Lebensbeendigung freiwillig und nach sorgfältiger Überlegung handelt. Der ganze Vorgang soll schriftlich genau dokumentiert werden.

Das Interesse des Patienten

Ein Grundsatz ärztlichen Handelns lautet, daß der Arzt das beste Interesse seines Patienten wahrzunehmen habe. Hierin herrscht durchaus Übereinstimmung mit den angeführten Aussagen einer utilitaristischen Ethik. Die Unterschiede liegen in den theoreti-

[16] S. Seite 224, Anm. 3.

schen Annahmen über das Patienteninteresse und den ärztlichen Erfahrungen darüber.

Das Interesse eines Patienten ist auf Verschiedenes gerichtet: auf eine ärztlich und pflegerisch möglichst gute und erfolgreiche Behandlung, auf Linderung von Schmerzen und Leiden, auf die Wahrung von Menschenwürde und Selbstbestimmungsrecht; aber nicht zuletzt hat der Patient, wie jeder Mensch, in der Regel ein Interesse daran, am Leben zu bleiben. Die angeführte Richtung der zeitgenössischen Philosophie nimmt nun auf Grund theoretischer Überlegungen an, daß Menschen mit unheilbarer Krankheit, bei schweren Schmerzen und Leiden, mit einer in Kürze tödlich endenden Krankheit, mit anderen Worten: immer dann, wenn ein Leben nicht mehr lebenswert sei, ein Interesse daran haben könnten, die Leiden durch Herbeiführung des Todes zu beenden. Der Arzt sollte diesen Wunsch dann in Respektierung des Selbstbestimmungsrechts und aus Mitleid, wenn man will aus Nächstenliebe, erfüllen.

Zuerst ist zu sagen, daß es derartige Situationen, wenn auch äußerst selten, geben kann. Ärzte allerdings sind fast nie davon betroffen, da diesen immer vielerlei Hilfe möglich ist. In der Literatur wird oft das bekannte Beispiel des schwedischen Lastwagenfahrers angeführt[17], der in einsamer Gegend nach einem Unfall im brennenden Auto rettungslos eingeklemmt war und langsam von den Beinen an verbrannte. Er flehte den unverletzt gebliebenen Beifahrer an, ihn zu erschlagen, was dieser auch tat. Von der Staatsanwaltschaft wurde keine Anklage erhoben. Solche Beispiele hatte der zitierte AE-Sterbehilfe im Auge. Indessen stellen Beispiele dieser Art, in denen Töten ethisch gerechtfertigt sein könnte, große Ausnahmen dar und können keineswegs auf den ärztlichen Alltag übertragen werden. Gesetze und Richtlinien werden sich aber nicht nach extremen Ausnahmefällen, sondern nach dem Normalfall auszurichten haben.

[17] G. SIMSON, *Die Tötung aus Barmherzigkeit in rechtsvergleichender Sicht*, in: A. Eser (Hrsg.) Suizid und Euthanasie als human- und sozialwissenschaftliches Problem, 1976, 324/25.

Wie sieht dieser Normalfall aus, wenn man ihn auf das Patienteninteresse bezieht? Über eine gründliche Untersuchung berichteten Michels und Sporken 1974[18]; die umfangreichsten und durchaus repräsentativen Erfahrungen wurden dann in der von Cicely Saunders begründeten Hospizbewegung gemacht, die fast nur mit schwer leidenden, schmerzgeplagten und unheilbar Kranken zu tun hat.[19] Cicely Saunders ging von dem Konzept aus, daß Töten nicht die einzig richtige Antwort auf Schmerzen und Leiden sein könne, daß eine menschenwürdige Alternative vielmehr in der optimalen Betreuung Leidender und Sterbender liegen müsse und in dem Bestreben, die Qualität des restlichen Lebens dieser Kranken so gut als möglich zu gestalten, was sie in dem Begriff der "Total Care" zusammenfaßte. Das Ergebnis dieser Gesamtfürsorge, die neben einer fast vollkommenen Beseitigung von Schmerzen und Linderung von Krankheitssymptomen in intensiver menschlicher Zuwendung und Einbeziehung der Angehörigen und Freunde besteht, war eindeutig. Von den vielen hundert Kranken, die jährlich in den zahlreichen Hospizen der angelsächsischen Welt sterben, wird so gut wie nie ein Wunsch nach Euthanasie geäußert. Die Erfahrung in den Hospizen hat gezeigt, was bereits eine frühere Untersuchung von Sporken[20] ergeben hatte: daß der Wunsch eines Schwerkranken nach etwas, das seinem Leiden ein Ende machen möge, keineswegs bedeutet, daß dieser Kranke getötet werden wolle, daß es sich vielmehr so gut wie immer um einen Hilferuf nach besserer Schmerzhilfe, besserer Betreuung handelt. Dies veranlaßte Lamerton[21], der damals das große St. Joseph's Hospiz in London leitete, zum Ausspruch: "Wenn mich ein Kranker um Euthanasie bittet, muß er vorher ganz schön schlechte Ärzte und Schwestern gehabt haben."

[18] J. MICHELS / P. SPORKEN, *Medische Stervenshulp*, Bilthoven 1974.

[19] S. STODDARD, *The Hospice Movement*, London 1978, 193 f.; R. LAMERTON, *Sterbenden Freund sein*, 1991; M. v. LUTTEROTTI, *Menschenwürdiges Sterben*, ²1985.

[20] S. Anm. 2.

[21] S. Anm.17.

Die Erfahrungen mit vielen tausenden von Kranken in den Hospizen belegen, daß das Hauptinteresse des Schwerkranken also fast immer in einer Verbesserung seiner restlichen Lebensqualität besteht - und nicht darin, getötet zu werden. Der Arzt wird bei entsprechender Mithilfe von Pflegepersonen und Angehörigen auch fast immer in der Lage sein, die Qualität des restlichen Lebens so zu verbessern, daß der Kranke seine Schmerzen vergißt und mit der Situation fertig wird. Die Erfahrungen der Hospize zeigen somit, daß die ganze Diskussion um Euthanasie fast immer überflüssig ist, wenn der Kranke optimal betreut wird. Der Umkehrschluß liegt nahe, daß Ärzte, die vermeintlichen Todeswünschen bereitwillig nachkommen, es vorher an der nötigen Betreuung fehlen ließen. Es sei hier angemerkt, daß es in Holland keine Hospizbewegung gibt.[22]

Mögliche Voraussetzungen ärztlicher Ethik

Pragmatisch läßt sich also zeigen, daß Euthanasie für den pflichtgemäß handelnden Arzt kein Problem darstellen muß. Gleichwohl muß eine ärztliche Ethik nach einer legitimierenden Begründung suchen und sich somit fragen, ob sich nicht auch Vorgegebenheiten finden lassen, auf die man sich außerhalb metaphysisch-religiöser Begründungen stützen könnte. Auer[23] erinnert daran, daß Ethik eine Sinnwissenschaft ist und daß man Sinn nicht mache, dieser vielmehr immer schon vorausgesetzt werde. So gebe es ein vorwissenschaftliches, unreflektiertes Vorverständnis von dem, was das Sittliche sei.

Eine solche Vorgegebenheit für eine ärztliche Gesinnungsethik scheint zunächst einmal im *Rollenverständnis* des Arztes zu liegen, das auf Heilen und Linderung von Leiden, aber nicht auf Töten gerichtet ist. Diese Auffassung des ärztlichen Berufes

[22] S. Anm.17.

[23] A. AUER, *Die Unverfügbarkeit des Lebens und das Recht auf einen natürlichen Tod*, in: A. Auer, H. Menzel und A. Eser: Zwischen Heilauftrag und Sterbehilfe, 1977, 8 ff.

ist nicht nur durch Vorbilder anerzogen, sie liegt wahrscheinlich zusammen mit der Forderung nach Wahrung von Menschenwürde und Humanität implizit der allgemeinen Auffassung vom Arztberuf zugrunde. Man wird darüber spekulieren können, ob die Entstehung des hippokratischen Eides und seine vorbildhafte Wirkung nicht mit einem solchen vorgegebenen Rollenverständnis zusammenhängt. Wenn Philippa Foot[24] davon spricht, die Ärzte würden im allgemeinen einen besonderen Widerwillen gegen die Vorstellung einer Todesspritze empfinden, so beschreibt sie genaugenommen nichts anderes als das ärztliche Rollenverständnis. Falls es noch eines besonderen Beweises für die Verankerung eines solchen Rollenverständnisses im Bewußtsein eines großen Teils der deutschen Ärzteschaft bedurft hätte, so wurde er durch die breit angelegte Diskussion im Deutschen Ärzteblatt über den Artikel von Helga Kuhse[25] geliefert. Die Diskussionsbeiträge waren nicht nur durchweg ablehnend, sie waren alle auch deutlich emotional getönt. Wenn daher von Hoerster der Vorschlag gemacht wird, eine legalisierte Tötung auf Verlangen solle Ärzten übertragen werden, so wird dabei das Rollenverständnis des Arztes völlig außer acht gelassen. Schließlich ist auch noch der Hinweis wichtig, daß der Patient eigentlich nur im Bewußtsein der Integrität des Arztes und im Wissen darum, daß dieser nicht tötet, das notwendige Vertrauen gewinnen kann.

Bei der Hinterfragung menschlicher Werte kann aber auch die *Biologie* Hilfe leisten. "Sie bringt zunächst einmal das Wissen um unser stammesgeschichtliches Gewordensein ein und weist damit auf das Alter bestimmter Normen und ihre feste Verankerung im Erbe hin", so Eibl-Eibesfeld[26], der weiter ausführt: "Auch können die primären Normen ein gutes Regulativ gegen eine allzu gefühlskalte intellektuelle Planung sein." Eine solche primäre Norm liegt sehr wahrscheinlich auch

[24] S. Anm. 7.

[25] S. Anm. 9.

[26] I. EIBL-EIBESFELD, *Die Biologie des menschlichen Verhaltens*, 1986, 871.

dem Gebot "Du sollst nicht töten" als einer der ältesten ethischen Vorschriften zu Grunde. Die Ethologie hat ein reiches Anschauungsmaterial dafür gebracht, daß im Tierreich eine instinktive Tötungshemmung gegenüber Artgenossen weit verbreitet ist.[27] Diese Hemmung ist als Balance gegen die allgemein verbreitete und zum Überleben wichtige Aggressionsbereitschaft jedenfalls in der eigenen Art nötig. So führt Konrad Lorenz[28] aus, daß Lebewesen, die imstande seien, gleichgroße Lebewesen umzubringen, spezielle Mechanismen brauchen die verhindern, daß diese Lebewesen mit Artgenossen ebenso verfahren und sich dadurch selbst ausrotten.

Wolfgang Wickler[29] führt nun wörtlich aus: "Wenn im Tierreich eine instinktive Tötungshemmung allgemein anzutreffen ist, sollte man erwarten, daß sie beim Menschen zumindest in Resten vorhanden ist und nicht, daß sie gerade bei der Menschwerdung ausgemerzt wurde." Wickler bringt auch eine Reihe Beispiele als Hinweise auf das Vorhandensein einer Tötungshemmung beim Menschen. Auch die von Eibl-Eibesfeld erwähnten Beispiele[30] weisen in diese Richtung. Hassenstein[31] weist darauf hin, daß auch der Mensch seinem Ursprung nach ein wehrhaftes Lebewesen sei, das Beutetiere jage und töte. Daher sei im Licht der vergleichenden Verhaltensforschung zu vermuten, daß er eine biologische Tötungshemmung gegenüber individuell bekannten Mitgliedern des eigenen Sozialverbandes besitze.

Am Vorhandensein einer instinktiven Tötungshemmung auch beim Menschen, jedenfalls bekannten Individuen gegenüber, läßt sich füglich nicht zweifeln. Man könnte vermuten, daß auch das erwähnte Rollenverständnis des Arztes auf dieser

[27] Vgl. dazu auch K. LORENZ (Anm. 28), W. WICKLER (Anm. 29) und V. B. DRÖSCHER, *Die freundliche Bestie*, 1969.

[28] K. LORENZ, *Das sogenannte Böse. Zur Naturgeschichte der Aggression*, Wien 1993.

[29] W. WICKLER, *Die Biologie der Zehn Gebote*, 1971, 90.

[30] S. Anm. 24, 96.

[31] B. HASSENSTEIN, *Das spezifisch Menschliche nach den Resultaten der Verhaltensforschung*, in: H. G. Gadamer/P. Vogler, Neue Anthropologie, Bd. 2, 1972, 83f.

biologischen Grundlage fußt. Mit der Menschwerdung und dem allmählichen Entstehen von Kultur wurde dieser angeborene Instinkt allmählich als das Gebot “Du sollst nicht töten”, als negative Pflicht, als Verbot, von Religion und Gesetz ausformuliert. Moses hat die Zehn Gebote gewiß nicht erfunden, und Gott brauchte sie ihm auch nicht zu diktieren, da die wichtigsten dieser negativen Pflichten - du sollst nicht töten, nicht stehlen, nicht ehebrechen, nicht lügen - schon lange vor Moses da waren. Wie alle Überlieferungen hat auch die Formulierung der Zehn Gebote eine Entwicklung durchgemacht, die sich schon innerhalb der Bibel verfolgen läßt.[32] Aber schon lange vorher finden sich analoge Verbote bei den Ägyptern, und auch bei Nomadenvölkern Afrikas gibt es ganz ähnliche Gebote und Verbote, je nach den Bedürfnissen ihrer Lebensweise.[33]

Im übrigen kann jeder Mensch eine instinktive Tötungshemmung selbst feststellen, wenn er sich in unverstelltem Gefühl prüft. Aber, und dies ist wichtig zu betonen, der Instinkt der Tötungshemmung stellt (wie die meisten Instinkte) weder beim Tier noch beim Menschen einen absoluten Zwang dar. Hassenstein[34] weist darauf hin, daß die kulturellen Errungenschaften Vernunft und Humanität durch in der menschlichen Natur verankerte Widerstände und Widersacher überspielt werden können. Dies gilt analog für alles, was in unserer biologischen Existenz grundgelegt ist. Angeborene Bereitschaften, die sich negativ auswirken würden, können durch Vernunft, Erziehung und Kultur unterdrückt werden. Auf der anderen Seite können nützliche Instinkte, wie die Tötungshemmung, durch Jähzorn, panische Angst, Haß, Gruppenaggression ausgeschaltet werden. Aber auch Ideologien, Xenophobie oder mächtige Autoritäten vermögen Instinkte, die an sich für das Zusammenleben der Gemeinschaft nützlich wären, zu verdrängen.

[32] H. HAAG, *Der Dekalog*, in: Moraltheologie und Bibel, 1964.

[33] S. Anm. 24.

[34] S. Anm. 29.

Die angeborene Tötungshemmung, die sich später in religiösen und staatlichen Verboten niedergeschlagen hat, könnte man in philosophischen Kategorien als utilitaristisches Prinzip der Natur bezeichnen, das aber nicht primär im Interesse des einzelnen Individuums, sondern im *Interesse der Art, der Gemeinschaft* funktioniert. Trotz aller Einschränkungen biologischer und kultureller Art, die genannt wurden, ist das prinzipielle Vorhandensein eines solchen hemmenden Instinkts, auch wenn er nur bekannten Individuen gegenüber wirksam ist, von großer Bedeutung. Da es sich bei einem Patienten, wenn der Arzt die Behandlung erst einmal übernommen hat, in diesem Sinne dann immer um einen Bekannten und zudem um einen Wehrlosen handelt, müßte man voraussetzen, daß diese Tötungshemmung gerade beim Arzt besonders wirksam sein sollte. Es wurde die Vermutung ausgesprochen, daß sich das ärztliche Rollenverständnis gerade daraus ableiten läßt. Bei dem Instinkt der Tötungshemmung handelt es sich aber auch um ein sehr verletzliches Prinzip, das im Interesse der Gemeinschaft schützenswert sein sollte.

Möglichkeiten von Mißbrauch und Dammbruch

Schließlich wird noch zu prüfen sein, ob auch die Gefahr von Mißbrauch bei einer eventuellen gesetzlichen Regelung der Euthanasie sowie die Möglichkeit eines Dammbrucheffektes ein prinzipielles Festhalten am Tötungsverbot notwendig erscheinen lassen. Die Annahme liegt sehr nahe, daß bei Erlaubtheit der Tötung auf Verlangen sowohl Arzt wie Patient sehr bald Pressionen ausgesetzt sein könnten. Einem vielleicht lästigen alten Patienten, der noch nicht sterben will, wird man nahelegen können, im Interesse der Familie zu unterschreiben; aus dem Selbstbestimmungsrecht würde eine Pflicht. Dem Arzt könnte die Familie bei einem nicht mehr ganz entscheidungsfähigen Patienten sagen, dieser hätte immer schon gewünscht, im Falle schwerer Krankheit solle sein Leiden abgekürzt werden. Die Wahrscheinlichkeit solcher Pressionsversuche wäre groß, da Menschen nun einmal so sind wie sie sind.

Ein Dammbruch wäre darin zu sehen, wenn bei Erlaubtheit der freiwilligen Euthanasie bald auch die unfreiwillige Euthanasie in Gebrauch käme, eine Möglichkeit, die bei den Überlegungen von Singer und Kuhse ja theoretisch sowieso denkbar ist. Daß dieses Dammbruchargument ernst zu nehmen ist, zeigen die Beobachtungen in Holland.

Ergebnisse des holländischen Experiments

In Holland ist es nun in der Tat immer wieder zu Folgen gekommen, die theoretisch möglicherweise voraussehbar waren, die aber für eine Ethik, die sich vorwiegend an einem theoretisch angenommenen Interesse des Einzelindividuums orientiert, überraschend sein dürften. Richard Fenigsen, ein holländischer Kardiologe, berichtet im Hastings Center Report 1989 folgendes:[35]

"Euthanasie wird als ein durch Wahrheit und Weisheit geleiteter Akt der Liebe dargestellt. Aber ach, die Wirklichkeit der Euthanasie bestätigt diesen Anspruch nicht, viel eher ist das Gegenteil wahr. Ärzte, deren Handlungen ich beobachtet habe, versuchten immer wieder, die Euthanasie durch falsche Angaben zu rechtfertigen, indem sie einen nicht vorhandenen Lungenkrebs anführten oder ein angenommenes, aber niemals erfolgtes Verlangen der Familie. Oder aber sie stellten einen Patienten mit einer großen und liebevollen Familie als 'einen Menschen, der in der Welt ganz allein ist', vor. Ein Neurologe empfahl Euthanasie nach einer nicht besonders sorgfältigen Untersuchung des Patienten, denn er hielt eine Frau für einen Mann. Ein Internist verordnete aktive Euthanasie, weil der Patient halb bewußtlos war, sein Zustand war jedoch durch die Verordnung von Valium durch den gleichen Arzt verursacht. Der gleiche Arzt hielt es in der Regel nicht für nötig, Kandidaten für unfreiwillige Euthanasie selbst zu

[35] R. FENIGSEN, *A Case Against Dutch Euthanasia*, Hastings Center Report, Vol. 19, Nr. 1, Jan./Febr. 1989, Special Supplement, 22-30.

untersuchen, er verließ sich auf die Meinung der Oberschwester. Ein anderer Internist ließ es absichtlich zu, daß ein sechzehn Jahre alter, körperlich aktiver junger Mann und begabter Student an einer Herzrhytmusstörung starb, weil er einen angeborenen Herzfehler hatte, der damals noch nicht operiert werden konnte. Als bei einer Abteilungsbesprechung in einem Rotterdamer Krankenhaus ein Internist gefragt wurde, warum er (unfreiwillige aktive) Euthanasie bei einem Patienten, der gar nicht schwerkrank war, versuchte, ohne die Diagnose zu kennen, erklärte er, es wäre der Beruf des Arztes, Euthanasie ohne Berücksichtigung der Diagnose dann durchzuführen, wenn sich die Gelegenheit dazu böte, um den Menschen die Krankheiten und Leiden des Lebens zu ersparen. Eine lebensrettende medizinische Behandlung wurde Kindern mit Down Syndron (Mongolismus), Alten, Einsamen ohne Familie verweigert, damit die Gesellschaft nicht mit dem Unterhalt für solche Menschen belastet würde, und mit der Begründung, es sei in ihrem eigenen besten Interesse, so bald als möglich zu sterben."

Dies waren einige Beobachtungen von Richard Fenigsen. Weiterhin zitiert er Fälle, die in der holländischen medizinischen oder allgemeinen Presse veröffentlicht wurden:

Eine Frau, die ihren kranken Ehemann nicht länger pflegen wollte, bot ihm die Wahl zwischen Euthanasie und Aufnahme in ein Pflegeheim an; der Mann hatte Angst, in einer ungewohnten Umgebung und in der Hand von Fremden zu sein und entschied sich, getötet zu werden. Ein älterer Mann zwang seine gesunde, dreiundsiebzig Jahre alte Frau, sich der Euthanasie zu unterziehen, indem er ihr versprach, nach drei Tagen das gleiche zu tun, aber nur, um nach Österreich zu verschwinden. In beiden Fällen waren sich die Ärzte der Nötigung bewußt, sie brachten diese Menschen aber trotzdem um. Ein Allgemeinpraktiker machte einen Hausbesuch bei einer Patientin. Obgleich er sie zum ersten Mal sah, verlangte er von ihr sofort, zwischen Krankenhausaufnahme und Euthanasie zu wählen. Als die dadurch völlig verschreckte Patientin nicht antworten konnte, gab er ihr eine Stunde Bedenkzeit. Ein

Thoraxchirurg erzählte einem Interviewer von einem chronisch erkrankten Patienten, "der noch sehr jung war und am Leben hing", und wie er ihn über mehrere Jahre behandelte, aber schließlich aus Ungeduld in einem Anfall von Ärger tötete. Laut Zeugenaussagen vor Gericht während der "De-Torp-Verhandlung" (s.u.) pflegte der Oberpfleger eingeschüchterte Insassen mit den Worten zum Schweigen zu bringen: "Wenn ich und der Arzt Euthanasie beschließen, dann wird es Euthanasie geben, und Sie halten lieber den Mund. Ich möchte kein einziges Wort mehr von Ihnen hören, sonst ..." In dem Krankenhaus, in dem Pater P. Verspieren Seelsorger ist, ist es die Gewohnheit des Arztes, (unfreiwillige) Euthanasie anzuordnen, indem er der Schwester warnend sagt: "Wenn ich vom Wochenende zurückkomme, wünsche ich diesen Mann hier nicht mehr vorzufinden."

Soweit der Bericht von Fenigsen. Nach einem Bericht von Richard Lamerton[36] war der Arzt des erwähnten Altersheims De Torp unter dem Verdacht festgenommen worden, zwanzig Einwohner ohne deren Zustimmung oder Wissen getötet zu haben. Zeugen sagten aus, daß einige dieser Opfer nicht krank waren, sondern nur alt und streitsüchtig, und daß der Arzt mit alten Leuten keine Geduld hatte, sie ungern behandelte, oft abwesend war und viele Entscheidungen dem Oberpfleger überließ, der dann die Tötungen durchführte. Zur Unterstützung des angeklagten Arztes bildete sich ein Bürgerkomitee in Den Haag, und er erhielt auch von der KNMG öffentliche Unterstützung. Der Arzt wurde zunächst in drei Fällen verurteilt, ein Obergericht hob jedoch den Schuldspruch auf - und ein Zivilgericht billigte ihm 300.000 Gulden als Schadenersatz zu.

Schließlich soll noch eine Erklärung der Vereinigung holländischer Patienten aus dem Jahre 1985 zitiert werden, über die auch von Lamerton berichtet wird. Hier heißt es, daß "in den jüngsten Jahren die Angst vor Euthanasie unter der Bevölkerung erheblich zugenommen habe". Eine Gruppe Schwer-

[36] S. Anm. 17.

behinderter aus Amersfoort erklärte in einem Brief an den Parlamentsausschuß für Gesundheit und Recht: "Wir fühlen unser Leben bedroht. (...) Wir sind uns darüber klar, daß wir der Gesellschaft viele Kosten verursachen. (...) Viele Menschen meinen, daß wir nutzlos wären. (...) Oft stellen wir fest, daß man uns bedrängt, den Tod zu wünschen. Es schiene uns sehr gefährlich und beängstigend, wenn die neue Medizingesetzgebung Euthanasie mit einschlösse." Auch wenn Fenigsen (so nach einer persönlichen Mitteilung Sporkens) etwas umstritten sein sollte, werden seine Ausführungen doch neuerdings weitgehend durch eine ganze Reihe von Beiträgen in Heft 2 des Hastings Center Reports 1992, das sich ganz der holländischen Praxis widmet, bestätigt.[37]

Die vorgesehene und in der Gesetzesvorlage der KNMG vorausgesetzte freiwillige Zustimmung zur Euthanasie stellt also in der Praxis keine ausreichende Barriere gegen jegliche Form von Mißbrauch dar, denn mit der Verwischung des Unterschieds zwischen aktiver und passiver Euthanasie ist offenbar ziemlich rasch auch die Unterscheidung zwischen freiwilliger und unfreiwilliger Euthanasie unwichtig geworden. Auch die übrigen im Gesetzesvorschlag vorgesehenen Kautelen für die praktische Durchführung der Euthanasie können keinen genügenden Schutz gegen Mißbrauch bieten, da es entschlossenen Ärzten nicht schwerfallen dürfte, jene post festum von gleichgesinnten Kollegen bestätigen zu lassen.

Schließlich ist noch an die verschiedenen Fälle zu erinnern, die bei uns durch die Presse gingen, in welchen Schwestern und Pfleger in Deutschland und Wien wegen Tötung von Patienten angeklagt wurden. Alle diese Fälle entsprachen einer unfreiwilligen Euthanasie.

[37] Hastings Center Report, Heft 2, March-April 1992.

Die vorgelegten Argumente wollen nicht fertige Lösungen bieten, vielmehr zu weiteren Überlegungen anregen. Zusammengefaßt werden folgende Thesen zur Diskussion gestellt:

Erstens: Die Heiligkeit des Lebens läßt sich nur religiös begründen. Auch wenn dies außerhalb des religiösen Rahmens wenig sinnvoll erscheint, lassen sich für das Tötungsverbot trotzdem Vorgegebenheiten annehmen, die man einer deontologischen Ethik zu Grunde legen könnte. Es wird auf die im Tierreich weit verbreitete instinktive Tötungshemmung gegenüber bekannten Gruppenmitgliedern verwiesen, die auch bei der Menschwerdung nicht plötzlich verlorengegangen sein kann. Die schon in der frühesten Menschheitsgeschichte nachweisbaren Tötungsverbote werden auf diese biologische Wurzel zurückgeführt. Im Interesse der Gemeinschaft hat die instinktive Tötungshemmung eine wichtige funktionale Bedeutung; man muß jedoch wissen, daß wie im Tierreich so auch beim Menschen neben meist nützlichen Instinkten wie der Tötungshemmung gleichzeitig Verhaltensweisen wie Jähzorn, Haß, Gruppenaggression, Panik bei Angst angelegt sind, die je nach der Situation überwiegen können. Beim Menschen kommt aber noch als Faktor von großer Wirksamkeit die Beeinflußbarkeit durch Ideologien hinzu. Da die für die Gemeinschaft nützliche Tötungshemmung durch mancherlei Einflüsse ausgeschaltet werden kann, muß sie im Interesse aller und in Verantwortung für die Gemeinschaft geschützt werden.

Es erscheint somit nicht nur ratsam, sondern auch notwendig, weiterhin an der prinzipiellen Unverfügbarkeit des Lebens festzuhalten und damit in Wertung der Absichten einer Handlung auch die Unterscheidung zwischen aktiver und passiver Sterbehilfe beizubehalten. Da die Tötungshemmung angeboren ist und von der Natur zweifellos im Interesse der Gemeinschaft eingeführt wurde, könnte man mit Beauchamp[38]

[38] T. L. BEAUCHAMP, *Antwort auf Rachels zum Thema Euthanasie*, in: H.M. Sass (Hrsg.) Medizin und Ethik, 1989, 273 ff.

von einem regelgebundenen Utilitarismus sprechen, aber es wäre ein Utilitarismus, der nicht letztlich das Interesse des einzelnen, sondern das Interesse der Gemeinschaft im Auge hat.

Wenn der Ursprung des Tötungsverbots durch diese Überlegungen auf natürliche Ursachen zurückgeführt wird, so muß der Glaubende trotzdem nicht den Eindruck gewinnen, seine Gesinnungsethik würde nur auf materielle Naturgesetze abgeschoben, denn wenn er überzeugt ist, daß die Schöpfung von Gott kommt, darf er auch überzeugt bleiben, daß dies ebenso für alles im einzelnen gilt, was uns in der Schöpfung mitgegeben wurde, wie letztlich auch das Tötungsverbot.

Zweitens: Eine weitere Begründung des prinzipiellen Tötungsverbots wird im ärztlichen Rollenverständnis gesehen, das auf Heilen und Lindern von Leiden, aber nicht auf Töten gerichtet ist. Nur in dem Wissen um ein solches Rollenverständnis kann das Vertrauen des Patienten letztlich gründen. Hierzu sei auch Hans Jonas[39] zitiert, der in einer Diskussion um die Thesen Singers sagte: "Der Arzt kann vieles machen, heilen, erleichtern, mildern. Aber das Töten darf nicht dazu gehören. Wenn erst das Töten zu den Rechten und Pflichtes des Arztes gehört, in die Standesethik und in das Gesetzbuch aufgenommen wird, dann stellt dies ein verhängnisvolles Abweichen von der bisherigen Auffassung des ärztlichen Berufsbildes dar."

Drittens: Der Arzt hat im besten Interesse des Patienten zu handeln. Hierin besteht Übereinstimmung mit einer konsequentialistischen und utilitaristischen Ethik; der entscheidende Unterschied liegt jedoch in der Interpretation der Interessen. Überzeugende ärztliche Erfahrungen ergeben, daß das wirkliche Interesse des Patienten in der Verbesserung seiner Lebensqualität besteht, daß bei optimaler Versorgung so gut wie nie ein Wunsch nach Euthanasie geäußert wird und daß ein Wunsch, der vielleicht in diese Richtung zu weisen

[39] H. JONAS, *Mitleid allein begründet keine Ethik*, in: Die Zeit Nr. 35 v. 25.8.1989, 9-12.

scheint, in aller Regel einen Wunsch nach besserer Hilfe darstellt, aber nicht einen Wunsch nach Tötung. Somit ist die ganze Euthanasiediskussion für die große Mehrzahl der Patienten überflüssig, solange die Ärzte pflichtgemäß handeln und eine gute Betreuung sichergestellt ist.

Nur in einer verschwindenden Minderzahl von Fällen, in denen ärztliche Hilfe meist nicht verfügbar ist, besteht die einzige Möglichkeit zur Linderung von Schmerzen und Leiden in der Herbeiführung des Todes. Nur für diese seltenen Fälle haben Überlegungen, die Interessen des Menschen über das Tötungsverbot zu stellen, ethische und rechtliche Bedeutung.

Viertens: Wie die angeführten Beispiele zeigen, dürfen die Gefahren von Mißbrauch und möglichem Dammbruch nicht bagatellisiert werden, sie lassen es vielmehr notwendig erscheinen, daß die prinzipielle Unverfügbarkeit des Lebens vom Recht weiterhin energisch verteidigt wird. Wie Eser[40] ausführt, muß das Strafrecht naturgemäß ein "mißtrauisches Recht" sein, denn es müsse auch den Arzt mit laxem Gewissen im Auge haben. Schließlich ist noch auf die Ausführungen Birnbachers[41] zu verweisen, daß sich das Tötungsverbot durch die Angst und Unsicherheit, die eine Tötung (und besonders "eine Praxis des Tötens") bei Dritten bewirke, auch utilitaristisch begründen lasse.

Fünftens: Wenn das Tötungsverbot aber in utilitaristischem Sinne als im Interesse der Gemeinschaft liegend dargestellt wird, dann wird man nicht umhin können, Prioritäten zu setzen und eine Hierarchie der Interessen zu bedenken. Man wird sich fragen müssen, warum etwa das Tötungsverbot immer vor anderen Interessen der Gemeinschaft, wie zum Beispiel ökonomischen, rangieren sollte. Wie aber will man eine solche Frage ohne deontologischen Rückhalt

[40] A. ESER, *Neues Recht des Sterbens? Einige grundsätzliche Betrachtungen*, in: A. Eser (Hrsg.), Suizid und Euthanasie als human- und sozialwissenschaftliches Problem, 1976, 398.

[41] S. Anm. 6.

entscheiden? Und weiter: Welche Art von Vorgegebenheit ist für uns entscheidend? Wir erinnern uns, daß für die deontologische Begründung einer speziellen Ethik auch einmal die Rasse herhalten mußte. Letztlich wird also alles davon abhängen, für welche Art von Deontologie wir uns entscheiden; solange nichts besseres in Sicht ist, scheint die traditionelle Ethik Sicherheit und Vertrauen für alle immer noch am besten zu gewährleisten.

Luke Gormally

Altern und Gebrechlichkeit - Prüfstand von Recht und Gerechtigkeit

Zum Thema Mitteleinsatz im Bereich Gesundheitsdienst und Pflege gibt es vielerlei Zugänge. Tatsächlich wird auch in den verschiedensten Zusammenhängen darüber diskutiert. Auf der einen Seite stehen die Argumente derer, die politische Entscheidungen zu treffen haben. Auf der anderen Seite machen diejenigen ihre Argumente geltend, die auf den verschiedenen Ebenen des gesundheitsdienstlichen Systems mit Krankenbehandlungs- und Pflegefragen befaßt sind. Diese Argumente fließen in die Entscheidungsfindung über den tatsächlichen Mitteleinsatz ein.

An der Debatte beteiligen sich auch viele Fachvertreter unterschiedlichster Herkunft und Prägung, die über die Gültigkeit der vorgetragenen Argumente diskutieren. Ökonomen des Gesundheitswesens, Analytiker der Gesundheitspolitik, Politikwissenschaftler und auch Philosophen begleiten kritisch prüfend die Argumentationsstränge derjenigen, die zu entscheiden haben. Manchmal gewinnen die Meta-Argumente (die Argumente für und gegen die Argumente der Entscheidungsträger) Einfluß auf die Entscheidungsträger und verändern deren Denkweisen und Begriffe.

In meinem Land, dem Vereinigten Königreich, sind die einflußreichsten beteiligten Fachvertreter die Ökonomen des Gesundheitswesens. In den letzten fünfundzwanzig Jahren hat die wirtschaftliche Rezession in England zu einer grundlegenden Veränderung der Leitlinien für den Nationalen Gesundheitsdienst (National Health Service NHS) geführt. Wo zuvor von Aufwand die Rede war, liegt jetzt der Akzent auf Ergebnissen. Wenn von der Verbesserung des Nationalen Gesundheitsdienstes gesprochen wurde, ging es früher regelmäßig um höhere Aufwendungen. Jetzt treten die "inputs", die aufzuwendenden Mittel, wenn man in Realwerten mißt, auf der Stelle. Der Nachdruck liegt auf den "outputs", darauf, aus den knappen verfügbaren Mitteln bestmöglichen Ertrag zu ziehen. Die Ökonomen des Gesundheitswesens haben diesbezüglich recht erfolgreiche Ergebnisstrategien entwickelt.

Ein besonders umstrittenes Verfahren verbirgt sich hinter der Chiffre QALY[1]. QALY bezeichnet die mathematisch-quantifizierte Werteinheit einer Behandlung oder eines Eingriffs und beinhaltet den Zusatzlebenswert, der gewonnen wird, unter Berücksichtigung des außerdem quantitativ ermittelten Lebenswertes nach der Maßnahme. Die Strategie der QALY-Maximierung marginalisiert systematisch die Alten und Gebrechlichen im gesundheitsdienstlichen System.[2]

Das Thema QALY ist aber nicht Gegenstand meiner Ausführungen. Der Hinweis soll nur illustrieren, wie, wenn es um die Allokation von Ressourcen geht, Argumente zweiter Ordnung diejenigen erster Ordnung beeinflussen können. Mit seiner Absicht, einen neuen Denkzugang zu finden und alternative Entscheidungsgrundlagen auszuprobieren, verändert ein Argument zweiter Ordnung die Logik erster Ordnung und stellt sie womöglich auf den Kopf.

[1] Quality Adjusted Life Year: Die Idee einer Standard-Einheit, die zu erwartende, zukünftige Lebensjahre mit der zu erwartenden Lebensqualität verrechnet, kam vor allem durch das Centre for Health Care Economics an der Universität of York, England zu Einfluß, hier besonders durch die Veröffentlichungen von Alan Williams und Alan Maynard.

[2] Vgl. Michael BANNER, *Economic Devices and Ethical Pitfalls: quality of life, the distribution of resources and the needs of the elderly*, in: Luke Gormally (Hrsg.) *The Dependent Elderly: Autonomy, Justice and Quality of Care*. Cambridge University Press, Cambridge 1992, 158-180.

Hier möchte ich nur *einen* Zugang zur Debatte stellen, und zwar den, auf dem Vertreter einer anderen akademischen Disziplin, nämlich der Philosophie, der Frage zu Leibe rücken, was denn Recht und Gerechtigkeit in Sachen Ressourcenallokation vom medizinischen und Pflege-Beistand verlangen, wenn es um hilfsbedürftige alte und gebrechliche Menschen geht. Auf das Praxisdenken erster Ordnung wirkt der Einfluß von Philosophen, verglichen mit dem von Ökonomen, eher langfristig.

In einer Gesellschaft, die in moralischen Fragen der Gerechtigkeit reichlich zerstritten ist, herrscht ein erheblicher Bedarf an philosophischem Denken. Obgleich aber die Philosophie eine Quelle der Weisheit sein sollte, kann sie auch dazu dienen, naheliegende Fehlentscheidungen zu begründen und zu rechtfertigen.

Der demographische Hintergrund

In der gegenwärtigen Debatte um die gesundheitsdienstliche Versorgung der Alten spielen die einschneidenden demographischen Veränderungen eine beachtliche Rolle. Die OECD (Organization for Economic Cooperation and Development) sagte in ihrem Bericht von 1988 über die "Alterung der Bevölkerungen: Folgen für die Sozialpolitik" voraus, daß die Bevölkerungs-Zuwachsrate der Mitgliedsstaaten, die im Dezennium 1980/1990 durchschnittlich noch bei 0.5 Prozent liegt, bis zum Dezennium 2040/2050 auf -0.3 Prozent abnehmen werde. Die Stagnation der Gesamtbevölkerung, erst recht die Tendenz zur Bevölkerungsabnahme werde von beachtlichen Verschiebungen in der Altersstruktur begleitet sein. Im Zeitraum von 1980 bis 2040 werde der Anteil der 65jährigen und älteren von 12.2 Prozent auf 21.9 Prozent der Gesamtbevölkerung zunehmen, der Anteil der 15jährigen und jüngeren von 23.4 Prozent (1980) auf 18.3 Prozent (2050) abnehmen.

Bei der Zunahme der Alten in der Bevölkerung fällt das Anwachsen des Anteils an 85jährigen und älteren besonders ins Gewicht. Bei einem Großteil dieser Gruppe lassen die physischen und geistigen Kräfte erheblich nach. Die Zunahme der Alten in der Bevölkerung führt zu einer signifikant größeren Zahl derer, die an geistigen Gebrechen leiden. Schätzungen des Anteils von Menschen mit Geistesschwäche in der Bevölkerung ergeben große Differenzen. Unter den 85jährigen und älteren wird die Zahl mit 20 Prozent angegeben.[3] Ganz allgemein gilt, daß die Nachfrage nach gesundheitsdienstlichen und sozialen Leistungen im Alter deutlich steigt: Während bei den 75 bis 79jährigen ein Prozent unter schwerer Gebrechlichkeit leiden, sind es bei den 85jährigen und älteren 41 Prozent.

Skizze eines schicksalhaften Denkens

Das Gesamtbild ist klar: Mit der Zunahme der sehr alten Menschen entsteht sowohl eine größere Zahl wie auch ein größerer Anteil an Hilfsbedürftigen. Vor diesem Hintergrund stellt sich die Frage, was wir diesen alten Menschen an gesundheitsdienstlicher Versorgung schulden.

In einigen Denkansätzen, auf denen Antworten auf diese Frage gründen, liegen schicksalhafte Weichenstellungen beschlossen. Die Richtungen gehen an folgenden Fragepunkten auseinander:

- Wer oder was sind die Alten, denen gesundheitsdienstliche Versorgung geschuldet wird?
- Was gehört alles zum Begriff gesundheitsdienstlicher Versorgung?
- Wer schuldet den Alten die gesundheitsdienstliche Versorgung?

Im Rahmen dieser Ausführungen möchte ich besonders eine einflußreiche Strömung der zeitgenössischen Philosophie nachzeichnen. Sie läuft auf eine Revision unseres gewohnten Ver-

[3] M. HENWOOD: *Community Care and Elderly People*, Family Policy Studies Centre, London 1990.

ständnisses dessen hinaus, wer oder was die alten Menschen sind, denen gesundheitsdienstliche Versorgung geschuldet wird.

Hier müssen wir uns mit zwei zusammenhängenden Argumentationslinien befassen. Sie führen zu einer eingeschränkten Anerkennung von Ansprüchen auf Gesundheitspflege seitens der Alten, mindestens aber seitens einer bestimmten Untergruppe dieses Bevölkerungsanteils. Diese Argumentationsstränge haben bereits Einfluß gewonnen auf die Lösung anderer ethischer Probleme der medizinischen Praxis: Darf man verbrauchende, nicht-therapeutische Experimente an menschlichen Embryonen vornehmen? Darf man absichtlich ungeborene Kinder töten? Darf man mißgebildete Neugeborene töten? Auf alle drei Fragen sind bejahende Antworten gegeben worden. Der eine Argumentationsstrang, dem dieser Einfluß beschieden war und der zu einem Ja auf diese Fragen führt, geht davon aus, daß bestimmte Voraussetzungen erfüllt sein müssen, damit ein menschliches Leben Wert hat. Der andere Argumentationsstrang kommt zu dem gleichen Ergebnis, indem er bestimmte Bedingungen stellt, damit ein menschliches Wesen in den Genuß grundlegender Menschenrechte gelangt.

Revision der Wertschätzung menschlichen Lebens

In unserer Gesellschaft herrscht eine verbreitete Skepsis, ob überhaupt Grundwerte existieren, die einen Konsens in der Verständigung über menschliches Wohl erlauben. Wenn es keine objektiven Werte gibt, wie läßt sich dann der Wert des einzelnen menschlichen Lebens einschätzen? Eine verbreitete Antwort ergibt sich aus etwa folgender Überlegung: Das menschliche Leben hat Wert, soweit der Lebende in der Lage ist, Dinge zu bewerten und als wertvoll anzusehen. Sollte er aber geistig nicht imstande sein, Dingen einen Wert beizumessen, dann bedeutet dies, daß es auch keine Anerkennung des inneren Wertes seines Lebens geben kann. Ein menschliches Wesen ohne *hier und jetzt aktivierbare Bewußtseins-*

macht, wie man sie braucht, um den Belang von irgendetwas *für sich* selbst wahrzunehmen, ist auch *in sich* belanglos.

Nach dieser Einschätzung hat ein menschliches Leben den Wert und die Würde, die dieser Mensch seinem Leben zu *geben* vermag. Der Wert ist zu bejahen, solange er in der Lage ist, die Bedeutung von Dingen und Projekten wahrzunehmen, die ihrerseits wertvoll und bewertbar sind. Dieser Einschätzung des Lebenswerts steht die andere Auffassung gegenüber, daß diejenigen, denen das wache Bewußtsein für den Wert ihres eigenen Lebens fehlt, auf andere angewiesen sind, die ihrem Leben Wert beimessen. In der Praxis bedeutet der erste Ansatz: Wenn diejenigen, von denen man in der Regel annimmt, daß sie für das Leben eines ungeborenen Kindes eintreten, nämlich dessen Eltern, oder das Leben eines greisen Elternteils würdigen, nämlich seine Kinder, deren Leben ihrerseits nun aber nicht wertschätzen, dann entfällt eine gesellschaftliche Grundlage, aufgrund deren dieses Leben noch als lohnend angesehen werden soll. Es gibt dann keine Anerkennung seines Wertes mehr.[4]

Revision der Grundlegung von Menschenrechten

Eine Reihe von Philosophen mit Einfluß auf die ethischen Debatten zur Abtreibung, zur Behandlung von behinderten Neugeborenen und zur Euthanasie sprechen nur einer Teilgruppe von Menschen ein "ernsthaftes Recht auf Leben" - im Sinne eines Rechts, nicht umgebracht zu werden - zu. Derjenigen Gruppe nämlich - wie sie sich auszudrücken pflegen -, die "menschliche Personen" sind. Dieser Schlußfolgerung liegen etwa folgende Überlegungen zugrunde: Ein Recht zu besitzen, welches Recht auch immer, setzt voraus, daß der Rechtsträger ein Verlangen hat nach dem, wozu das Recht ihn berechtigt. Um aber ein Verlangen nach etwas zu haben, muß

[4] Exemplarisch vorgeführt wird diese Sichtweise in: Grant GILLETT, *Reasonable Care*, The Bristol Press, Bristol 1989.

man über die Begriffe verfügen, in denen das Verlangen artikuliert werden kann. Trifft das zu, dann setzt der Besitz eines Rechts auf Leben notwendigerweise zweierlei voraus: daß man einen Begriff von sich selbst als einem Wesen hat, das a) in der Zeit lebt, und das b) in der Zeit es selbst bleibt.

Über den Zeitpunkt in der Kindheitsentwicklung, zu dem man davon ausgehen kann, daß jemand sich als Er-selbst oder Sie-selbst und als Wesen in der Zeit begrifflich erfaßt hat, sind die Meinungen geteilt. Andererseits ist es klar, daß Menschen die Fähigkeit, sich selbst auf diese Weise zu erfassen, auch wieder verlieren.[5]

Das Resultat beider Argumentationslinien - derjenigen, die um den Wert des menschlichen Lebens kreist, und derjenigen, die bei den Menschenrechten ansetzt - besteht darin, daß eine Trennlinie gezogen wird zwischen Menschen, die man nicht eigentlich "Personen" nennen kann und solchen, die gerade als "Personen" gelten, weil sie über *aktuell aktivierbares* Denk-, Wahl- und Kommunikationsvermögen verfügen.

Als Träger eines Werts in sich können nach der einen Auffassung "Personen" nur im beschriebenen Sinne gedacht werden. Gleichwohl ist der Wert abgeleitet und seinerseits davon abhängig, ob dem Betreffenden Dinge oder Projekte wertvoll sind, von denen andere auch der Meinung sein könnten, es gebe keinen Grund, sie wertvoll zu finden. Nach der anderen Auffassung kommen nur "Personen" in ebendiesem Sinne Menschenrechte zu.

Das praktische Ergebnis, das aus beiden Auffassungen folgt, besteht darin, daß es zwar gegen das Töten von "Personen" Einwände geben kann, die in der Sache selbst wurzeln, nicht aber gegen das Töten menschlicher Wesen, die in diesem speziellen Sinne des Wortes nicht "Personen" sind. Es mag auch hier *äußere* Einwände geben, wenn etwa das menschli-

[5] Die vielleicht umfassendste Darstellung dieser Position findet sich bei Michael TOOLEY, *Abortion and Infanticide,* Oxford University Press, Oxford 1983. Varianten finden sich aber bei vielen Autoren (H.T. Englehardt, Helga Kuhse, Peter Singer u.a.).

che Wesen von irgendeiner Person doch geschätzt wird oder sein Tod den Wünschen einer Person zuwiderläuft. Der Wert eines noch nicht ganz entwickelten, eines behinderten oder senilen Menschen wird somit zu einer Funktion der Würde derjenigen, die in der Lage sind, ihm Wert oder Unwert zuzusprechen.

Wenn alte Menschen mit fortgeschrittener Demenz nicht einmal ein Recht besitzen, das sie davor schützt, umgebracht zu werden, schuldet man ihnen erst recht keine gesundheitsdienstlichen Leistungen. Wenn ein großer Anteil der Bevölkerung aus alten Leuten von über 85 Jahren besteht, 45 Prozent von ihnen pflegebedürftig sind, und 20 Prozent an seniler Demenz leiden, dann gewinnt der Gedanke an Anziehungskraft, daß wir den Geistesschwachen nicht nur keine gesundheitsdienstlichen Leistungen schulden, sondern das Problem kurzerhand aus der Welt schaffen können, indem wir sie beseitigen. Wenn es uns nicht gelingt, diesen alten Leuten die angemessene Pflege bereitzustellen, wird die Versuchung, sie zu töten, gewiß sehr groß.

Man darf das Gewicht des Arguments vom "Personsein" auf keinen Fall unterschätzen; es hat sich bei der Begründung der nicht-therapeutischen experimentellen Praxis an Embryonen, bei der Abtreibung und Euthanasie an Neugeborenen schon als dienlich erwiesen. Also würde das Argument ganz gewiß seine Dienste auch im Diskurs zum Senizid, das heißt der gezielten Tötung der senilen alten Patienten, anbieten. Die beschriebene Abhängigkeit der Rechte von einem besonderen "Personstatus" schafft bereits ganz allgemein eine radikale Einschränkung der Rechtstitel, auch für diejenigen mit aktuellem Denk-, Wahl- und Kommunikationsvermögen. Was die Allokation der Ressourcen anbelangt, würde eine beachtliche Zahl der hilfsbedürftigen Alten aus dem Geltungsbereich der Verteilungsgerechtigkeit aber gänzlich ausgegrenzt.

Alles Bisherige diente der Aufklärung darüber, welchen Weg eine nicht unerhebliche Strömung der zeitgenössischen Philosophie einschlägt, um unser gewohntes Verständnis, was oder wer die Alten sind, denen wir Pflege schulden, zu revidieren. Unser gewohntes Verständnis ist, daß wir sie *allen* Alten schuldig sind. Die revidierte Fassung begrenzt diese Verpflichtung auf diejenigen unter den Alten, deren geistige Verfassung noch ganz oder mindestens "angemessen" erhalten ist. Dieser Revision gilt es, härtesten Widerstand entgegenzusetzen, denn wenn sie sich durchsetzte, würde unsere Gesellschaft angesichts der Gerechtigkeitsforderungen jedes sozialen Ausgleichs grundsätzlich versagen. Warum?

Erstens, weil Gerechtigkeit unteilbar ist und im Sinne der Achtung grundlegender Menschenrechte auf der Annahme ruht, daß alle Menschen *schlicht aufgrund ihres Menschseins* ein gleiches Maß an Würde besitzen. Der Begriff Würde, den wir hier verwenden, schließt einen objektiven, unauslöschlichen Wert jedes menschlichen Lebens ein aufgrund der bloßen Tatsache, daß es sich um Leben eines menschlichen Wesens handelt. Niemand kann mehr oder weniger ein menschliches Wesen sein. Folglich sind wir alle gleich an Würde oder Wert, die wir kraft unseres Menschseins besitzen. Diese Gleichheit der Würde bedeutet, daß jedes menschliche Wesen einen Anspruch auf Anerkennung als Rechtssubjekt hat, das moralische Pflichten anderer begründet.

Den Wert, den wir meinen, wenn wir von grundlegender menschlicher Würde sprechen, muß sich jedem anderen wichtigen Wert gegenüber als *inkommensurabel*, als nicht aufrechenbar erweisen, wenn er denn im Diskurs als unabdingbare Grundlage in Frage kommen soll für den Anspruch, daß jeder Mensch als Rechtssubjekt zu behandeln ist. Wäre dieser Wert des Lebens kommensurabel mit Gütern, die im Leben genossen, oder mit Übeln, die im Leben erlitten werden können, dann wäre eine Bilanz denkbar, nach der diesem oder jenem konkreten Leben ein Negativwert zuzusprechen wäre.

Wäre eine solche Aufrechnung grundsätzlich möglich, dann ließe sich theoretisch Spielraum für noch manches Unrecht schaffen, Tötung eingeschlossen. Diejenigen, die getötet werden sollen, würden zuvor nur jeweils ausgeschlossen aus der Zahl der anerkannten Rechtssubjekte.

Eben diese fundamentale Auffassung von der gleichen Würde menschlicher Wesen wird natürlich von denjenigen zurückgewiesen, die für eine Abhängigkeit der elementaren Menschenrechte vom Besitz aktueller Fähigkeiten eintreten, besser gesagt: für eine Abhängigkeit von denjenigen Fähigkeiten, die gerade als Voraussetzung gelten für eine annehmbare Lebensqualität.

Zugunsten der grundlegenden Auffassung von der gleichen Würde, die heute so nachhaltig bekämpft wird, möchte ich zwei rein philosophische Anmerkungen machen. Als erstes ist denen, die gleiche Würde ablehnen, entgegenzuhalten, daß ihre Position tatsächlich von uns verlangt, jeweils zu entscheiden, welcher Grad welchen Vermögens oder welche Art von Lebensqualität einer Person noch Rechte einräumt. Im Umgang mit anderen Menschen auf dieser Grundlage spitzt sich unvermeidlich die Frage dahingehend zu, daß irgendwo eine *willkürliche* Trennlinie gezogen werden muß zwischen denen, die als Rechtsträger anerkannt werden können, und solchen, die man als Träger elementarer Menschenrechte nicht mehr mitzählt. Wenn man eine solche Trennlinie ziehen soll, gerät man unweigerlich unter den Druck von Interessen, die den Interessen der Menschen, um die es bei unserer Entscheidung unmittelbar geht, fremd sind.[6]

Aber selbst wenn man frei von solchen Fremdeinflüssen wäre, bliebe es immer noch dabei, daß die Festlegung, welche Leute Rechtssubjekte sind, eine rein willkürliche wäre, weil es keinerlei rechtlich zwingende Orientierung dafür gäbe. Solange es um ein hinnehmbares Rechtsverständnis geht, das

[6] Bernard WILLIAMS, *Which slopes are slippery?,* in: Michael Lockwood (Hrsg.), *Moral Dilemmas in Modern Medicine*, Oxford University Press, Oxford 1985, 137.

eine willkürliche Festlegung ausschließt, wer nach geltendem Recht zu behandeln ist, bleibt gar nichts anderes übrig als das Postulat, das gleiche Recht auf alle Menschenwesen anzuwenden, weil sie eine Würde und einen Wert besitzen, die ihnen kraft ihres Menschseins zukommen.

Zweitens ist anzumerken, daß die Auffassung von der gleichen Würde nicht nur unabdingbar ist für einen kohärenten Rechtsbegriff, sondern auch aus davon unabhängigen Gründen nicht aufgegeben werden kann. Es trifft zu, daß das eindeutige, Wert und Würde begründende Unterscheidungsmerkmal des Menschen, das ihn über Tiere erhebt, seine tatsächliche Anwendung der Fähigkeit ist zu verstehen, zu wählen und vernünftig zu kommunizieren. Aber diese Würde und dieser Wert eignen nicht ausschließlich den Individuen, in denen diese unterscheidend menschlichen Fähigkeiten schon konkret entfaltet oder noch erhalten sind. Wir müssen zugeben, daß diese Fähigkeiten erworben sind dank einer unserer Natur innewohnenden Anlage, die eben die Entwicklung solcher Fähigkeiten erlaubt. Wenn wir den entwickelten Fähigkeiten großen Wert beimessen, dann sollten wir um so mehr die Natur würdigen, kraft deren wir in den Besitz solcher Fähigkeiten gelangen.

Eine Analogie mag dies verdeutlichen: Daß jemand einer schönen Keramikvase hohen Wert beimißt, kann sich jedermann vorstellen. Nun mag er die Vase noch so wertschätzen, man wird doch zugeben müssen, daß die eigentliche Wertschätzung dem Töpfer zukommt, der die Vase geschaffen hat. Der größere Wert eignet ihm. Ganz ähnlich wie die Keramikvasen eines Töpfers auf dessen Töpferkunst, verweisen unsere wertvollen menschlichen Leistungen auf unsere menschliche Natur. Menschlicher Wert und menschliche Würde mögen in unserem spezifischen menschlichen Verhalten angemessen zum Ausdruck kommen. Aber ein solches Verhalten gäbe es nicht ohne das entsprechende Vermögen, das unserer Natur eingeschrieben ist. Und diese Natur teilen wir alle. Deshalb gibt es eine Würde und einen Wert, der jedem von uns zukommt, eben kraft der Tatsache, Mensch zu sein.

Da die Würde, die an unser Menschsein gebunden ist, zugleich die Grundlage all dessen ist, was wir - ebenso grundlegend - einander schulden an Achtung, an Anerkennung dieser Würde, besteht eine Vorbedingung des wirklichen Menschseins darin, daß jeder jeden entsprechend behandelt.

Folgerungen für die Politik

Die Achtung vor der Würde des hilfsbedürftigen alten Menschen ist in unserer Gesellschaft bedroht. Schon zu viele Leute sind intellektuell in die Versuchung geraten, das Pflegeproblem dadurch zu lösen, daß man diejenigen, die ihrer geistigen Kräfte nicht mehr mächtig sind, beseitigen läßt. Sich darauf einzulassen, hieße indessen nicht nur, sich an den Getöteten ernsthaft vergangen und diejenigen korrumpiert zu haben, die die Tötung vorgenommen haben. Es würde ebenso nachhaltig jene Achtung vor der Würde jedes Menschen verletzen, die das Leben jeder Gemeinschaft, die für sich in Anspruch nimmt, aus achtbaren Bürgern zu bestehen, zutiefst zusammenhält. Jeder Neigung in diese Richtung gegenüber gilt es, von Anfang an zu widerstehen. Allen alten Menschen, die sie benötigen, muß eine qualifizierte, dauerhafte Pflege geboten werden. Dazu bedarf es einer gesellschaftlichen Garantie.

Ein weiterer Grund für ein solch gesamtgesellschaftliches Engagement ergibt sich aus der Würdigung eines anderen Grundwertes, der mit der Einschränkung des Anspruchs der Altersschwachen auf angemessene Berücksichtigung in den Haushalten der Gesundheitsdienste verletzt zu werden droht: des Wertes der *Solidarität* mit den gebrechlichen und hilfsbedürftigen alten Menschen.

Schließlich sind die Alten die Eltern derjenigen, deren Unterstützung sie erwarten sollten. Jedenfalls gehören sie zu deren Elterngeneration. Sie im Stich zu lassen, beinhaltet die Weigerung, eine grundlegende Schuldpflicht anzuerkennen, die wohl den Kern unserer Humanität ausmacht. Denn *durch* unsere Eltern sind wir überhaupt da. Menschen sind hilfsbedürftig und wehrlos zu Anfang und am Ende ihres Lebens. Das Annehmen und die Pflege der Alten in dieser verletzlichen Hilfsbedürftigkeit ist aber nicht nur Sache eines Schuldausgleichs. Seitens der jüngeren Generation muß es auch ein realistisches Zeichen der Anerkennung unserer humanen Natur sein. Für eine menschliche Gemeinschaft - welche auch immer - wäre es ein katastrophales Zeugnis, systematisch die Pflege der schwachen und verletzlichen Alten *wegen ihrer Schwäche* von sich zu weisen. Genau aber das wäre in einem Verteilungsschema programmiert, aus dem bestimmte Altersschwache wegen eben dieser Altersschwäche ausgegrenzt würden.

Schlußbetrachtungen

Die Bedrohung von Recht, Gerechtigkeit und Solidarität durch die hier dargestellte philosophische Strömung sollte nicht auf die leichte Schulter genommen werden. Sie sollte deshalb nicht auf die leichte Schulter genommen werden, weil dieser philosophische Trend sich bereits als sehr willfährig erwiesen hat im Dienste schlimmer Entscheidungen. Die Versuchungen zu schlimmen Entscheidungen hinsichtlich der Versorgung der Altersschwachen mit angemessener Fürsorge ergeben sich aus einer ganzen Reihe von Faktoren: aus der Zunahme der Nachfrage nach solchen Fürsorgeleistungen; aus der Forderung, in Gesundheitsfürsorgesystemen den “output” geleisteter Investitionen zu verbessern; aus dem Fehlen eindeutigen politischen Engagements; schließlich aus dem allgemeinen Trend in unserer Kultur, den Weg des geringsten Widerstandes dem Recht und der Gerechtigkeit vorzuziehen.

Dieser Trend hat für die Altersschwachen schicksalhafte Folgen. Viele von ihnen - das sollten wir ungeschönt wahrnehmen - sind von der Aussicht auf nicht-einvernehmliche Euthanasie bedroht. Wenn diese Bedrohung Wirklichkeit wird, findet die Tötung in sehr vielen Fällen entweder auf Betreiben oder mit Billigung der eigenen Kinder statt. Ist dies erst einmal der Fall, wären wir eine Gesellschaft, die sich durch die Verbreitung des Elternmords auszeichnet. Die keineswegs unwahrscheinliche Aussicht auf ein zum System erhobenes gesellschaftliches Übel solchen Ausmaßes sollte uns anregen, darüber nachzudenken, warum die Achtung vor der menschlichen Würde in der Seele der Menschen so grundlegend zerstört worden sein könnte, daß sie sich anschicken, der Tötung ihrer Eltern zuzustimmen. Man kann es meines Erachtens nicht von der Hand weisen, daß eine solche Einstellung in anderen Angriffen auf die Menschenwürde wurzelt, wie sie die Elterngeneration eingeleitet hat, die jetzt selbst in Gefahr ist, Opfer zu werden.

Angesichts dieser Versuchungen und der ideologischen Unrechtsrechtfertigungen, die ich dargestellt habe, bedarf es unseres Einsatzes dafür, daß die auf Langzeit-Pflege angewiesenen Alten einen bevorzugten Anspruch auf Bereitstellung der dafür erforderlichen Mittel erhalten. Denn als Gesellschaft brauchen wir einfach ein Zeugnis unseres unzweideutigen Engagements für die Würde der hilfsbedürftigen Alten und unserer Solidarität mit ihnen. Zu einer Zeit machtvoller Sirenentöne zugunsten einer tatsächlichen Aufgabe dieser Werte muß das Engagement klar und eindeutig sein.

Zusammenfassend: Was *mindestens* gesichert werden muß, sind Fürsorgeleistungen für die Altersschwachen von einer Qualität, die soweit wie möglich die Versuchung von Ärzten, Krankenschwestern und anderen gegenstandslos macht, sie täten besser daran, einige ihrer Patienten zu töten als sie einer offenkundig unzureichenden Pflege auszusetzen, einer Pflege nämlich, die einer Verschlechterung des Zustands Vorschub leistet und in der Linderung des Leidens versagt. Es ist die unzureichend gewährleistete Pflege, die zur Versuchung führt, über Patienten, die offenbar einem Mangel an Wertschätzung anheimgefallen sind, einfach zu verfügen.

Umgekehrt wird ein Schuh daraus: Angemessene Pflege bedeutet auch, daß die Patienten wieder geschätzt und gewürdigt werden.

Unsere Wohlstandsgesellschaften können sich in der Debatte um die Allokation von Ressourcen nicht darauf hinausreden, sie hätten es hier mit einem Zwang zur Auslese zu tun wie auf einem Schlachtfeld. Die geschwächten alten Menschen *dürfen* nicht im Stich gelassen werden.

Materielle Ressourcen zur Gewährleistung von Pflege existieren, und wir dürfen sie nicht so verteilen, daß wir damit zugleich die Strukturen aushöhlen oder zerstören, die zur Wahrung so fundamentaler Werte wie Menschenwürde und Solidarität praktisch notwendig, ja für das menschliche Wohl unverzichtbar sind.[7] Natürlich bin ich mir im klaren, daß die Pflegediskussion sich nicht nur am Vorhandensein oder Fehlen der dafür notwendigen materiellen Ressourcen entzündet.

Gefördert werden muß die Pflege*bereitschaft*, und zwar auf allen Ebenen, auf denen die Verantwortung dafür geweckt werden kann, in Familie, Kommune und Staat. Es geht wohl vor allem um neue Sensibilität für die grundlegende Bedeutung eines Gebots menschlicher Gemeinschaft: "Du sollst Vater und Mutter ehren, auf daß du lange lebest in dem Lande, das Jahwe, Dein Gott, dir gegeben hat."[8]

[7] Diesen im wesentlichen aristotelischen Gedanken über die Verteilungsgerechtigkeit stellt Charles TAYLOR heraus in seinem Werk *The Nature and Scope of Distributive Justice* in seiner *Philosophy and the Human Sciences,* Philosophical Papers 2, Cambridge University Press 1985, 289-317.

[8] Exodus 20,12.

Gonzalo Herranz

Euthanasie - Gebote und Verbote der Sterbehilfe

Auch wenn ich mich vor Jahren schon der Medizinethik zugewandt habe, bin ich doch der Pathologe geblieben, der ich war und dessen Aufgabe es war, den menschlichen Leib zu analysieren. Ich empfinde eine tiefe Genugtuung dabei, es nicht bei der Untersuchung von Organ- und Zellstrukturen zu belassen, sondern die Analyse in die anthropologische und ethische Dimension hinein fortzusetzen. Dennoch bleibt die Achtung vor dem Leib das Kennzeichen der Menschlichkeit des Arztes. Die je geltenden "Gebote und Verbote der Sterbehilfe" sind so etwas wie die Nagelprobe dieser Menschlichkeit. Am Thema Euthanasie scheiden sich die Geister. Es ist eine Herausforderung der palliativen Medizin.

Ich wage zu behaupten, daß das gesamte Schicksal der Medizin von der Fähigkeit der Ärzte abhängt, Kurs zu halten zwischen den trügerischen Klippen der Euthanasie einerseits und den bewußt unnützen Behandlungseingriffen andererseits, wenn es darum geht, unserem dem Sterben nahen Patienten mit einer quantitativ und qualitativ angemessenen Medizin gerecht zu werden. Und diesen Kurs müssen wir auch halten können gegen den unentwegt zunehmenden gesellschaftlichen Druck, der auf eine Straffreistellung der Euthanasie abzielt. Holland wird, was die legale Willfährigkeit angeht, kein Einzelfall bleiben. In Spanien liegt dem Justizministerium ein Strafgesetzentwurf vor - gegenwärtig durchläuft er die vorgeschriebenen Instanzen -, nach dem die Strafbarkeit der

Tötung aus Krankheitsgründen so milde ausfällt, daß er einer Straffreiheit der Euthanasie gleichkommt.

So wird es heute immer dringlicher klarzustellen, daß zwischen der Euthanasie und der zwecklosen Behandlung, zwischen diesen beiden irrtümlichen Extremen, die man ausschließen muß, Raum bleibt für eine solide Ethik und die Angebote einer Palliativmedizin, deren Kenntnisse noch keineswegs erschöpft sind. Immer hat der gute Arzt einem Auftrag gehorcht zu heilen, zu lindern, zu trösten. Heilen ist das Eigentliche der Medizin als Heilkunst. Die Aufgabe der Palliativmedizin ist die Minderung und Linderung des Leidens und das Trösten, Mutmachen und die Hilfe, die Krankheit zu bewältigen. Dies gehört zu den wichtigsten und vornehmsten Aufgaben des Arztberufs. Erst wenn es uns gelingt, der Palliativmedizin wissenschaftliches und menschliches Gewicht zu geben, sowohl im Sinne eines neuen medizinischen Spezialfachs als auch im Sinne eines unverzichtbaren Bestandteils der Praxis des Allgemeinarztes, werden wir die Medizin von dem Risiko befreien, sich mit Hilfe der Euthanasie in ein Werkzeug von Gesellschaftsingenieuren zu verwandeln und sich in den Dienst der Mächtigen zu stellen.

Zuerst werde ich Texte ärztlicher Pflichtenkataloge vortragen, die die allgemeine ethische Orientierung der Palliativmedizin anzeigen. Dann werde ich die ethischen Grundlagen der palliativen Pflichtenlehre untersuchen und fragen, ob es irgendeinen Grund gibt, um die Behandlung des sterbenden Patienten als etwas Außergewöhnliches anzusehen, als etwas, das in der Medizinethik eine Sonderstellung einnimmt. Schließlich werde ich aufzeigen, daß unter der Redewendung "mit Würde sterben" viele sehr unterschiedliche, ja widersprüchliche Wirklichkeiten verstanden werden.

Die Palliativmedizin in ärztlichen Verpflichtungstexten

Im Grunde dürfte es überhaupt keine den sterbenden Patienten betreffende spezifische Ethik geben. Er ist ein Patient wie jeder andere. Weder steht er jenseits der allgemeingültigen Regel, die vor dem Leben Achtung gebietet, noch steht ihm gegenüber der Arzt außerhalb der Pflicht, Patienten nicht zu diskriminieren. Diese Normen sind in jedem Kodex ärztlichen Berufsverhaltens enthalten. Die Berufsordnung für die deutschen Ärzte[1] enthält das feierliche Versprechen des Arztes: "Ich werde jedem Menschenleben von der Empfängnis an Ehrfurcht entgegenbringen und selbst unter Bedrohung meine ärztliche Kunst nicht in Widerspruch zu den Geboten der Menschlichkeit anwenden."

Diese allgemeine Verpflichtung zur Ehrfurcht würde schon genügen, um die Palliativmedizin als Hoffnungsträger und Retter der gesamten ärztlichen Berufsethik auszuweisen. Es gibt aber darüber hinaus einige deutsche Verpflichtungstexte, die speziell auf die Palliativmedizin gemünzt und es wert sind, in Erinnerung gerufen zu werden. Wegen ihrer besonderen Maßgabe beschränke ich mich darauf, nur einige Punkte aus den wohlformulierten Richtlinien für die Sterbehilfe der Bundesärztekammer[2] zu zitieren.

In ihrer Einleitung heißt es: "Zu den Pflichten des Arztes, das Leben zu erhalten, die Gesundheit zu schützen und wiederherzustellen sowie Leiden zu lindern, gehört auch, dem Sterbenden bis zu seinem Tode zu helfen. Die Hilfe besteht in Behandlung, Beistand und Pflege." Für unseren Zusammenhang sind besonders die Hinweise auf *Beistand* und *Pflege* von Interesse. Zum Beistand heißt es in den Richtlinien: "Der Arzt steht einem dem Tode nahen Kranken, Verletzten oder sterbenden Patienten, mit dem ein Kontakt möglich ist, auch menschlich bei." Pflege: "Der dem Tode nahe Kranke, Verletzte und der sterbende Patient haben einen Anspruch auf die ihren Umständen entsprechende und in der gegebenen Situation mögliche Pflege. Der Sterbende hat einen Anspruch auf eine menschenwürdige Unterbringung und Betreuung."

[1] *Deutsches Ärzteblatt*, 85. Jg., Heft 50, 1988, 3801-3808.
[2] *Deutsches Ärzteblatt*, 76. Jg., Heft 14, 1979, 957-960.

Es versteht sich, daß sowohl jene Klausel des Berufsversprechens wie die Normen dieser Richtlinien zu den Stärken des allgemeinen ethischen Traditionsstroms gehören, in dessen Licht sie auch zu interpretieren sind. Sie fügen sich nahtlos in die ethischen Kriterien und geltenden Pflichtenkataloge ein, die der Weltärztebund und die Länder der Europäischen Gemeinschaft mit Ausnahme von Holland[3] erarbeitet haben. Zur Krankheit in der Endphase erklärt beispielsweise die 35. Generalversammlung des Weltärztebundes vom Oktober 1983 in Venedig:

"1. Es ist die Pflicht des Arztes zu heilen und, wo es möglich ist, das Leiden zu lindern und die Interessen seines Patienten zu wahren.

2. Vor diesem Grundsatz darf es keine Ausnahme geben, auch nicht im Falle einer unheilbaren Krankheit oder Mißbildung.

[3] Seit Jahren wird in Holland bereits Euthanasie gerichtlich geduldet, wenn bestimmte Bedingungen erfüllt sind, die unabhängig voneinander das Zentralkomitee der Königl. Niederländischen Ärztevereinigung und eine staatliche Euthanasie-Kommission aufgestellt haben. Die Bedingungen sind, daß die Tötung von einem Arzt vorgenommen wird, daß der Patient darum bittet, daß seine medizinisch hoffnungslose Lage feststeht und ein anderer Arzt beigezogen wird und den hoffnungslosen Endzustand ohne Aussicht auf Heilung oder Besserung bestätigt. Es wird empfohlen, die Fälle vollzogener Euthanasie gerichtsmedizinisch zu melden. Der Gerichtsmediziner entscheidet, ob er den Fall bei der Staatsanwaltschaft zur Anzeige bringt. - Vgl. A.A.M. de WACHTER, *Active euthanasia in the Netherlands,* in: Journal of the American Medical Association, vol. 262, 1989, 3316-3319.
Anm. d. Hrsg.: Am 9.2.1993 verabschiedete das niederländische Parlament mit 91 (Christdemokraten, Sozialdemokraten, Linksliberale) gegen 45 Stimmen (kleinere, v.a. christliche Oppositionsparteien) das Gesetz zur Euthanasie. Es hält zwar an der grundsätzlichen Strafbarkeit fest, stellt aber die Tötung auf Verlangen bei Beachtung bestimmter Regeln von der Strafverfolgung frei. Bestimmte Fälle "unfreiwilliger" Euthanasie wurden in diese Regelung aufgenommen. Eine einheitliche gesetzliche "Meldepflicht" wurde in das Bestattungsgesetz aufgenommen (Der Arzt schreibt in die Sterbebescheinigung als Todesursache "Euthanasie"). Ein Alternativentwurf der Linksliberalen zur Regierungsvorlage sah, ausgehend vom Grundsatz der Patientenautonomie, eine völlige Entkriminalisierung der Tötung auf Verlangen vor.

3. Dieser Grundsatz gilt unbeschadet der Anwendung folgender Regeln:
3.1. Der Arzt darf das Leiden eines sterbenden Patienten lindern, indem er mit Einverständnis des Patienten oder seiner Angehörigen, falls er seinem Wunsch keinen Ausdruck mehr verleihen kann, von einer lebensverlängernden Behandlung Abstand nimmt. Das Aussetzen einer lebensverlängernden Behandlung befreit den Arzt nicht von seiner Verpflichtung, dem Sterbenden beizustehen und ihm durch Verabreichung der entsprechenden Medikamente die letzte Phase der Krankheit zu erleichtern.
3.2. Der Arzt soll von der Anwendung alier Mittel absehen, die sich als nutzlos für den Patienten erweisen würden."[4]

Die Grundsätze für die Ethik der europäischen Ärzte, erarbeitet von der Internationalen Konferenz der Ärztekammern[5], schreiben ihrerseits im Art. 12 fest:
"Die Medizin ist unter allen Umständen mit einer ständigen Achtung vor dem Leben, der beruflichen Ethik und der Entscheidungsfreiheit des Patienten verbunden. Im terminalen Stadium einer unheilbaren Erkrankung kann der Arzt sich darauf beschränken, die körperlichen und moralischen Leiden des Patienten zu lindern, wobei er sich darauf beschränkt, diesen in geeigneter Form zu behandeln und die Lebensqualität des Sterbenden so weit wie möglich zu erhalten. Es ist ein unabdingbares Gebot, dem Sterbenden bis zu seinem Tode beizustehen und so vorzugehen, daß seine Würde unangetastet bleibt."

In den vergangenen Jahren haben die ärztlichen Organisationen des Vereinigten Königreiches, Frankreichs, Spaniens wie auch der Ständige Ausschuß der Ärzte der Euro-

[4] Weltärztebund Dok. Nr. 17 J Deklaration von Venedig (zur Sterbehilfe), Nov. 83, BÄK - Ausl. Dienst.

[5] Ständiger Ausschuß der Ärzte der EG, Bundesärztekammer - Drucksache CP 87/4 D betr. *Grundsätze ärztlicher Ethik, angenommen am 6. Januar 1987 von der Internationalen Konferenz der Ärztekammern und Organisationen mit entsprechenden Aufgaben.*

päischen Gemeinschaft die Verurteilung der Euthanasie wiederholt und den Ärzten ihre Verpflichtung in Erinnerung gerufen, dem Sterbenden die bestmögliche palliative Behandlung zukommen zu lassen.

Zusammenfassend läßt sich also feststellen, daß das professionelle Verhalten des Arztes gegenüber dem Sterbenskranken sowohl durch bestimmte Gebote wie bestimmte Verbote definiert wird. Geboten ist es, ihm zur Seite zu stehen und ihn mit einer wissenschaftlich kompetenten und menschlich-verständnisvollen Behandlung zu begleiten und sein Leben bis zum Ende zu achten. Verboten wird sowohl, absichtlich den Tod herbeizuführen, als auch, den Patienten, mit unnützen agressiven Therapien zu belästigen. Es gibt also positive Pflichten: Linderung des leiblichen und seelischen Leidens, Aufrechterhaltung der Qualität des zu Ende gehenden Lebens im Rahmen des Möglichen, Übernahme eines Hüter- und Wächteramtes, was die Achtung der Würde anlangt, die jedem Menschen geschuldet wird, schließlich die Gewährleistung, daß die Palliativmedizin nicht aus dem Feld gedrängt wird durch die wissenschaftlichen Fortschritte aufgrund biotechnischer Experimentierfreude. Daneben gibt es auch Negativpflichten: Generell verboten sind die Euthanasie und unbegründete, sinnlose therapeutische Maßnahmen, die - nach fachkundigem Urteil - auf eine Heilung abzielen, die gar nicht möglich ist, also auf Ignoranz basieren, oder die von politischen oder kommerziellen Interessen geleitet sind.

Die ethischen Fundamente der Palliativmedizin

Die Palliativmedizin bedarf eigentlich keiner speziellen Grundlegung, denn sie ist nichts anderes als authentische Medizin mit ihren eigenen, durchaus beachtlichen Fortschritten, die sie zu einem medizinischen Spezialfach hoher Qualifikation machen. Es gibt keinerlei Notwendigkeit für eine eigene Legitimation. Dennoch muß man sie wohl thematisieren, denn heute wird in einigen Sektoren des ärztlichen Berufsstandes wie auch der Gesamtgesellschaft die Nützlichkeit und Wirksamkeit der Palliativmedizin durchaus in Frage gestellt. Wenn alles mit dem Maßstab der wirtschaftlichen Kosten-Nutzen-Rechnung gemessen oder nur noch nach Jahren ausgeschöpfter Lebensqualität bilanziert wird, dann scheint in der Tat die Palliativmedizin nur noch wenig zu bringen. Gegen eine solche Betrachtungsweise setzt die Palliativmedizin Glanzlichter medizinischer Ethik. Ich beschränke mich darauf, hier nur zwei zu nennen:

- Achtung und Schutz der Gebrechlichkeit
- Einsicht in die Begrenztheit ärztlichen Handelns.

Achtung und Schutz der Gebrechlichkeit

Die Palliativmedizin ist eine Medizin an den Aufgegebenen, den Sterbenden. Im einen Fall ist der Niedergang vorrangig leiblicher Art. Im Vordergrund steht der unaufhaltsame Fortschritt des organischen Zerfalls. Im anderen Fall springt das Verlöschen lebendiger Beziehungen, der Kommunikation ins Auge. Das Erscheinungsbild ist Demenz oder Koma bei erhaltenen vegetativen Funktionen. Der Arzt weiß, daß er die verlorenen Lebensfunktionen nicht zurückholen, die Gesundheit nicht wiederherstellen kann. Wie hat in diesen Situationen der Arzt die Dinge und sich selbst zu sehen? Wie hat er sich zu verhalten?

Seit einigen Jahren nimmt innerhalb und außerhalb der Medizin die Meinung zu, es gebe menschliche Wesen, die so endgültig durch Krankheit und Schmerz geschädigt sind, daß man ihnen nicht nur die Heilbehandlung verweigern darf, die ja unnütz geworden ist, sondern daß man ihren Tod dadurch beschleunigen sollte, daß man auch die symptomatischen Behandlungen, ja die Ernährung und Flüssigkeitszufuhr aussetzt. Schließlich wird behauptet, man dürfe das Leben solcher Patienten auch durch einen aktiven Eingriff beenden. Sie verdienten weder mehr einen medizinischen noch einen menschlichen Beistand. Man muß sich darüber klar sein, daß dies die

Aushöhlung der ethischen Tradition einer in der westlichen Kultur verankerten Medizin bedeutet.

Ich gehöre zu denen, die es zu den fruchtbarsten Antrieben sowohl des Fortschritts der Gesellschaft wie der Erziehung jedes einzelnen Menschen zählen, wirklich zu verstehen, daß die Gebrechlichen wichtig sind. Genau dieser Gedanke, dieser Antrieb hat die Medizin geboren. Trotz zweitausend Jahren Christentum stoßen allerdings die Achtung vor und der Dienst an den Gebrechlichen immer noch auf Widerstand. Das Ausgrenzen der Gebrechlichkeit droht heute eine Akzeptanz mit praktischen Konsequenzen zu finden, die *so* ohne Vorbild ist. In der christlichen medizinethischen Tradition lieferte die einfache Tatsache schwach zu sein, bereits einen hinreichenden Anspruchstitel auf Achtung und Schutz. Für eine gewisse zeitgenössische libertinär-individualistische Mentalität sind dagegen Schwäche und Gebrechlichkeit zum Stigma geworden, das zum Zeichen eines ganzen Ausmerzungsprogramms wird. Damit werden die Ziele und Zwecke der Medizin umgestülpt. Sie hat nun nicht mehr den ausschließlichen Zweck, den Kranken zu heilen oder wenigstens seine Leiden zu lindern und ihn zu trösten. Vielmehr drängt sich das Bild einer Reparaturwerkstatt auf: Entweder die Schäden lassen sich beheben, oder das Ganze gehört auf den Schrotthaufen. Die Medizin wird zum Instrument des Sozial-Ingenieurwesens, zum Werkzeug einer neuen Aristokratie des Wohlstands und der Bevölkerungskontrolle.

Wir Ärzte müssen noch einmal neu begreifen, daß unsere erste moralische Pflicht, die Achtung vor dem Leben, normalerweise in Gestalt der Achtung vor dem geschwächten Leben auf uns zukommt. In jeder wirklich menschlichen Medizin ist die Achtung vor dem Leben unlösbar verbunden mit einer Bejahung der Verwundbarkeit und der wesenhaften Gebrechlichkeit des Menschen und mit der Anerkennung der Unausweichlichkeit des Todes. Der Arzt hat es ja nicht zu tun mit den Gesunden und den Starken, sondern mit den Kranken und Schwachen, mit Menschen in der Krise, die der Niedergang der Kräfte und Fähigkeiten, ja des Lebens selbst regelmäßig auslöst. Die ärztliche Achtung vor dem Leben ist Achtung vor dem leidenden Leben. Heiler und Schützer der Schwäche zu sein, das macht gerade die Eigentümlichkeit des Arztseins aus.

Angesichts jedes einzelnen seiner Patienten, angesichts insbesondere des dem Tode nahen Kranken drängt sich dem Arzt gleich eingangs die Herausforderung auf, in diesem schmerzgeprüften oder gar sterbenden Menschenwesen die ganze Würde eines Menschen anzuerkennen. Der Krankheit wohnt eine Tendenz inne, diese Würde zu verdunkeln, sie mitunter zu verdecken. Gelegentlich scheint sie sie geradezu zu zerstören. Erst die Gesundheit, so scheint es, führt uns in gewisser Weise zu einem vollen Menschsein. Kranksein hingegen scheint auf tausenderlei Weise der Seinsmächtigkeit der Menschen Grenzen zu setzen, Grenzen der Verwirklichung des Projektes Mensch, das uns so am Herzen liegt.

Nun erschöpft sich aber eine ernsthafte, zumal zum Tode führende Erkrankung mit all ihren Einschränkungen und Schmerzen, die sie unserem Entwurf vom Menschsein entgegenstellt, nicht nur in molekularen und zellularen Verstörungen. Ebenso, ja noch vorrangiger, bedroht sie regelmäßig das innere Gleichgewicht der Person und setzt den Kranken als Menschen einer Prüfung aus. Dies sollten wir als Ärzte nie vergessen, wenn wir mit unseren Kranken zusammen sind und sie behandeln. Nun ist es ja gerade so: Weil in der Krankheit stets eine mehr oder minder schwere Bedrohung des Menschseins wahrgenommen wird, gibt es die Medizin. Sie besteht im Grunde darin, die solidarische Geste zu gewährleisten und die erforderlichen Mittel, um dem Kranken seine Gesundheit und sein volles Menschsein wiederzugeben oder wenigstens die Schrecken und Schäden jener Bedrohung zu mildern. Insofern, könnte man vielleicht sagen, handelt der Arzt im Namen und Auftrag der Menschen, um den leidenden Nächsten zu heilen oder seine Leiden zu mindern. Dieser Gedanke liegt übrigens jeder Vergesellschaftung der Medizin zugrunde. Er liefert das Fundament der institutionalisierten, arbeitsteiligen Medizin. Der ärztliche Beistand läßt sich nicht auf eine bloße technisch-wissenschaftliche Intervention reduzieren. Er enthält immer eine zwischenmenschliche Dimension, die es dem Arzt verbietet, nur Zell- oder Organschäden zu vermeiden oder zu reparieren. Sie erlegt es ihm vielmehr auf, eine Antwort auf die vitale und personale Bedrohung zu geben, die jede schwere Krankheit darstellt.

Peter Vogelsanger hat die christliche, wohl ursprünglich stoische Formel *res sacra miser*[6] (Der Elende, Gebrechliche ist eine heilige Sache) wieder aufgegriffen, um die besondere Situation des Kranken mit seiner bedrängten Menschenwürde treffend zu bezeichnen. Diese Formel beschreibt die Koexistenz des Heiligen, das an jedem menschlichen Leben ist, mit dem Niedergang, den die Krankheit herbeiführt. Wenn wir die *condition humaine* des Kranken in einem solchen Licht betrachten, erfassen wir gleichzeitig und voneinander untrennbar sowohl die Unverletzlichkeit und das Elend des Kranken wie auch die verpflichtende Verantwortung des Gesunden, ihn zu pflegen.

Das ist ethischer Grundbestand der gesamten Medizin, um so mehr der Palliativmedizin. Nach einem alten Sprachgebrauch bedeutet palliativ, *palliatio,* so etwas wie Ummantelung, Verdeckung unter einer Kapuze, Maskierung. Heute verlangt der Begriff des palliativen Behandelns allerdings eine entschiedene Aufrichtigkeit.

Die Schwäche und die Gebrechlichkeit dürfen nicht verborgen, ins Abseits gedrängt werden. Sie müssen sichtbar anerkannt werden als Teil und Erbschaft des Menschseins. Die Spannung zwischen Verdrängen und Anerkennen der Schwächung ist ein höchst aktuelles Phänomen. Es gibt Menschen, die gegenüber dem ethischen Wert der Schwäche blind sind. Die hedonistische Mentalität mit ihrer Intoleranz gegenüber

[6] P. Vogelsanger kann die Herkunft der Formulierung nicht mehr genau angeben, schreibt sie entweder Seneca oder Augustinus zu, räumt aber die Möglichkeit ein, daß in ihr eine mythisch-numinose Scheu vor dem Anderssein des Kranken i.S. von Unantastbarkeit und Hilfsbedürftigkeit enthalten ist. Peter VOGELSANGER, *Die Würde des Patienten*, in: Bulletin der Schweizerischen Akademie der medizinischen Wissenschaften, Bd. 36, 1980, 249-258.

Leiden und Gebrechlichkeit geht eine trügerische Allianz mit den Philosophien des Evolutionismus ein, die dem biologischen und sozialen Überleben des Stärkeren und besser Angepaßten das Wort reden. Der real existierende Kampf oder Wettbewerb um die Macht und um Chancen, insbesondere in einer Ökonomie, die den Produktion-Konsum-Kreislauf ständig beschleunigt, tragen in sich bereits den Samen der Verachtung für den Kranken, Schwachen, Unproduktiven. Der alte Mensch und der abhängige chronisch Kranke sind Konsumenten, die selber keine Leistung erbringen.

Angesichts der begrenzten Mittel für das Gesundheitswesen gibt es längst mehr Leute als man denkt, die, wenn auch noch selten offen, hier die Euthanasie für die schlüssigste "Problemlösung" halten. Jedenfalls nimmt die Zahl derer zu, die es für unverantwortlich halten, noch viel Geld auszugeben für chronisch und unheilbar Kranke, die es vielmehr für besser halten, ihren Tod zu beschleunigen. Dem Tod den Weg zu ebnen, das wird dann als ethische und ökonomische Alternative vorgetragen. Sie sei ebenso gültig, wie es die Achtung vor dem Leben zu sein beansprucht.

Der Minister für Gesundheit und Konsum in Spanien hat kürzlich auf der Ersten Konferenz der Nationalen Ausschüsse für Bioethik gesagt, die hippokratische Ethik müsse ersetzt werden durch eine andere, die es den Familienangehörigen und den Patienten erlaubt, frei über ihr Leben zu entscheiden; es sei nötig, zu einer Ethik zu kommen, die mit der Knappheit der Mittel vereinbar sei, so daß der Staat die gesetzlich vorgeschriebenen Sozialleistungen und -hilfen auch versagen dürfe, wenn beispielsweise nach einer Pränataldiagnostik, die ein erhebliches Gesundheitsrisiko des Fötus erwiesen habe, die Eltern sich für die Fortsetzung der Schwangerschaft entscheiden. Von einer öffentlichen Ethik nach nietzscheschem Macht- und Vitalitäts-Modell, nach der das Mitleid mit dem Schwachen und dem Gebrechlichen sowie ihre Pflege zu einer Sklavenmoral gehören, zur Moral einer dekadenten Menschheit, die den Reichtum ihrer Instinkte eingebüßt hat, sind wir nicht mehr weit entfernt. Eine solche Mentalität spielt in der Euthanasie-Bewegung eine kaum zu unterschätzende Rolle.

Der Respekt des Arztes vor seinem Patienten muß dessen Gebrechlichkeit gerecht werden. Wenn es auf das Sterben zugeht, hat der Patient das volle Recht auf den Beistand des Arztes, auf seine Zeit, auf seine Tüchtigkeit, auf seine Einsatzbereitschaft. Ich möchte das präzisieren: Der dem Tode nahe Patient hat dieses Recht jedenfalls nicht weniger als derjenige, der wieder gesund werden kann. Es gibt eine Pflicht, jedem so beizustehen, wie sein Zustand es verlangt, ohne zu diskriminieren.

Der Arzt muß sehr oft sein eigenes Verhalten überprüfen, um dem ethischen Prinzip des Nicht-Diskriminierens zu entsprechen. Meine Schüler pflege ich gerne einem Test zu unterziehen, den Paul E. Ruskin[7] vorgetragen hat, damit sie sich einmal aufrichtig darüber klarwerden, ob ihre Entschiedenheit, nicht zu diskriminieren, auf festem Grund steht.

Ruskin hielt einen Kurs ab über "psychosoziale Aspekte des Alterns". Bei dieser Gelegenheit trug er den teilnehmenden Krankenschwestern einen Fall vor. Anschließend bat er sie, aufrichtig zu beschreiben, wie sie sich innerlich einem solchen Fall gegenüber einstellen würden, wenn sie konkret mit ihm befaßt wären.

Ruskin beschrieb eine Patientin von altersentsprechendem Aussehen: Die sprachliche Kommunikation ist unmöglich. Sie kann weder hinreichend sprechen noch Gesprochenes verstehen, stammelt vielmehr stundenlang vor sich hin. Sie macht lediglich den Eindruck, ihren eigenen Namen wiederzuerkennen. Hinsichtlich ihrer eigenen Person, der räumlichen Umgebung und der Zeit scheint sie nicht orientiert zu sein. In Sachen Körperpflege reagiert sie teilnahmslos. Man muß sie mit breiigen Speisen füttern, denn sie hat keine Zähne. Wegen Stuhl- und Urininkontinenz wird sie häufig gewaschen und umgekleidet. Da sie unentwegt speit, muß ihre Wäsche

[7] Paul E. RUSKIN, *Aging and caring*, Journal of the American Medical Association, Bd. 250, 1983, 2440.

oft gewechselt werden. Gehen kann sie nicht. Ihr Schlaf ist sehr wechselhaft. Häufig wacht sie nachts auf und weckt mit ihrem Geschrei die anderen. Die meiste Zeit ist sie zwar ruhig und lieb, aber ein paarmal am Tag ist sie plötzlich ohne erkennbaren Grund sehr agitiert und verfällt in ein unmotiviertes krampfig-schluchzendes Weinen.

Fast regelmäßig fällt die Antwort der meisten Studenten negativ aus: Eine solche Patientin zu pflegen sei eine Zumutung, eine Art, die Zeit der Ärzte und Krankenschwestern zu vergeuden. Die Bestmotivierten bringen zum Ausdruck, daß ein solcher Fall eine wirklich harte Prüfung der Geduld und der Berufung des Arztes oder des Pflegepersonals darstelle. Wenn wirklich alle Kranken so wären wie der beschriebene Fall, dann sei die Geriatrie eine Disziplin nur für heilige Ärzte und Krankenschwestern.

Wenn ich meinen Schülern dann sage, daß ihre Antworten unvereinbar sind mit der Ethik des Nicht-Diskriminierens, reagieren sie meist ungläubig - oder gleichgültig. Ruskin beendet seinen Test damit, daß er unter seinen Studenten oder Krankenschwestern eine Fotografie der entsprechenden Patientin herumgehen läßt: Ein prächtiges Baby von sechs Monaten. Wenn sich dann der lautstarke Protest im Hörsaal gelegt hat - alle fühlen sich natürlich als Opfer eines Betrugs -, ist der Augenblick gekommen, ernsthaft auf die Frage einzugehen, ob die feierliche Selbstverpflichtung, nicht zu diskriminieren, wirklich scheitern darf an den Unterschieden von Gewicht, Alter, Lebenserwartung oder an Gefühlen, die das Aussehen der Patienten hervorrufen, oder ob, ganz im Gegenteil, diese Verpflichtung nicht jenseits solcher Unterschiede stehen sollte. Studenten und Ärzte dürfen sich gegenüber ihren Kranken nicht von einer gefühlsbetonten Sichtweise leiten lassen. Sie müssen an ihrer eignen Überzeugung arbeiten, daß die alte Patientin als menschliches Wesen ebenso würdig und liebenswert ist wie das Kind. Die Kranken, die die letzten Tage ihrer irdischen Existenz verbringen, ausgezehrt durch Alter und Verlust ihrer geistigen Verfassung, verdienen die gleiche Pflege und den gleichen Beistand wie die, die in ihrer frühesten Kindheit ihr Leben mit den gleichen Mangelerscheinungen beginnen. Oder auch wie jene Fälle, die sich deshalb “noch lohnen”, weil sie Gegenstand einer publizierbaren wissenschaftlichen Arbeit sein können.

Soviel zur Grundlegung der Ethik palliativer Medizin, zum Prinzip der Nicht-Diskriminierung und zur Schutzpflicht der Schwachen.

Die unvermeidliche Begrenztheit ärztlichen Handelns

Dem Arzt dürfen die ethischen Grenzen seiner Befugnisse nicht entgehen. Er muß anerkennen, daß er nicht allmächtig ist und nicht alles in Ordnung bringen kann. Sobald er feststellt, daß seine Behandlungen unnütz werden, stößt er an eine ethische Grenze seines Handelns, die er nicht überschreiten darf. Um hier richtig zu verfahren, muß der Arzt sich mit zwei Gedanken vertraut machen: erstens mit dem begrenzten, endlichen Charakter seiner Mittel und Möglichkeiten, zweitens mit der Tatsache, daß auf das herannahende Sterben weder das unbeirrbare Weitermachen noch die Flucht angemessene ethische Antworten sind. Wohl aber bietet die Palliativmedizin eine angemessene Antwort.

Gegenwärtig wird viel daran gearbeitet, den Begriff des Unnützen in der Medizin zu definieren. So wie es unnütze Diagnostik gibt, so gibt es auch unnütze Therapie. Dem einen steht eine Diagnostikwut, dem anderen eine Therapiewut gegenüber. Die Scheidelinie zwischen einem richtigen palliativen Handeln und dem irrtümlich überzogenen Tätigkeitsdrang ist allerdings in vielen klinischen Situationen keineswegs eindeutig zu ziehen.

Den Nutzen vieler medizinischer Interventionen kennen wir nicht mit hinreichender Genauigkeit. Immer gibt es einen mehr oder minder großen Spielraum der Ungewißheit, in dem der Arzt Ermessensentscheidungen treffen muß. Im Spielraum dieser Ungewißheit sollte er eine Neigung entwickeln, den Patienten zu entlasten. Jedenfalls wird er in seiner Arbeit immer vor Augen haben müssen, daß er ganz unvermeidlich an einen Punkt gelangt, an dem die Vorteile seiner Eingriffe unverhältnismäßig gering sind, verglichen mit dem Leiden, das sie hervorrufen, oder mit den Kosten, die sie verursachen.

Um auf dem gesamten Weg seiner Begegnung mit dem Sterbenskranken den Blick für die ethische Orientierung nicht zu verlieren, muß der Arzt, zumal in der palliativen Behandlung, sich vor einer einäugigen Betrachtungsweise hüten und sozusagen eine binokulare Sicht auf seinen Patienten entwikkeln. Er muß ihn mit zwei Augen sehen. Auf der einen Seite muß er das Bewußtsein dafür wachhalten, daß sein Gegenüber ein menschliches Wesen ist, daß seine Beziehung zum Kranken eine Beziehung von Person zu Person ist. Dessen Erwartungen, Wünschen und Überzeugungen muß Rechnung getragen werden. Im Rahmen des vernünftigerweise Möglichen sollten sie erfüllt werden. Diese persönliche Beziehung muß sich auch auf die Angehörigen des Kranken erstrecken.

Dies alles muß der Arzt mit seinem menschlichen Auge sehen, mit dem der Person. Gleichzeitig aber muß er die Notwendigkeiten und Grenzen der prekären biologischen Lage des Sterbenden im Blick behalten. Das ist Sache des wissenschaftlichen Auges, mit dem der Arzt buchstäblich durch die Haut des sterbenden Patienten hindurchschauen muß, um den schwer geschädigten biologischen Prozeß zu verfolgen. Der Patient darf aber eben niemals reduziert werden nur auf ein Konglomerat aus den Fugen geratener Moleküle oder aus dem Zusammenspiel drängender Organe oder auf ein chaotisches und dem Ruin anheimfallendes physio-pathologisches System. Das alles ist der Patient auch. Aber dazu ist und bleibt er eine Person. Die binokulare Sicht des Arztes muß das Bild dieses geschädigten physiopathologischen Systems jenseits aller Möglichkeiten der Wiederherstellung integrieren in eine zusammenhängende Ordnung, in das Bild jenes Menschseins, das man nicht im Stich lassen darf, das es zu achten und zu pflegen gilt bis zum Ende.

Hier liegt zugleich die Größe und das Risiko der Palliativmedizin: Gleichzeitig die Person sehen, um an ihrer Seite auszuharren, ihr zu helfen, und den Schiffbruch ihrer Biologie zu sehen, um sich unnützer Eingriffe zu enthalten.

Dieser doppelten Sicht bedarf der Arzt immer. Sie ist eine Forderung seiner Doppelrolle als Helfer der Menschen und als Kenner der Naturwissenschaft. Die klinische Beurteilung der biochemischen Untersuchungsergebnisse, der Messung von Funktionen, ob sie nun durch die leibliche Untersuchung oder durch instrumentelle Eingriffe gewonnen wurden, stellen diesen objektiven Teil der Arzt-Patient-Beziehung dar. Er verlangt ein Maximum an Enthaltsamkeit von affektiver Bindung. Der Arzt wäre kein guter Mediziner, wenn er nicht auch vom Mitleid und der Anteilnahme weitgehend absehen könnte. Denn sie würden ihn hindern, nüchtern und gelassen abzuschätzen, wie und in welchem Umfang seine Eingriffe angemessen sind.

Diese eher objektiven Indikatoren werden in einem bestimmten Augenblick das Urteil sprechen, daß der Prozeß der physiopathologischen Entgleisung irreversibel geworden ist, daß das Endstadium der Krankheit eingetreten ist. Der Mediziner muß dann rechtzeitig den Gedanken zu heilen aufgeben, um sich der - auch wissenschaftlich herausfordernden - Aufgabe zuzuwenden, mit Kompetenz und Menschlichkeit zu lindern und zu pflegen.

Dieser Augenblick, in dem es anzuerkennen gilt, daß die Heilkunst nichts mehr bringt, ist ein sehr harter Augenblick. Aber er birgt einen ebenso klaren wie tiefen Beweis von Menschlichkeit, eine uneigennützige ethische Herausforderung. Auch für den Patienten und seine Familie ist dies ein schwer annehmbarer Augenblick, der das Vertrauen in den Arzt auf einen neuen Prüfstand stellt. Der Arzt darf sich nie in den Weg stellen, wenn sein Patient dann einen anderen Kollegen konsultiert, um noch eine weitere Meinung zu hören.

Es wird Zeit einzusehen, daß Patienten heute ihr Vertrauen zum Arzt nicht mehr bloß auf Sympathie - wegen seiner Leutseligkeit und Milde - stützen können. Vertrauensgrundlage muß vielmehr die Zuverlässigkeit seiner Kenntnisse, seine Vertrautheit mit den diagnostischen und therapeutischen Methoden sein, nicht zuletzt auch sein maßvoller Verzicht auf das Unnütze und seine Beherrschung der palliativen Medizin.

"Mit Würde sterben" - ein Schlagwort voller Widersprüche

Vom "Sterben mit Würde" sprechen religiöse Autoritäten ebenso wie die Aktivisten der Euthanasie. Es liegt auf der Hand, daß sie ganz verschiedene Dinge meinen. Vom "Sterben mit Würde" spricht derjenige, der Hilfe zum Selbstmord erbittet, aber auch der Patient, der sich nach langer und leidvoller Krankheit in der demütigen Gelassenheit dessen auf den Tod vorbereitet, der immer wieder das Gebet zur Annahme des Todes gesprochen hat. Vom "Sterben mit Würde" reden die ethischen Dokumente, die die Euthanasie ebenso wie therapeutische Besessenheit verurteilen. Ebenso sprechen davon die Verfechter einer medizinischen Ökonomie, in der die Euthanasie als Mittel zur Kostendämpfung im Gesundheitswesen in Frage kommt. Es herrscht kein Mangel an Studien über die unterschiedlichen Bedeutungen der Redewendung "mit Würde sterben". Ich halte mich im folgenden an einige Gedanken aus dem anregenden Katalog Vanderpools[8], zumal er besonders die Werte der Leiblichkeit hervorhebt.

Am häufigsten fällt heute die Wendung "mit Würde sterben" bei den Anhängern der Bewegung für Euthanasie und Hilfe zum Selbstmord, zum Beispiel bei der Gesellschaft für humanes Sterben. Unter der Chiffre "mit Würde sterben" segelt hier eine Handlungsmaxime, die auf eine absolute Autonomie des Menschen zu pochen vorgibt. Der Mensch sei Herr und Gebieter über sich selbst, lenke sein eigenes Schicksal und bestimme auch, wann er seinen Tagen ein Ende setzt. Danach sind es nicht die äußeren Gegebenheiten, die sein Sterben festsetzen.

[8] H. Y. VANDERPOOL, *The ethics of terminal care*, Journal of the American Medical Association, Bd. 239, 1978, 850-852.

Der Tod ist weder mehr ein Tabu noch Geheimnis noch Schicksal noch Ereignis. Der Tod wird programmiert, und ausgeführt. Die "Würde des Sterbens" wird hier bemüht für eine Rebellion gegen den Verlust der Gesundheit, der Schönheit, der intellektuellen Unversehrtheit. Sie dient als Schlußschrei der Emanzipation, der Unabhängigkeit, der Autonomie. Selbstbefreiung nennen das die Anhänger einer Liberalisierung der Selbstmordhilfe gern.

An zweiter Stelle fällt der Ausdruck "mit Würde sterben" im Diskurs gegen eine Lebensverlängerung bei Patienten im irreversiblen Koma. Der künstliche Erhalt des Lebens wird in diesem Zusammenhang als eine Art Entehrung angesehen. Dem Ausfall der somatischen Funktionen wird hingegen etwas zugeschrieben, das voller Würde sei. Diese Position wird häufig manipuliert zugunsten der Werbung für Euthanasie oder zugunsten des Kampfes gegen die technologische Medizin. Die Rechtfertigung dieser Position vermischt oft die Würdelosigkeit des menschlichen Sterbens unter der Apparatemedizin mit der Auszehrung des Körpers durch eine unangemessene Verlängerung der Agonie. Manchmal wird sogar das Erscheinungsbild einer Fast-Leiche für eine direkte Folge von Maßnahmen gehalten, die in der Tat besser an Kranken vorgenommen würden, die womöglich von den hier vergeudeten Mitteln noch etwas hätten.

In einem dritten Sinne bedeutet "mit Würde sterben", das Idealbild, das jeder von sich hat, möglichst lange zu erhalten, auch im Angesicht des Todes. Der Tod soll nicht erschrekken, sondern mit innerer Gelassenheit hingenommen werden. Darin besteht die Würde im Sterben des Stoikers, der sich unterwirft, aber ohne die Haltung zu verlieren angesichts der höheren Macht des Schicksals. Im Leben wie im Sterben kommt es auf Selbstbeherrschung an, gutes Benehmen, korrektes Erscheinungsbild, auf Qualität, Unabhängigkeit, Überlegenheit. Im Endstadium wird Respekt verlangt vor den eigenen Überzeugungen und Beteiligung an der Entscheidungsfindung. Andere dürfen helfen und unterstützen, aber nicht dominieren.

Schließlich gibt es viertens eine religiöse Tradition des "Sterbens mit Würde". Sie schließt eine psychologisch und aszetisch reife Annahme des Todes ein. Der Tod des gläubigen Menschen, der den väterlichen Willen Gottes liebt, bezieht seine Würde sowohl aus der Anerkennung der Endlichkeit geschöpflicher Existenz wie aus der Gewißheit eines zukünftigen und dauerhaften Lebens, der er sich geöffnet hat. Das Sterben vollzieht sich in Demut, Frieden und Hoffnung. Hier würde der Sterbende seine Würde gerade dadurch verlieren, daß er sich gegen den göttlichen Willen auflehnt oder vor diesem entscheidenden Augenblick in Verzweiflung fiele, sich an dieses Leben klammerte und die transzendente Bedeutung des Todes aus den Augen verlöre.

Gegen die Würde des Todes würde ebenso verstoßen, wenn man ihm seine Einbindung in die Gemeinschaft, in die Familie und Gesellschaft nehmen würde, wenn man den Patienten im Stich ließe, ihm die geistlichen Hilfen, die notwendige psychologische Stütze, den Trost und die Liebe der Verwandtschaft, die palliative Hilfe des Arztes verweigerte.

Angesichts derartiger Verständnisunterschiede dürfte es sich empfehlen, den Ausdruck "mit Würde sterben" überhaupt nicht mehr zu verwenden. Man kann ja nicht mehr "mit Würde sterben" sagen und auch noch annehmen, der andere habe verstanden, wovon man spricht. Sehr wohl hingegen kann man sprechen von der Würde des Menschen in seinen letzten Lebenstagen. Gehen wir daher noch der Frage nach: Welche Gebote legt dem Arzt die Würde des Menschen in seinem Endzustand auf?

Von der Würde des Todkranken

Das Hauptgebot, das die Würde des Menschen in seinem Endzustand dem Arzt auferlegt, ist die Achtung. Achtung, in erster Linie vor der Person, verlangt, dem Patienten die Wahrheit zu sagen, auf seine Fragen zu antworten, seine Wünsche verstehen zu suchen, seinen Bitten in allem zu entsprechen, soweit man ihnen vernünftigerweise entsprechen kann. Niemand ist in der Lage, den womöglich entscheidenden Wert abzuschätzen, den für viele Patienten die letzten Tage ihres Lebens haben, nicht nur, was die Regelung von Angelegenheiten hier und über das Irdische hinaus anlangt, sondern auch hinsichtlich der Fähigkeit, sein Menschsein zu verwirklichen und die Sendung abzurunden, zu der sie auf diesem Planeten angetreten sind. Thomas West[9], der viele Jahre der Hospizarbeit gewidmet hat, faßte seine langen Erfahrungen in dem Bekenntnis zusammen, daß für ihn die gewichtigste Zurückweisung der Euthanasie ausdrücklich im Reichtum und in der menschlichen Würde liegt, die viele Patienten gerade auf dieser letzten Zielgeraden ihres Lebens erreichen und zum Audruck bringen.

Das zweite Gebot, das dem Arzt die Würde des Lebens auferlegt, lautet: Den Tod akzeptieren. Man muß diesen Gedanken, daß ein wesentlicher Teil der Achtung des Arztes vor dem Leben in der Hinnahme des Todes besteht, in sich Platz greifen lassen. Der Arzt hat eine moralische Pflicht, sich in das Unausweichliche zu fügen. Diese Pflicht stellt ihn sowohl vor eine wissenschaftliche und berufliche Aufgabe als auch vor eine gesellschaftliche Herausforderung: Der Arzt darf nicht denjenigen auch noch Argumente liefern, die in einem Milieu diffuser Ängste vor medizinischer Technologie zum Ruf nach der Euthanasie verführt werden.

Das dritte Gebot der Würde des Todkranken verlangt vom Arzt, ihn nicht im Stich zu lassen. Die Gewißheit, daß sein Arzt ihn mit seiner ganzen Kraft begleitet, bedeutet für den Patienten einen großen Trost, der sehr oft demjenigen nicht nachsteht, den ihm seine Familie oder seine Freunde spenden können. Wenn er sich alleingelassen oder einsam sieht, vermag der Sterbende wirklich seine Würde zu verlieren: wenn er merkt, daß der Arzt ihm aus dem Weg geht; daß er nicht an ihn denkt; daß er die Krankenschwester oder die Familie nach seinem Zustand fragt, aber nicht ihn selbst; daß er ihm nicht einmal den Puls fühlt. Zu keinem Zeitpunkt ist der

[9] T. WEST, *Do we need a new offence of "mercy killing"? Good care or bad law?,* Journal of the Royal Society of Medicine, Bd. 72, 1979, 461-464.

Placeboeffekt der Nähe, des Wortes, ist der physische Kontakt des Arztes zum Patienten so wirksam wie in dieser Schlußphase des Lebens. Gerade bei diesem Endspurt spürt der Patient eine dringende Notwendigkeit der Mitteilung, des Trostes, angehört und verstanden zu werden. Sehr oft ist der sterbende Patient mit einer Durchsicht und einer Abrechnung seines Lebens beschäftigt und von der Hoffnung getrieben, noch manche offene Rechnung möge saldiert werden, und sei es mit einer bloßen Geste der Vergebung und der Liebe. Seltsamerweise sind die Familienangehörigen oft gerade dann in ihren Liebesbekundungen wie gelähmt oder stumpf und delegieren einen wesentlichen Teil ihrer Aufgabe zu trösten und zu lindern auch noch an den Arzt.

Das vierte Gebot der Menschenwürde des sterbenden Patienten bezieht sich auf die Pflege des Körpers. Mancher denkt, daß in den letzten Tagen, in denen der Leib immer hinfälliger wird, eigentlich nichts mehr zu tun ist. Im Sterbenden ist das Bewußtsein seiner Leiblichkeit gesteigert lebendig. Dies gilt für die Wahrnehmung der Symptome Schmerz, Atemnot, Juckreiz, Schließmuskelinkontinenz. Aber es gilt auch für die weniger auffälligen Dinge: für die persönliche Körperpflege, die Sorge, gut gekämmt und angezogen zu sein, ein freundliches und aufgeräumtes Zimmer zu haben. Es geht um die Gerüche, die Geräusche, den Wechsel der Bettwäsche, die regelmäßige Lageänderung, die Vorsorge, daß keine Dekubitusgeschwüre entstehen oder deren Behandlung und Pflege, wenn sie entstanden sind. Mit solchen materiellen und ästhetischen Aspekten kann die menschliche Würde gewonnen oder verspielt werden. Der Arzt darf demgegenüber nicht gleichgültig werden. Auch von den Krankenschwestern und dem Hilfspersonal oder je nachdem von der Familie muß er verlangen, daß sie sich diese Belange zu Herzen nehmen. Unter dem Strich sind sie die Materialisierung, die Inkarnation der moralischen Werte. Die Verpflichtung nicht zu schaden meint nicht nur den Verzicht auf unangemessene therapeutische Eingriffe. Sie bezieht sich auch auf die Aufrechterhaltung der menschlichen Würde des Leibes und der materiellen Umgebung des Patienten.

Das fünfte und letzte Gebot der Menschenwürde des Patienten führt uns zum geistigen, je nachdem geistlichen Beistand. Unter dem Titel "Neglected Ethics" (Vernachlässigte Ethik) hat eine britische Krankenschwester ein Buch über die religiösen und philosophischen Nöte sterbender Patienten geschrieben.[10]

Aus der mitunter unfreundlichen, wenn nicht gar offen feindseligen Haltung mancher Ärzte gegenüber den geistlichen Nöten ihrer sterbenden Patienten schaut nicht selten so etwas wie Arroganz heraus. Aber der Arzt hat eine ethische Pflicht, die Überzeugungen des Kranken oder je nachdem seiner Verwandten zu respektieren. Und er hat kein Recht, ihnen die seinen aufzudrängen. Ein guter Arzt hat jedenfalls Gespür für die geistigen und geistlichen Bedürfnisse seiner Patienten.

Hippokrates hat den Ausspruch hinterlassen: Wo Liebe zur Heilkunst ist, ist Liebe zum Menschen. Dies gilt vermutlich in keinem anderen Bereich der Medizin ausdrücklicher als in der palliativen Behandlung. Sie kann ihre Ergebnisse zwar weder mit spektakulären Statistiken messen noch mit Leistungsnachweisen belegen. Ihre demütige Aufgabe bewahrt aber die gesamte Medizin davor, zur Unmenschlichkeit zu verkommen. Für den Prozeß einer Humanisierung der Medizin ist die Zielmarke einer kompetenten palliativen Medizin wohl weder zu ersetzen noch zu überbieten.

[10] A.C.M. SAMPSON, *The neglected ethics. Religious and cultural factors in the care of patients*, London (McGraw-Hill) 1982.

Aussprache

Leitung: Winfried Kluth

Ernst Michael Striefler: Ein menschenwürdiges Sterben, wie Sie, Herr Gormally ebenso wie Sie, Herr Herranz, es verlangen, das muß ja jemand gewährleisten. Im Evangelium hat der Samariter Geld gegeben, um Pflege sicherzustellen.

Wer ist der Träger der Pflichten? Daß die *Gesellschaft* Träger dieser Pflichten ist, überzeugt nicht recht und wird zum finanziellen Problem. Sie kann einen gewissen Rahmen schaffen, in dem das Pflegepersonal und die Familienangehörigen diese menschenwürdige Pflege wahrnehmen können. Der Hinweis, die Kinder haben das gefälligst zu tun, ist auch nicht immer der richtige Ratschlag. Es gibt pflegebedürftige Eltern, die 90 Jahre alt sind. Deren Kinder sind dann 70 Jahre alt und können das unter Umständen körperlich gar nicht mehr.

Gormally: In erster Linie obliegt die Pflicht der Familie. Ist sie tatsächlich nicht in der Lage, tritt wohl die örtliche Gemeinde als nächster Pflichtträger ein, die imstande ist, diese Hilfe anzubieten.

Nun zeigt sich aber in unserer Gesellschaft nicht nur die Notwendigkeit, die sich aus der erhöhten Lebenserwartung ergibt - 90jährige Eltern mit 70jährigen Kindern sind ein illustratives Beispiel -, sondern auch ein Bedarf an sehr spezialisierter Hilfe. Beides verpflichtet die Gesellschaft auf einer Ebene, auf der solch spezialisierte Hilfe geleistet werden kann.

Damit ist der Staat in der Pflicht. Hier kommt es mir sehr darauf an, daß die Gesellschaft auf dieser höchsten Ebene ihrer Organisation die Versorgung der Alten und Gebrechlichen insbesondere deshalb institutionalisieren muß, weil sie anderenfalls als Gesellschaft eine dramatische Destruktion erleidet.

Thomas: Pflege zu Hause oder institutionell ist eine Sache, eine andere die Palliativ-Medizin. Sie geht Krankenhäuser und Ärzte an. Kann man einen solchen Einsatz von Ärzten im normalen Krankenhaus oder Praxisbetrieb verlangen? Offenbar ist der gesellschaftlich vorgegebene Rahmen dafür nicht sehr günstig. Was eigentlich normal wäre, scheint Heldentum zu verlangen.

Was ist da falsch? Wird in unserer Ärzteausbildung über das, worüber wir hier theoretische Betrachtungen anstellen, praktisch geredet? Spielt es in der Krankenhausorganisation eine hinreichende Rolle? Werden Kliniken so konzipiert, daß palliative Medizin nicht als Betriebsstörung gilt? Wo ist in der professionellen medizinischen Organisation das Zusammenspiel zwischen Ärzten und Pflegepersonal angesiedelt?

Mir scheint, daß Sie, Herr Herranz, diesbezüglich an Ihrer Universitätsklinik in Pamplona vielleicht etwas verwöhnt sind. Ich war jedenfalls beeindruckt, daß dort eine wissenschaftlich-professionelle Zuständigkeit für eben dieses Zusammenspiel zugunsten des Patienten institutionalisiert ist, und daß das funktioniert. Von der zuständigen Kollegin erfuhr ich übrigens einen hochinteressanten Nebeneffekt dieses Miteinanders. In der Klinik liege der Hospitalismus ungefähr fünf Prozent niedriger als im Durchschnitt vergleichbarer europäischer Krankenhäuser. Auf meine Frage, wie sich das erkläre, nannte sie nicht einen isolierten Grund. Es sei das Ergebnis der Sorgfalt im Zusammenspiel des Ganzen.

Herranz: Ein Krankenhaus kann man verstehen als eine Organisation von Menschen, von denen jeder funktioniert. Es kann aber auch aus einer Mannschaft mit einem gemeinsamen Engagement bestehen. Dieses muß gar nicht unbedingt auf die hohen abstrakten Ideale der Medizin und der Medizingeschichte gerichtet sein. Es geht um die kollektive Aufmerksamkeit für die kleinen Dinge des Alltags, so zum Beispiel für die vielen kleinen Regeln, durch deren Beachtung sich möglichst wenige Leute im Krankenhaus eine Infektion holen. Vor allem sind zwei Hauptquellen der Infektion zu stopfen. Zuerst darf nicht jeder Arzt nach persönlichem Gutdünken über Antibiotika verfügen. Antibiotika sind bei uns ausschließlich aufgrund von bakteriologischen Laborprüfungen zu verwenden. Zweitens ermutigen wir nachhaltig zu höherem Wasser- und Seifenverbrauch. Dazu gehört auch der strenge, hochdisziplinierte, ständige Kittelwechsel beim Betreten und Verlassen des Operations- und Intensivbereichs. Die Leistung liegt nicht im Erlassen der richtigen Vorschrift, sondern darin zu erreichen, daß jeder sich daran hält - trotz aller Routine. Das geht nur, wenn jeder einen tiefen Respekt vor dem Patienten hat und dieser Respekt eine kollektive Stimmung schafft.

Bei guter Führung eines Krankenhauses wäscht sich jeder Beteiligte - außerhalb der Operationstätigkeit - im Durchschnitt täglich zwanzigmal die Hände. Wir haben diese Empfehlung nicht etwa aus Amerika übernommen, sondern aus der Erfahrung eines Krankenhauses in Zentralafrika. Die Regierung hatte die Haushaltsmittel für das Krankenhaus auf die Hälfte reduziert. Die einzige Position, die das Krankenhaus dann aufgrund einer Untersuchung trotzdem heraufsetzte, beinhaltete die Ausgaben für Wasser, Seife und Desinfektionsmittel. Der Erfolg glich die Mittelkürzung nahezu aus. Eine entscheidende Herausforderung an die humane Qualität von Krankenhäusern besteht darin, daß viele solche kleinen Entscheidungen nicht Einzelentscheidungen sind, sondern daß sie von allen gemeinsam getroffen, getragen und vollzogen werden.

Dr. Heinrich Günther: Die Forderung, das medizinisch Machbare zu begrenzen, liefert uns der Hilflosigkeit, mit Sterben und Tod umzugehen, in der Praxis erst eigentlich aus. Die Medizin akzeptiert zuerst das Leistungsdenken, um sich dann reparativ Gedanken zu machen, was davon erlaubt und gegebenenfalls geboten ist. Verlangt womöglich angesichts dieser

Einsicht die Verantwortung vor dem Leben und vor der Weitergabe des Lebens, Mittel, die wir für technische Entwicklungen einsetzen, in Zukunft mehr in ökosystemisches Denken umzulenken, in Kinder zu investieren und zur Hebung des Ansehens der Mutter als Schlüsselfigur der Weitergabe des Lebens zu verwenden?

Martin Rothweiler: Die philosophische Strömung, die Sie, Herr Gormally, beschrieben haben, mag in letzter Konsequenz vielleicht auch einmal dazu führen, daß hilfsbedürftige Menschen umgebracht werden, weil ihre Versorgung zu aufwendig und lästig ist. Die näherliegende Gefahr ist aber vielleicht ein psychologischer Druck, der entsteht, wenn erst einmal der Selbstmord alter Menschen gesellschaftsfähig wird im Sinne eines letzten Liebesdienstes oder Aktes ihrer gesellschaftlichen Solidarität. Dem alten und hilflosen Menschen könnte auf vielfältige Weise bedeutet werden, er möge doch jetzt bitte so anständig oder lieb sein, um Euthanasie zu bitten.

Gormally: Bei alten Menschen mit Demenz scheidet die Möglichkeit des Selbstmords ebenso aus wie die einer Tötung auf Verlangen. Bleibt die Frage, ob das Drängen zum Selbstmord oder zur Bitte um Tötung näher liegt als die Versuchung, Demente einfach umzubringen.

Ein Freund, englischer Rechtsanwalt, hat in den letzten zwei Jahren die Euthanasie-Praxis in den Niederlanden eingehend untersucht und dabei Gerichtsmediziner, Staatsanwälte, Euthanasie praktizierende Ärzte interviewt und mit Patienten und Krankenschwestern in verschiedenen Krankenhäusern gesprochen. Da er das Ergebnis inzwischen publiziert hat, ist das, was ich sage, keine vertrauliche Mitteilung:

Herbert *Cohen*, ein niedergelassener Arzt für Allgemeinmedizin, der gewohnheitsmäßig Euthanasie an Patienten durchführt und einer der Hauptverfechter dieser Praxis ist, sagt, er töte nur seine Freunde. Als Hauptkriterium für die ärztliche Entscheidung zur Euthanasie nennt er einen Zustand unerträglichen Leidens, nicht unerträglicher Schmerzen wohlgemerkt.

John *Keown*, Direktor des Centre for Health Care Law an der Leicester-University[1], hat Cohen gefragt: Würden Sie die Euthanasie jemandem versagen, der sie wünscht, weil er empfindet, daß er seinen Angehörigen, die auf die Erbschaft seines Vermögens aus sind, lästig ist? Cohen antwortete: "... denke ich, daß ich mich letzten Endes nicht verweigern würde, denn eine solche Einwirkung - daß da Kinder sind, die das Geld jetzt wollen - ist die (...) Form der Macht der Vergangenheit (...) , die wir nicht beiseite schieben dürfen."[2]

Wenn diese Situation vom Kriterium *unerträglichen Leidens* abgedeckt wird, dann haben wir es nicht zu einer Gesellschaft gebracht, in der Leute eventuell Selbstmord begehen, weil sie solidarisch sein wollen, sondern zu einer Gesellschaft, in der Leute sich umbringen lassen, weil sie feststellen, nicht angenommen zu sein, nicht geliebt zu werden. Der sogenannte freiwillige Tod rückt unversehens ganz nahe an den unfreiwilligen heran. Denn wenn der Betreffende geschätzt, geliebt oder akzeptiert würde, hätte er gar nicht den Wunsch, von der Bühne abzutreten.

Natürlich haben Sie recht mit Ihrer Vermutung, daß ein solch psychischer Druck von denen, die dazu in der Lage sind, hergestellt wird. Ist Tötung auf Verlangen erst einmal legalisiert, werden sie diesen Druck herstellen. Die in früheren Zeiten zur Begründung der Tötung auf Verlangen vorgetragenen *unerträglichen Schmerzen* lassen sich heute nicht mehr anführen. Zwar gibt es immer noch einzelne Patienten mit schwer beherrschbaren starken Schmerzen, aber 95 bis 96 Prozent der Schmerzzustände etwa von Tumorpatienten sind palliativ gut beherrschbar. Unerträgliches *Leiden* ist aber ein gar nicht abgrenzbarer schillernder Begriff, der einen Freibrief zur Tötung ausstellt.

[1] Inzwischen an der Cambridge University tätig (Anm. d. Hrsg.).

[2] J. KEOWN, *Some reflections on euthanasia in The Nederlands*, in: Luke Gormally (Hrsg.), *The Dependent Elderly. Autonomy, Justice and Quality of Care*, Cambridge University Press, 1992, 70-100, hier: 79. Vgl. auch: J. KEOWN, *The law and practice of euthanasia in The Nederlands*, The Law Quarterly Review 1992, 108: 51-78.

Herranz: Der holländische Fall zeigt deutlich, daß die Euthanasie in der Gesellschaft nicht nur als etwas Hinnehmbares, sondern geradezu als etwas Verdienstvolles, als Ausdruck von Menschlichkeit Eingang finden kann. Die niederländische Bevölkerung ist jahrelang mit der Botschaft bombardiert worden: wenn jemand zum Passivposten in der Gesellschaft wird, dann soll er begreifen, daß es edel, vornehm ist, von Würde zeugt, um den Tod zu bitten. Sich dann noch ans Leben zu klammern, zeige eine egoistische Haltung, ein parasitäres Verhalten gegenüber der Gesellschaft. Offenkundig gibt es tatsächlich alte Menschen, die, weil sie sich als Last sehen, aus Stolz um den Tod bitten. Allerdings wurden in den Niederlanden zwar demoskopisch 76 Prozent der Gesamtbevölkerung als Befürworter der Euthanasie auf Verlangen ermittelt, von den organisierten alten Menschen waren aber 92 Prozent dagegen.

Es gibt eine verfaßte Organisation alter Bürger, die einen Ausweis - ähnlich der Kreditkarte - anbietet, der den ausdrücklichen Wunsch kundgibt, am Leben bleiben zu dürfen. Man muß aber einfach sehen, daß die Euthanasie als schneller, einfacher, "sauberer", billiger und im wörtlichen Sinne folgenloser Eingriff vielen imponiert, die dagegen die Mühen, Leiden und Kosten der palliativen Behandlung aufrechnen. Unter ökonomischen Gesichtspunkten geht der Wettbewerb zu Lasten des Lebens aus. Nach meiner Überzeugung wird schon mit dem Gedanken an die Möglichkeit, die Tötung zu den ärztlichen Mitteln zu rechnen, die Lebensader der Medizin als *Medizin* durchschnitten. Dieser Kalkül ist für die Medizin eine Art Aids. Er zerstört den moralischen Motor der Medizin. Das absolute Tötungsverbot hat auf die Medizin wunderbare Wirkungen, auch auf das Verhalten der Ärzte, die ja auch nicht immer Moralhelden sind, sondern oft mit einer recht mittelmäßigen ethischen Ausstattung durchs Leben gehen.

Leon Kass, ein amerikanischer Ethiker und jüdischer Arzt in Chicago, schreibt in einem Artikel gegen die Euthanasie mit dem Titel "Nicht für Geld und nicht aus Mitleid", daß wir Ärzte uns nicht nur schützen müssen gegen unsere Schwächen und Laster, sondern auch gegen unsere Tugenden. Die Ärzte sind nicht selten müde und erschöpft durch all das, was sie um sich haben. Und dann bietet sich leicht die Gelegenheit, mit einem Patienten einfach Schluß zu machen, als eine Befreiung von ungeheuren Arbeitsbelastungen an. Das unbedingte Tötungsverbot schützt auch den Arzt, der unter Druck steht, vor Handlungen, zu denen Menschen eben fähig sind, wenn sie lange nicht geschlafen haben, übermüdet und ohne Motivation sind. Ebenso muß sich aber, nach Kass, der Arzt auch vor seinem Mitleid - was eine Tugend ist - schützen. Denn daß er aus Mitleid tötet, liegt noch am nächsten.

van Kaick: 1990 erschien im "New English Journal of Medicine" eine Abhandlung über die Euthanasie. Die Autoren, die sich im Endeffekt dagegen wenden, stellen zwei Motive in den Vordergrund, weshalb Euthanasie gewünscht wird: einmal die Angst, überbehandelt zu werden, das heißt gewaltsame Lebensverlängerung gegen den Willen des Patienten; dann die Angst vor einem Sterben mit schweren Schmerzen, also vor einem leidvollen Siechtum. Nach einer sehr gründlichen Analyse kommen die Autoren zu dem Ergebnis, daß beide Motivationen eigentlich unberechtigt sind. Als Ärzte müssen wir lernen, den Wunsch eines Patienten zu respektieren, wenn er darum bittet, in einer ohnehin ausweglosen Situation nicht weiterbehandelt zu werden. Und wir müssen auch mit Schmerzmitteln kompetenter umgehen, ohne überängstlich zu sein. Damit wird beiden Motivationen der Boden entzogen. Daß das *Leiden* in einem weiteren Sinne nicht eliminiert werden kann, räumen die Autoren natürlich ein.

Wie wenig aussagekräftig andererseits in gesundem Zustand geäußerte Sterbewünsche für den Ernstfall sind, erzählte mir kürzlich ein Kollege aus Amerika. Es gibt dort natürlich auch Gesellschaften für humanes Sterben. Die Frau des Präsidenten einer solchen Gesellschaft erkrankte an Krebs. Er hat ihr geholfen zu sterben, wenn ich das einmal freundlich so ausdrücken darf. Dann heiratete er eine Mitarbeiterin, die ihm bei jener "Sterbehilfe" assistiert hatte. Auch seine neue Frau erkrankte einige Jahre später an Krebs. Als sie von der Diagnose erfuhr, trat sie aus der Gesellschaft für humanes Sterben aus und ließ sich scheiden.

Dr. Beatrix Dolfen: Wir Ärzte haben, wie ich finde, mit der Art Sterbebegleitung, für die Sie eintreten, Herr Herranz, hier in Deutschland vier spezifische Probleme:

Erstens haben die Ärzte selbst Angst vor dem Tod, wie alle anderen Leute auch. Niemand mag über den Tod sprechen. Eltern von verstorbenen Kindern haben mir erzählt, daß mit dem Tod des Kindes viele Kontakte abbrachen. Leute, die ihnen begegneten, hatten Angst, das Thema anzusprechen. Selbst die Krankenschwestern auf der Station und die Ärzte hätten sich vor weiteren Gesprächen gedrückt.

Zweitens besteht die Unfähigkeit, im Leiden einen Sinn zu sehen. Der Grund, warum man zur Euthanasie greift, ist oft die blanke Angst, mit dem Leiden konfrontiert zu sein. Vermutlich ist es ganz wichtig, daß sowohl die Ärzte wie auch das Pflegepersonal lernen, sich mit dem Gedanken an ein sinnerfülltes Leiden vertraut zu machen.

Drittens haben wir Angst vor der Wahrheit. Den Angehörigen, den Patienten die Wahrheit zu sagen und darüber sprechen zu müssen, davor möchten viele einfach weglaufen. Wir müssen lernen, wie man mit diesen drei Ängsten - vor dem Tod, vor dem Leiden, vor der Wahrheit - gelassen umgehen kann, und wie man diesen Umgang weitergeben kann an Pflegepersonal, Ärzte und alle, die damit zu tun haben.

Viertens gibt es wirklich harte Konflikte mit dem Privatleben, wenn man als Arzt oder Krankenschwester einen oder gar mehrere Patienten in dieser Weise begleiten möchte. Das bedeutet oft ein Übermaß an zeitlicher Widmung.

Herranz: Bei diesen Fragen geht es offensichtlich nicht mehr um Theorie, sondern um Praktisches. Was das gesellschaftliche Tabu "Tod" angeht, gibt es nur eine Lösung: Offen über den Tod sprechen, was heißt, auch darüber zu sprechen, was er bedeutet. Es gibt keine Tabuisierung des Todes, solange man offen über den Tod spricht. Nach vielen Jahren, in denen es fast so aussah, als gebe es einen Gesellschaftsvertrag darüber, den Tod zu verschweigen, besteht die Notwendigkeit, den Tod wiederzuentdecken. Man hat zwar jetzt begonnen, über den Tod zu reden, aber nur, um seine Geltung aufzuheben: Die Euthanasie soll den Tod entmythologisieren in einem Sinne absoluter Verfügung des Menschen über sich selbst. Man spricht über etwas, das man plant und macht, ohnc Gchcimnis und Transzendenz - ganz wie man über Urlaubsreisen spricht: Festlegung des Termins, der Bedingungen, der Verkehrsmittel.

Die Sinngebung des Leidens oder gar des Schmerzes ist immer ein Problem in einer hedonistischen Gesellschaft, ein unlösbares Problem, weil sie nur ein einziges moralisches Übel kennt: den Schmerz. Andererseits sind Schmerz und Leid anwesend, solange es Menschen auf der Erde gibt. Christen legt der Sinn des Leidens, der Sinn des Schmerzes auf, eine Botschaft weiterzuleiten. Die Enzyklika *Salvifici Doloris* von Johannes Paul II. ist ein sehr schönes, aber auch hartes Dokument, hart im Sinne von hart zu knacken. Es ist aber nicht ein Dokument mit einer Botschaft nur für Christen, sondern auch mit einem allen Menschen zugänglichen Gedanken zum Sinn des Schmerzes und Leidens.

In der Klinik in Pamplona haben wir einige Programme besonders schwerer Fälle mit freiwilligen Betreuern durchgeführt. Mit Schwerkranken wurden sehr offene Aussprachen über den Sinn der Krankheit, des Leidens geführt, mit großem Zuspruch und sehr schönen Ergebnissen. Man darf die Dinge auch nicht allzu negativ sehen. In unserer Gesellschaft gibt es unter der Wolle noch viel christliche Substanz, die sich im Ernstfall zu erkennen gibt. Menschen, die keinen Zugang zu dem Gedanken haben, daß Krankheit, Leiden, Sterben auch eine Prüfung Gottes sind, die zu bestehen er auch die Gnade schenkt, sind sehr zu bedauern.

Gormally: Noch eine Bemerkung zur Überwindung der Angst, der Wahrheit über den Tod ins Gesicht zu sehen: Ob man dem Patienten die Wahrheit sagen soll, ist ein sehr alter Zweifel. Die Rechtfertigung der sogenannten *barmherzigen Lüge* hat eine lange Tradition. Man spricht auch von therapeutischer Lüge. Demnach betrügt man den Patienten angeblich im Interesse des Patienten. Das Wichtigste, was an der Lüge falsch ist, ist nicht der Betrug. Manchmal betrügt man gar nicht. Wie alle wichtigen moralisch relevanten Akte hat die Lüge nicht nur eine Außenwirkung, sondern vor allem eine Wirkung auf den eigenen Charakter. Wer lügt, in dem unterminiert die Lüge die Achtung vor der Wahrheit. Ich fürchte, die lange Tradition der Ermunterung zur sogenannten barmherzigen oder therapeutischen Lüge hat nach und nach die Ärzte systematisch unfähig gemacht, der Wahrheit ins Auge zu sehen und sie weiterzugeben. In der Medizinethik-Ausbildung ist es sehr wichtig, daß die Wahrheit zu sagen nicht nur dem Recht der Kranken, die Wahrheit zu hören, gerecht wird. Niemand ist verpflichtet, absolut alles zu sagen, was wahr ist. Aber man darf nichts Falsches sagen, nicht lügen. Der Hauptgrund, warum ich nichts Falsches sagen darf, ist, daß das auf mich selbst destruktiv wirkt.

Maria Rimbaud: Wie können die Ärzte Patienten, die um Euthanasie bitten, klarmachen, daß es sich, auch wenn sie leiden und nicht mehr leben wollen, trotzdem lohnt zu leben?

Herranz: In der amerikanischen Zeitschrift Journal of the American Medical Association (JAMA) gibt es eine Kolumne "A Piece of my Mind". In ihr wurde folgende Anekdote überliefert:

Ein Patient mit weit fortgeschrittener chronisch-renaler Insuffizienz und schweren Komplikationen bittet den Arzt, ihn zu töten. Der braucht nur die Spritze aufzuziehen und sie ihm zu verabreichen. Der Patient ist mit dem Arzt befreundet und bittet ihn inständig darum, ein Ende zu machen. Die Antwort des Arztes war folgende: Du kannst mich das nicht bitten. Stell dir vor, du hättest Erfolg und ich würde es tun. Man würde mich ins Gefängnis bringen. Du kannst mich erstens nicht um etwas bitten, das mich ins Gefängnis bringt. Ginge ich dennoch darauf ein, dich zu töten, hättest du zweitens in mir den Arzt getötet. Denn um es nicht als Verbrecher zu tun, müßte ich mir einreden, mit der Tötung etwas Gutes zu tun. Wenn ich dich umbringen würde, könnte ich das ja anderen, die jetzt in der gleichen Lage sind wie du und es auch von mir erbitten, nicht verweigern. Schließlich auch denen nicht, die demnächst auf mich zukommen. Ich stelle mir vor, daß ein Arzt, der einmal damit angefangen hat, zumal in dem Gedanken, es sei etwas Gutes, mit dem Töten nie mehr aufhören kann. Denn die Gerechtigkeitsforderung der Gleichbehandlung gehört zum ärztlichen Ethos und verlangt, daß wir mit jedem gleich verfahren. So verlangt das Mitleid, um das du bittest, von mir, auch andere zu töten. Meine Willfährigkeit würde mich als Arzt kaputtmachen.

Dieses Dammbruch-Argument ist unwiderleglich: Akzeptiert man einmal die Tötung als Mittel, verwandelt sich Töten sofort in eine Verhaltensnorm.

Joachim Heine: Vielleicht gehen diese theoretischen Grundgedanken doch an der Sache vorbei. Vielleicht ist der Praktiker weiter als es die theoretischen Überlegungen sind. Jedem Arzt ist aus einem ästhetischen Grundempfinden heraus klar, daß der schwerkranke Mensch seiner Hilfe bedarf und dabei nicht die Kostenfrage ausschlaggebend sein darf. Wenn er über lebensverlängernde Maßnahmen zu entscheiden hat, wird er nicht zuerst überlegen, ob die Kosten zu rechtfertigen sind. Auch weiß er, wann er sich aus "Lustlosigkeit" einer Aufgabe entledigt, zu der er sich verpflichtet hat. Das Problem des praktischen Arztes besteht doch eigentlich darin, den Punkt zu finden, von dem an seine Maßnahmen nichts verbessern, sondern verschlechtern. Wo findet der Arzt das Handwerkszeug, anhand dessen er feststellen kann, wann dieser Punkt erreicht ist? Kann die Theorie ihm Antworten geben oder läßt sie den Arzt, wenn er vor dem konkreten Fall steht, wiederum allein?

Thomas: Erstens bin ich überzeugt, daß Ärzte Ärzte werden, weil sie Hilfe leisten wollen. Das gilt auch heute, auch beim Abitur-Einser, der sich doch oft genau deshalb zum Numerus-clausus-Studium Medizin hingezogen fühlt. Die Widrigkeiten des normalen Lebens, die ihnen dann im Krankenhaus, in einem reglementierten, verrechtlichen Gesundheitswesen und in einer aggressiven Anspruchs-Gesellschaft vor allem der Gesunden begegnen, sind nicht unbedingt von sich aus schon geeignet, den angehenden Arzt in seinem obersten Leitmotiv zu bestärken. Diesem Verschleiß ethischer Substanz entgegenzuwirken, das wäre eine Aufgabe der Theorie.

Zweitens teile ich auch Ihre Meinung, daß - wie allen Menschen - auch den Ärzten sozusagen von Hause aus aufgrund ästhetischen Empfindens die Grundpositionen klar sind. Darauf würde ich mich aber nicht zu sehr verlassen. Denn hinter dieser Ästhetik steht eine lange ärztliche Werttradition, die sie hervorgebracht hat. Ein Abbruch dieser Tradition würde bald auch ebendiese Ästhetik korrumpieren bzw. ganz andere Ästhetiken zum Vorschein bringen. Die Korrumpierung von Ärzten im Nationalsozialismus beispielsweise stand meines Erachtens ganz im Dienste gerade einer neuen Ästhetik, derjenigen nämlich vom jungen, kräftigen, schönen "Volkskörper". Es ist also eine ganz wichtige Aufgabe der ethischen Theorie, gerade eine tragfähige humane Ästhetik zu stützen und möglichst früh auf drohende Entgleisungen hinzuweisen.

Drittens ist es zweifellos richtig, daß die ethische Theorie dem Arzt nicht die Entscheidung abnimmt, die er in der konkreten Situation zu treffen hat. Auch nicht die psychologischen Belastungen, die damit verbunden sein können. Gerade weil er immer Entscheidungen treffen muß, die ihm oft unter die Haut gehen, und dies unter zunehmend komplexen Bedingungen und Möglichkeiten, bedarf er klarer allgemeiner Kriterien, die seine Kompetenz für die konkrete Entscheidung schärfen. Das Sachwissen bringt er mit. Die allgemeinen sittlichen Kriterien zu vermitteln, ist Aufgabe der Ethik.

Natürlich kann und darf niemand in der Welt etwas tun, ohne auch an die Kosten zu denken. Die Verteilungsgerechtigkeit im Gesundheitswesen stellt sich aber ganz verschieden dar, je nachdem, ob die ökonomischen Mittel dem Zweck ärztlicher Versorgung von Patienten dienen, oder ob die Behandlung von Patienten umgekehrt zu einem Sektor der öffentlichen ökonomischen Wohlstandssicherung wird. Ich habe verstanden, daß

Herr Gormally eben davor warnt, nicht aber unbegrenzte ökonomische Ressourcen unterstellt. Die philosophischen Strömungen, die Herr Gormally offenlegen wollte, benachteiligen zunächst einmal innerhalb der verfügbaren Ressourcen deren Allokation für die behinderten und alten Menschen.

Michael Binzer: Mit der Änderung unserer Bevölkerungsstruktur müssen immer mehr Menschen zu Hause gepflegt werden. Werden in Großbritannien und in Spanien Modelle entwickelt, die darauf hinauslaufen, die Pflege aus dem Krankenhaus in den häuslichen Bereich zu verlagern? Als gelernter Krankenpfleger möchte ich ganz gezielt hinweisen auf Probleme, die zu Hause auftreten. Die Angehörigen verlieren wirklich die Nerven, wenn sie über längere Zeit einen kranken Menschen versorgen, und Ärzte verlieren sehr schnell die Lust an palliativer Behandlung. Dann bleibt alles der Pflege überlassen. Mit den neuen Herausforderungen zu pflegerischem Einsatz entsteht auch ein Bedarf spezifisch pflegerischer Ethik, die meines Erachtens andere Schwerpunkte hat als die hier verhandelte Arzt- und Krankenhausethik.

Gormally: Vor etwa 10 Jahren war der Trend in der geriatrischen Medizin Englands, die Leute aus dem Krankenhaus wieder in ihre gewohnte Umgebung zu schicken. Die Mittel für häusliche Pflege kamen aus dem Gesundheitshaushalt und wurden über den Sozialhaushalt verteilt - theoretisch. Im Sozialhaushalt fehlen jetzt hinreichende Mittel, um die so abgesegnete Struktur mit entsprechendem Pflegeservice örtlicher Sozialstationen zu finanzieren. Von 1991 bis 1994 soll diese Finanzierung gesichert werden. Das Konzept sieht folgendes vor:

Die Alten sollen solange zu Hause leben, wie es geht. Dabei helfen regelmäßige Pflegedienste der Sozialstationen. Geht es zu Hause nicht mehr, soll der alte Mensch in ein Altersheim, das auch pflegetechnisch besser ausgestattet ist. Nur wenige alte Menschen bedürfen spezifischer Behandlung. Sie gehen ins Krankenhaus und sollen dort möglichst bald wieder entlassen werden.

Dr. Martina Oidtmann: Wie ist Ihre Haltung zu Extremtherapien, Herr Gormally? Im Bereich der Knochenmark- oder Organtransplantation, in dem ich selbst arbeite, ist Therapie und Pflege mit immensen Ausgaben verbunden. Zudem verschärfen sie den heutigen Pflegenotstand.

PD Dr. Peter Paul Müller-Schmidt: Die Knappheit der Mittel erschien in Ihren Ausführungen, Herr Gormally, als ein beinahe unerlaubtes Argument. Der Titel Ihres Beitrags spricht aber von "Gerechtigkeit". Zur Gerechtigkeit gehört auch die Frage der Mittelverteilung. Der medizinisch-technische Fortschritt verschlingt enorme Mittel, womit uns immer mehr die Frage beschäftigt: Wie lange ist das noch bezahlbar? Ohne Frage: Wir wollen den medizinischen Fortschritt. Ihre Prognose, daß die Entwicklung zu immer größerem technischem Fortschritt in der Medizin auf dem Rücken der alten Menschen ausgetragen wird, scheint fast unvermeidlich, obwohl wir letzteren unbedingt medizinische Zuwendung und Pflege gewährleisten müssen. Wie läßt sich verhindern, daß dann eine Medizin für die Starken und eine Medizin für die Schwachen entsteht?

Gormally: Die Tatsache, daß es für die verfügbaren Mittel einen Plafond gibt, heißt noch nicht, daß man die Leute, um die man sich kümmern soll, vernachlässigen muß. Für Gesundheit wendet das United Kingdom 5,7 bis 5,9 Prozent des Bruttosozialprodukts auf. In den USA betragen die Aufwendungen 11,5 bis 12 Prozent. In Großbritannien sind aber die geringeren Mittel sehr viel effizienter eingesetzt.

Es ist wahr, daß wir Entscheidungen treffen und Präferenzen setzen müssen. Selbst als Leiter einer Arbeitsgruppe, die Allokationsentscheidungen für den britischen National-Health-Service bearbeitet, habe ich kein Rezept dafür. Man darf auch kein apriorisches Vorurteil gegen Hochtechnologie-Medizin pflegen. Sie ist eine Tatsache und kann auf Dauer auch preiswertere Lösungen für die Patientenversorgung herbeiführen. Das Kernproblem für den Aufbau eines rationalen Rahmens für

Allokationsentscheidungen ist ein Problem des gesellschaftlichen Pluralismus. Es gibt kein einheitliches Verständnis von Gesundheit. Wie soll es da einen Konsens über gesundheitsdienstliche Leistungsverteilung geben?

Die weithin als Ideal beschworene WHO-Definition von Gesundheit als totales physisches, psychisches und soziales Wohlbefinden läßt sich weder theoretisch halten noch letzten Endes praktisch finanzieren. Leon Kass sieht das Ziel medizinischen Bemühens in unbehinderten Körperfunktionen, wenn er Gesundheit versteht als "die intakte Funktion des Organismus als Ganzes"[3]. Es führt zu weit, dies jetzt näher auszuleuchten. Jedenfalls macht das völlige Fehlen eines durchsetzbaren Gesundheitsbegriffs es sehr schwer, ein Konzept für Gesundheitsdienste zu entwickeln, das mindestens eine vorläufige Grenze ziehen läßt zwischen Behandlungen, die zur Gesundheitsversorgung gehören, und solchen, die das nicht tun.

Auf dem Boden der aristotelischen Vorstellung von Gesundheit, die Kass modernisiert, gibt es eine ganze Reihe üblicher Dienstleistungen, die heute zum Standard der Gesundheitsversorgung zählen, aber tatsächlich nicht zur Gesundheitsversorgung gehören. Englische Ärzte verbringen zum Beispiel recht viel Zeit mit sogenannter Familienplanung. Vieles von dem, was unter dieser Bezeichnung subsumiert wird, hat meines Erachtens mit Gesundheitsdienst nichts zu tun.

Daß Entscheidungen zu treffen und Prioritäten zu setzen sind, hat selbstverständlich auch zur Folge, daß manche Patienten eine für sie optimale Behandlung nicht bekommen. Die Alten und Gebrechlichen bedürfen in der Regel keiner High-Tech-Leistungen. Aber was sie brauchen, ist teuer, weil es arbeitsintensiv ist: Leute, die Zeit mit ihnen verbringen. Und die müssen in einer arbeitsteiligen Leistungsgesellschaft bezahlt werden.

[3] L. KASS, *Toward A More Natural Science. Biology and Human Affairs*, New York (The Free Press) 1985; hier Kap. 6: *The End of Medicine and the Pursuit of Health*, 157-186.

Solbakk: Herr Gormally, Sie entlarven im modernen bioethischen Diskurs einen Hang zur Rationalisierung von "Malpraxis". Das Wort ist im Deutschen nicht geläufig, bringt aber die von Ihnen genannten (Un-)Fälle pragmatischer Inanspruchnahme der Medizin für eigentlich nichtlegitimierte Zwecke auf den Punkt und läßt hinter Ihrer höflichen Ausdrucksweise eine recht scharfe Kritik vermuten. Verstehe ich Sie richtig, wenn ich Ihre zentrale Botschaft in der Warnung vor einer Tendenz der modernen Bioethik vernehme, Medizinethik gar nicht als Ethik in der Medizin zu betreiben, sondern zur Legitimation von "Malpraxis" einzusetzen, womit dann Bioethik zu einer marktkonformen, mit akademischer Weihe in der medizinischen Welt verkaufbaren Disziplin wird? Wenn es so ist, welche Grenzen ließen sich gegen eine solche Tendenz ziehen?

Gormally: "Malpractice" klingt in englischen und amerikanischen Ohren nach einem Berufsverhalten, das von den Grundsätzen und Standards des Berufs, vom Verhaltenskodex abweicht. Die von mir beschriebenen philosophischen, gesellschaftlich heute einflußreichen Strömungen zielen, wie mir scheint, nicht darauf, Abweichungen von anerkannten Normen des Berufs zu rechtfertigen. Sie wollen vielmehr die Normen und Berufscodices selbst ändern. Es soll beispielsweise zur Norm richtig praktizierter Medizin werden, behinderte Neugeborene zu Tode zu bringen oder Hungers sterben zu lassen, wenn die Eltern sie nicht annehmen wollen. In der Vergangenheit galt so etwas als "malpractice". Jetzt soll es nach solchen Vorstellungen Praxis werden. Ich bedaure, hier in wenigen Sätzen etwas anzureißen, was Tage füllen könnte.

Wie kann man, diese Frage beschäftigt mich, in den Köpfen der Menschen den Sinn für eine authentische Ethik in der Medizin etablieren? Auf Schritt und Tritt bin ich mit jener Art von Pluralismus konfrontiert, der jetzt unsere Gesellschaft beherrscht. Dieser Pluralismus erschöpft sich ja nicht darin, daß Leute unterschiedlicher Meinung sind über Abtreibung, Euthanasie, Empfängnisverhütung oder Kernenergie. Hier geht es um radikal verschiedene Auffassungen von der Natur des menschlichen Lebens und der Natur menschlicher Verantwortung. Gegenüber dieser Art Pluralismus kann man intellektuell allenfalls bestimmte Argumentationsstrategien entwickeln, wie ich das auch versuche etwa gegenüber Leuten, die wie Peter Singer unterscheiden wollen zwischen einem Menschenwesen und einer Person. Mit dieser Unterscheidung verliert man jede Grundlage, auf der noch ein kohärentes Rahmenwerk von Recht und Gerechtigkeit denkbar ist. Für Singer und andere ist jemand eine Person nur dann, wenn er imstande ist, bestimmte entwickelte Bewußtseinsfähigkeiten auch auszuüben. Wie ich in meinen Beitrag zu zeigen versucht habe, führt dies zu einer willkürlichen Bestimmung derjenigen, die wir überhaupt gerecht behandeln sollen. Den Besitz von Rechten von einem Personsein abhängig machen, wie Singer es versteht, vereitelt die Möglichkeit eines haltbaren Rahmens von Recht und Gerechtigkeit. Denn es ist mit der Idee von Recht und Gerechtigkeit unvereinbar, daß jemandem noch ein - zudem willkürliches - Bestimmungsrecht darüber zusteht, wer Rechtssubjekt und Adressat von Gerechtigkeit sein soll.

Eine positive Alternative dazu herbeizuschaffen verlangt aber viel mehr als eine bloße Argumentationsstrategie. Es geht um eine Willens-, eine Mentalitätsänderung. In meiner Erfahrungswelt kommt es sehr selten vor, daß mit noch so überzeugenden Argumenten Herzen bewegt werden. Wenn es aber gelingt, Herzen zu bewegen, dann kann es auch gelingen, Köpfe zu gewinnen. Herzen aber bewegt man mit sichtbarem Zeugnis leibhaftiger Menschen - etwa christlicher Gemeinschaften, die in der Art, wie sie leben, eine Alternative sichtbar machen zu der destruktiven Praxis, die sich in unserer Gesellschaft ausbreitet.

Robert Spaemann

Person ist der Mensch selbst, nicht ein bestimmter Zustand des Menschen[1]

Der Ruf nach Euthanasie war seit langem vorauszusehen. Ich selbst habe vor siebzehn Jahren in einem Artikel geschrieben, daß dieser Ruf unvermeidlich kommen werde, und zwar als Folge einer menschenunwürdigen Praxis gewaltsamer Lebensverlängerung. Die medizinischen Möglichkeiten der Lebensverlängerung sind so gewaltig erweitert worden, daß die früher einmal sinnvolle Regel, immer alles zu tun, um das Leben eines Menschen zu erhalten, nicht mehr sinnvoll ist. Die Medizin ist dazu da, entweder vorübergehend einen Organismus künstlich am Leben zu erhalten, der anschließend seine natürlichen Funktionen wiederaufnimmt, oder dem Organismus, der an sich noch eine Lebenstendenz hat, unterstützend beizustehen, um diese Tendenz zu stärken. Inzwischen aber können die technischen Prothesen die natürliche Tendenz des Organismus zum Leben weitgehend ersetzen und den Menschen einfach künstlich am Leben halten. Damit werden immer mehr Menschen um ihren natürlichen Tod betrogen. Menschenwürdiges Sterben, das "Segnen des Zeitlichen", wie man früher sagte, das bewußte Abschiednehmen und Weggehen findet kaum mehr statt. Das Leben wird mit intensiven Mitteln so lange verlängert, bis das

[1] Leicht veränderte Fassung eines bereits veröffentlichten Textes im Sammelband von Jürgen-Peter Stössel (Hrsg.), *Tüchtig oder tot,* Freiburg (Herder) 1991, 133-147.

Ende nur noch ein Verenden ist. Das Gemeinsame zwischen dieser Praxis und der Praxis der aktiven Sterbehilfe liegt darin, daß mit dem Menschen ständig etwas geschehen muß. Entweder man zwingt ihn zum Leben, oder man zwingt ihn zum Tod. Eine neue Praxis menschenwürdigen Sterbenlassens muß angesichts der neuen technischen Möglichkeiten erst wieder erlernt und eingeübt werden. Der Arzt muß seine Rolle als Diener des Lebens eindeutig zurückerhalten und darf nicht in die Rolle des Herrn über Leben und Tod hineinwachsen. Die praktische Konkretisierung dieser Forderung geht weit über das Thema meiner Anmerkungen hinaus. Die Forderung selbst aber ist eine notwendige Konsequenz aus der Einsicht, daß alle Menschen Personen sind.

Der Fortschritt von der Maske[2] zum Antlitz

Die vorchristliche Antike verstand unter Persona die Rolle im Theater oder in der Gesellschaft. Wenn Paulus schreibt, daß Gott nicht auf die Person sieht, so hat er noch diesen antiken Begriff der Person im Auge. Er will sagen, daß Gott nicht auf die gesellschaftliche Rolle sieht. Worauf denn sonst? Eben auf das, was dann in der Folge Person heißen wird. Dieser maßgebliche Personbegriff wurde zunächst in der Theologie ausgebildet, und zwar in der Trinitätslehre, wo von den göttlichen Personen als den Trägern des göttlichen Wesens die Rede ist und von der einen Person Jesu, die Träger zweier Naturen ist, der göttlichen und der menschlichen. Dieser Personbegriff wurde in der Folge auf den Menschen übertragen. Boethius gibt die für die nächsten tausend Jahre maßgebliche Definition: "persona est individua rationalis naturae substantia". Person ist nicht ein etwas, nicht ein qualitativ beschreibbares soundso Beschaffenes, nicht eine organische Natur usw., sondern Person ist *jemand*. Eben

[2] Griech.: *prosopon* (persona). Die Theatermaske verhüllte gleichsam das Antlitz mit der Rolle (Anm. d. Hrsg.).

jener Jemand, der mich aus einem menschlichen Antlitz ansieht und über den ich nie wie über eine Sache verfügen kann.

Der französische Philosoph Emmanuel Lévinas schreibt in seinem Werk "Totalité et infini" über die Unendlichkeit, die uns im Antlitz des Anderen erscheint. Unendlichkeit, das heißt für Lévinas: etwas Inkommensurables, das sich in keiner Weise als Objekt verstehen und durch eine endliche Zahl von Prädikaten definieren läßt. Der Blick eines Menschen, der mich ansieht, ist, sei er nun freundlich, feindlich oder gleichgültig, in keinem Fall ein Gegenstand. Das erste, was mir aus dem Antlitz des Anderen entgegenkommt, ist, so schreibt Lévinas, die unbedingte Verneinung dessen, was mir doch physisch jederzeit möglich wäre. Es ist das Wort: "Du wirst keinen Mord begehen, du wirst mich nicht töten." "Das Unendliche paralysiert das Vermögen durch seinen unendlichen Widerstand gegen den Mord. Der Widerstand, unüberwindbar, leuchtet im Antlitz des Anderen, in der vollständigen Blöße seiner Augen, ohne Verteidigung, in der Blöße der absoluten Offenheit des Transzendenten. Hier liegt nicht eine Beziehung mit einem sehr großen Widerstand vor, sondern mit etwas absolut anderem: dem Widerstand dessen, was keinen Widerstand leistet - dem ethischen Widerstand. Die Epiphanie des Antlitzes weckt die Möglichkeit, die Unendlichkeit der Versuchung des Mordes zu ermessen, nicht nur als eine Versuchung totaler Zerstörung, sondern als die - rein ethische - Unmöglichkeit dieser Versuchung und dieses Versuches" (S. 286).

Lévinas ist ein jüdischer Philosoph, der bedeutendste jüdische Philosoph der Gegenwart. All seine Angehörigen wurden im Dritten Reich ermordet. Es selbst entging dem Tod, weil er Kriegsgefangener der deutschen Armee war. Was er "Epiphanie des Antlitzes" nennt, verdankt seine Entdeckung und theoretische Thematisierung der jüdisch-christlichen Tradition. Es trägt hier den Namen "Person". Dieser Begriff hat für unsere Zivilisation zentrale Bedeutung, und dessen Konsequenz, der Gedanke der Menschenrechte, ist von der Art, daß kein Mensch auf der Erde sich seiner Evidenz entziehen zu können scheint.

Die prinzipielle Infragestellung der Grundvoraussetzungen der jüdisch-christlichen Zivilisation und der ihr zugehörigen Humanität konkretisiert sich seit langem im Ruf nach Tötung lebensunwerten Lebens, das heißt nach Auslöschung jener Antlitze, die bestimmten qualitativen Standards nicht genügen. Schon 1910 schilderte Robert Benson in seinem Roman "The Lord of the world" als wesentlichen Bestandteil einer kommenden antichristlichen Zivilisation die Einrichtung der Euthanasiehäuser. 1920 forderten die deutschen Psychiater Binding und Hoche die Tötung sogenannten lebensunwerten Lebens. Die Praxis, die die Nationalsozialisten dann unter diesem Stichwort etablierten, hat die Diskussion dieses Themas in Deutschland und in ganz Europa für eine Weile tabuisiert.

Gebrochen wurde das Tabu von Peter Singer mit seinem Buch "Praktische Ethik". Die Ideen Singers sind in die juristische Debatte eingeführt worden durch den Rechtsphilosophen Norbert Hoerster. Philosophisch werden sie in Deutschland vor allem von Professor Meggle in Saarbrücken mit großer Öffentlichkeitswirksamkeit vertreten. Peter Singer bezieht sich nun, im Unterschied zu seinen Vorgängern, ausdrücklich auf den Begriff der Person. Seine These ist, daß es verfehlt sei, im Zusammenhang mit "so etwas" von Menschenrechten zu sprechen. Es ist für ihn keine Frage, daß alles, was von Menschen gezeugt wurde, Mensch ist, einschließlich ungeborener Individuen der menschlichen Gattung. Wenn tatsächlich jeder Mensch ein Lebensrecht besäße, wäre es, so schreibt Hoerster, ganz ungerechtfertigt, einem Menschen dieses Recht aus vergleichsweise geringfügigen Gründen wieder zu entziehen, wie sie die sogenannte soziale Indikation beim Schwangerschaftsabbruch vorsieht. Was jedoch Singer, Hoerster und andere bestreiten, ist, daß die Zugehörigkeit zur menschlichen Gattung überhaupt ein Lebensrecht begründet. Menschen auszuzeichnen, weil sie Menschen sind, nennt Singer, in Parallele zum Rassismus, Speziesismus. Speziesismus ist die Parteilichkeit für die Spezies, der wir zufällig angehören. Für solche Parteilichkeit gibt es keinen vernünftigen Grund. Rechte sollten wir vielmehr nur solchen Wesen einräumen, die über bestimmte Eigenschaften und Fähigkeiten verfügen, nämlich über Ichbewußtsein und Rationalität. Nur solche Wesen nämlich sind Personen. Embryonen sind daher keine Personen, Kinder bis zur Vollendung des ersten Lebensjahres und darüber hinaus, schwer geistig Behinderte oder vom Altersschwachsinn Befallene sind es auch nicht. Alle diese Menschengruppen können daher prinzipiell zur Tötung freigegeben werden, wenn nicht andere, zum Beispiel gesellschaftspolitische oder sozialhygienische Gründe dagegenstehen. Das Lebensrecht eines erwachsenen höheren Säugetiers steht nach Ansicht Singers über dem Lebensrecht eines einjährigen Kindes.

Ehe wir uns mit den praktischen Aspekten dieser Position befassen, müssen wir ihre theoretischen Voraussetzungen ins Auge fassen. Auf den ersten Blick scheint Singer nicht so weit entfernt zu sein vom klassischen Verständnis der Person. Eine Person ist zwar "jemand". Aber ob ein Wesen ein Jemand ist, zeigt sich, so scheint es, daran, ob er über bestimmte Eigenschaften verfügt wie diejenigen, die Singer nennt. Der Unterschied liegt aber in folgendem: "Nach klassischer Sicht ist die menschliche Natur wesentlich eine vernünftige Natur. Was ein Mensch von seinem Wesen her ist, zeigt sich an einem normalen erwachsenen Menschen. An ihm sehen wir, daß der Mensch ein Jemand, daß er wesentlich Person ist. So gibt es keinen Grund, nicht auch diejenigen als Personen zu betrachten und mit ihnen als Personen umzugehen, die die gleiche Natur, aber in einer noch unentwickelten oder einer defekten Form besitzen. Personsein ist ja nicht eine qualitative Bestimmtheit, sondern die Person ist derjenige, der solche Bestimmtheiten hat. Es ist für die menschliche Natur wesentlich, daß sie von einer Person, also von jemandem, gehabt wird.

Die Bestreitung dieser Sicht, die schließlich zu den extremen Konsequenzen Singers führt, hat bereits eine lange Vorgeschichte. Sie beginnt im englischen Empirismus bei John Locke. Er hat als erster Personen und Menschen unterschieden. Menschen sind ein bestimmter Typus von Organismen. Personen sind nicht ein Jemand, sind nicht so etwas wie ein Seiendes, sondern sind bestimmte Kombinationen von Bewußtseinszuständen. Personen sind definiert durch Bewußtheit und Erinnerung, in welcher jemand sich selbst bestimmte Handlungen zuschreibt. Identität des Bewußtseins beruht nicht auf der Identität eines Jemand, der dieses Bewußtsein hat, sondern Identität des Bewußtseins ist nichts anderes als Bewußtsein der Identität. Das führt schon bei Locke zu seltsamen Konsequenzen. Ein Mensch kann nach ihm nur verantwortlich gemacht werden für Handlungen, deren er sich erinnert. Wenn er sich ihrer nicht erinnert, ist er es nicht, der sie begangen hat, denn er bzw. sie ist definiert durch das Bewußtsein der Identität. Umgekehrt müssen wir Menschen natürlich danken für Handlungen, von denen sie sich einbilden, daß sie sie getan haben, wenn es edle Handlungen sind, oder sie bestrafen für schlechte Handlungen. Man hat all das getan, woran man sich erinnert, es getan zu haben.

Diese äußerst kontraintuitiven Ansichten haben dann David Hume dazu geführt, den Gedanken personaler Identität überhaupt aufzugeben und personale Identität für einen ebenso konventionellen Begriff zu halten wie den der Identität eines Sportvereins. Wie lange ist ein Sportverein mit sich identisch? Wenn er sich auflöst und unter gleichem Namen neu gegründet wird, ist er dann noch der gleiche Verein? Oder: wie viele Mitglieder des Vereins müssen ausgewechselt werden, damit der Verein nicht mehr derselbe ist? Alle diese Fragen sind ziemlich sinnlos, weil es eine Frage der Konvention ist, wie wir diese Worte verwenden. Mit der Identität von Personen verhält es sich nicht anders. Es gibt Bewußtseinszustände, aber es gibt nicht Träger von Bewußtseinszuständen. Diese Thesen sind die Folge der empiristischen Voraussetzung, daß nur dasjenige auf Realität Anspruch erheben kann, was uns unmittelbar in der sinnlichen Erfahrung gegeben ist. In der Erfahrung gegeben sind uns Sinneseindrücke und Bewußtseinszustände, aber nicht Gegenstände, von denen diese Sinneseindrücke ausgehen und nicht Träger von Bewußtseinszuständen. Also gibt es nicht so etwas wie Gegenstände, Substanzen, Personen.

Die Philosophie Kants hat die durch den Empirismus und seiner Auflösung des Personenbegriffs initiierte Entwicklung aufgehalten. Kant hat deutlich gemacht, daß wir den Begriff des Denkens gar nicht denken können, ohne einen Denkenden mitzudenken. Und er hat der unmittelbaren Überzeugung Ausdruck gegeben, die wir alle besitzen mit Bezug auf die Inkommensurabilität von Personen im Verhältnis zu allen sonstigen Vorkommnissen in der Welt. Kant hat das präzise so ausgedrückt, daß er sagte: Dinge können einen Wert haben. Aber jeder Wert hat seinen Preis. Menschen haben keinen Wert, sondern eine Würde. Und unter Würde verstand er das, was schlechterdings keinen Preis haben kann, weil es Subjekt jeder Wertung ist und eben deshalb nicht Gegenstand einer Wertung werden kann.

Der neue Verstoß gegen den Personenbegriff kommt aus der angelsächsischen Tradition des Empirismus. Man könnte Singer als die äußerste Konsequenz der Schule Lockes bezeichnen.

D. Parfits Dekonstruktion

Singer ist kein sehr gründlicher und tiefer Denker. Gründlicher als seine Überlegungen sind diejenigen eines anderen englischen Philosophen, der, wenn man Singer als Epigonen Lockes betrachten will, als Epigone von David Hume aufgefaßt werden könnte, D. Parfit mit seinem Buch "Reasons und Persons", das 1984 in Oxford erschienen ist. Parfit versucht nicht, den Begriff der Person vom Begriff des Menschen abzulösen, sondern führt den Begriff der Person überhaupt ad absurdum. Er wählt dazu eine Fülle von Beispielen aus der Welt der Science-fiction. So schlägt er vor, sich vorzustellen, jemand lasse sich dadurch auf einen fernen Planeten versenden, daß von seinem gesamten Organismus und seinem Gehirn eine exakte Computeraufnahme gemacht wird. Diese Software wird dann auf dem Funkwege zu diesem Planeten transportiert, um dort aus vorhandenem Basismaterial den gleichen Menschen mit den gleichen Bewußtseinsinhalten, Erinnerungen usw. zu rekonstruieren. Wenn wir nun annehmen, daß der erste Mensch gleichzeitig vernichtet wird, so könnten wir, meint Parfit, sagen, daß der Mensch an jenem anderen Ort fortfährt zu existieren. Denn er ist ja bewußtseinsidentisch mit dem ersten. Was aber, wenn der erste nicht vernichtet wurde? Dann handelt es sich um zwei Menschen. Man wird also nicht gut weiterhin von einer Person sprechen können.

Beispiele dieser Art dienen Parfit dazu, zu zeigen, daß der Begriff personaler Identität ebenso vage und konventionell ist wie der Begriff der Identität eines Sportvereins. Aber auch an physischer Identität läßt sich der Personenbegriff nach Parfits Ansicht nicht festmachen. Stellen wir uns vor, einem Menschen würde eine fürchterliche Folterung in Aussicht gestellt, ihm zugleich aber zugesagt, daß zuvor sein gesamter Erinnerungsbestand durch Eingriff in sein Gehirn zerstört und er in einen Zustand versetzt wird, in dem er sich für Napoleon hält und auch gewisse Charaktereigenschaften von Napoleon zeigen wird. Werden wir in einem solchen Fall noch Angst vor der Folterung haben? Ich bin es ja gar nicht mehr, der diese Schmerzen erleiden wird. Aber bin ich es wirklich nicht? Auch hier ist es das Ziel Parfits, durch die Beseitigung aller eindeutigen Kriterien für so etwas wie Ich oder Nichtich den Gedanken persönlicher Identität aufzulösen. Wofür er plädiert, ist eine buddhistische Weltansicht, in der Identität Schein ist.

Was tatsächlich existiert, sind Bewußtseinszustände und hinterlassene Erinnerungen. Diese stiften nicht Identität, sondern sind so etwas wie eine Erbschaft. Ein Mensch, der nach dem Schlaf aufwacht, ist nicht derselbe, der einschlief. Er hat von diesem nur gewisse Erinnerungen geerbt. Interessanterweise glaubt Parfit übrigens, aus diesem Gedanken

Verpflichtungen des Menschen gegen sich selbst ableiten zu können, die in der Tradition eigentlich nur aus einer Verantwortung des Menschen für sich vor Gott hergeleitet werden konnten. In einer atheistischen Ethik scheint es eine solche Verantwortung nicht geben zu können. Mit mir selbst kann ich machen, was ich will, nur mit anderen nicht. Parfit schließt nun so: Der Mensch, der ich in fünf Jahren sein werde, ist in Wirklichkeit nicht ich, sondern ein Nachkomme von mir. Deshalb habe ich ihm gegenüber, also zum Beispiel für seine Gesundheit, die gleiche Verantwortung, die ich für Kinder oder Enkel habe.

Parfits Strategie übertrifft noch diejenige Singers. Aber tatsächlich ist sie konsequenter als die Singersche Position. Auch Parfit kennt nicht *jemanden*, nicht einen Träger von Bewußtseinszuständen, nicht etwas, was im Antlitz eines Menschen erscheint. So kennt er auch kein kontinuierliches Du. Ich weiß nicht, was er unter Liebe zwischen Menschen versteht. Denn jede tiefere Beziehung zwischen Menschen, die wir mit Worten wie Freundschaft, Liebe, Treue bezeichnen, setzt doch die Kontinuität eines Du voraus. Überhaupt ist es für Locke und Hume, für Singer und Parfit bezeichnend, daß sie die Ich-Du-Beziehung zwischen Personen als den eigentlichen Ort der Entdeckung der Person ganz ausklammern. Sie reden von Personen immer nur in der ersten oder in der dritten Person. Aber Personalität ist überhaupt nicht ein qualitativer, durch bestimmte Prädikate beschreibbarer Sachverhalt, sondern bestimmte beschreibbare qualitative Sachverhalte sind für uns nur Zeichen, in denen sich Personen zu erkennen geben. Da Singer einen solchen Jemand, der sich zu erkennen gibt oder auch verbirgt, nicht kennt, kann für ihn auch der Gedanke *potentiellen* Bewußtseins und Selbstbewußtseins keine Rolle spielen. Unser Begriff des Könnens, des Vermögens oder der Disposition setzt immer so etwas voraus wie jemanden, der etwas kann, ohne es in jedem Augenblick zu tun.

Personen sind Subjekte des Könnens. Es hat darum auch keinen Sinn, von potentiellen Personen zu sprechen. Personen sind nie potentiell. Sie sind immer wirklich. Personalität entwickelt sich auch nicht, sondern Personalität ist das, was einer bestimmten menschlichen Entwicklung ihren spezifischen Charakter gibt. So sagen wir: "Ich wurde dann und dann geboren", und wir sagen nicht: "Dann und dann wurde ein menschliches Wesen geboren, aus dem dann allmählich Ich wurde." Wir benutzten das Wort "Ich" nicht, um ein Ich zu bezeichnen. So etwas wie ein Ich gibt es überhaupt nicht. Das ist eine Erfindung Descartes'. Ich ist ein Personalpronomen, mit dem wir den Menschen bezeichnen, der wir selbst sind. Wesen, die normalerweise auf sich selbst zeigen können, nennen wir Personen. Wir nennen sie aber auch dann Personen, wenn sie nicht aktuell auf sich selbst zeigen oder zeigen können. Das Wort Können ist vieldeutig. Es hat Sinn zu sagen: Ich kann Klavier spielen. Aber wenn man mich auffordern würde, nun spiele doch, und es ist gar kein Klavier da, dann werde ich antworten: "Es ist ja kein Klavier da. So kann ich nicht spielen." Und die Antwort wäre unberechtigt: "Du hast doch gesagt, du kannst spielen." Klavierspielenkönnen ist eine Realität auch dann, wenn sich dieses Können mangels eines Klaviers nicht realisieren kann. Person meint nicht das, was ein Mensch werden kann, sondern meint denjenigen Menschen, der etwas werden kann.

Tatsächlich haben diejenigen, die die Begriffe Mensch und Person trennen wollen, die Konsequenzen immer noch nicht zu Ende gedacht. Wenn nur diejenigen Wesen Personen sind, die tatsächlich aktuell über die Eigenschaften von Ich-Bewußtsein und Rationalität verfügen, dann darf jeder Schlafende dadurch am Aufwachen gehindert werden, daß man ihn tötet. Denn solange er schläft, ist er offensichtlich keine Person. Die Pflicht, sein Leben zu schonen, kann daher allenfalls abgeleitet werden aus unser aller Wunsch, selbst einschlafen zu dürfen ohne die Angst, nicht wieder aufzuwachen. Oder aber aus einer Pflicht gegen andere Menschen, die durch die

Tötung des Schlafenden einen Verlust erleiden. So ist ja auch nach Singer die Tötung einjähriger Kinder nur dann unerlaubt, wenn dadurch Eltern eines Kindes beraubt werden, das sie lieber behalten möchten. Durch die Tötung eines einjährigen Kindes wird allenfalls ein Recht der Eltern, nicht aber eines des Kindes verletzt. Im übrigen ist die Angst, im Schlaf getötet zu werden, nach Parfit eigentlich irrational, und man sollte sie sich abgewöhnen. Denn der, der nach dem Schlaf aufwacht, kann unmöglich derselbe sein, der einschlief, da ja inzwischen die Person ausgelöscht war.

Wenn die Auffassung Singers berechtigt wäre, dann würden Menschen nur durch systematische Illusionen zu Personen werden können. Menschen werden nämlich erst dadurch zu rationalen und selbstbewußten Wesen, daß eine Mutter mit ihnen spricht. Dieses Sprechen ist nicht eine Konditionierung eines Organismus, sondern es ist die Zuwendung zu einem Wesen, das immer schon als Person behandelt wird. Die Mutter spricht zu dem Kind, als ob das Kind verstünde. Nur dadurch lernt das Kind verstehen. Nur indem wir es bereits als Person behandeln, entwickelt es die Eigenschaften, an denen man dann die Personalität des Menschen erkennen kann. Wir müssen sie immer schon voraussetzen, oder wir geben ihr überhaupt keine Gelegenheit, sich zu zeigen.

Zudem ist die Definition der Person durch Rationalität überhaupt abwegig. Rationalität ist bereits etwas Abgeleitetes. Fundamentaler als Rationalität ist das, was man in der Philosophie im allgemeinen Intentionalität nennt. Intentionalität nennen wir Akte und Einstellungen, die nicht beschreibbar sind als Zustände von Wesen, die man beobachten kann, sondern als ein Gerichtetsein auf Sachverhalte. Dieses Gerichtetsein können wir nur wahrnehmen, indem wir in die gleiche Richtung blicken. Wenn jemand den Satz äußert, die Winkelsumme des Dreiecks ist gleich zwei rechten Winkeln, dann gibt es keinen Zustand dieses Menschen, den ich betrachten könnte, um einen solchen Satz zu verstehen. Ich verstehe den Satz nur, wenn ich auf das blicke, was der Satz meint, wenn ich also ebenfalls an die Winkelsumme des Dreiecks denke, und nicht an denjenigen, der den Satz spricht. Ähnlich verhält es sich mit menschlichen Wünschen, Strebungen und Handlungen. Eine Handlung unterscheidet sich dadurch von irgendeinem Naturgeschehen, daß sie intentional ist, das heißt, daß mit ihr irgend etwas gewollt wird. Als Handlung verstehe ich sie nur, wenn ich diese Intention verstehe. Rational nennen wir nun Handlungen, bei denen wir sowohl die Intention, also die Absicht, verstehen als auch die Ansichten des Handelnden über die Beschaffenheit der Welt. Es kann sein, daß ein Mensch in der Luft herumfuchtelt und damit eine Abweichung des Mars aus seiner Bahn bewirken will. Diese Gestikulation ist überhaupt nicht rational, sie ist aber intentional und deshalb personal. Menschen können völlig aus dem Zusammenhang alles für uns Verstehbaren und Nachvollziehbaren herausfallen und gleichwohl intentional handelnde Wesen sein. Das heißt übrigens auch, daß sie sittliche Wesen sein können. Sie sind, wie Max Scheler richtig gezeigt hat, zwar nicht zurechnungsfähig. Das heißt, wir können ihnen nicht die Handlungen zurechnen, die wir beobachten, weil die Handlungen für sie etwas ganz anderes bedeuten als für uns. Aber das heißt nicht, daß sie nicht verantwortlich und sogar sittlich verantwortlich sind. Sie können sehr wohl einer guten und einer bösen Handlungsweise fähig sein, ohne daß irgend jemand von außen beurteilen kann, von welcher Art diese Handlung ist.

Nur der Tod zerstört die Person

Geisteskrankheit zerstört nicht die Person. Was aber schwer debile Menschen betrifft, die offenbar gar keiner personalen Lebensäußerung fähig sind, so haben wir auch bei ihnen keinen Grund, sie nicht für Personen zu halten und als Personen zu behandeln. Sie sind nämlich keineswegs Wesen anderer Art. Wir können sie nur als defekt, als krank beschreiben. Das heißt, sie sind nicht in einer eigenen ökologischen Nische angesiedelt, die ihnen eine nichtpersonale Natur gestattete. Sie besitzen nicht, wie die nichtmenschlichen Lebewesen, Instinkte, die statt der Vernunft ihre Weltorientierung sicherstellen. Es fehlt ihnen einfach etwas. Ihre Natur ist defekt, und wenn wir könnten, würden wir sie zu heilen versuchen, weil wir davon ausgehen, daß sie eigentlich eine menschliche Natur haben. Sie sind auf unsere Hilfe angewiesen. Unsere eigene Würde als Personen wird durch nichts deutlicher als dadurch, daß wir diesen Wesen zu Hilfe kommen, obgleich vielleicht nichts in ihnen geeignet ist, unsere spontane Sympathie zu wecken. Die Bereicherung, die wir selbst dadurch erfahren, wirklich zu erleben, ist schon das Kennzeichen einer persönlichen Reife, die durch Ideen wie diejenigen Singers an ihrer Entfaltung massiv gehindert wird.

Ich werde, sozusagen als Gegenprobe, ein fiktives Beispiel geben, einen Fall, in welchem wir geneigt und berechtigt sein könnten, ein von Menschen geborenes Wesen nicht für eine menschliche Person zu halten. Das wäre, wie mir scheint, dann der Fall, wenn ein solches Wesen keinerlei Anzeichen von Rationalität und von Intentionalität zeigen würde, wenn es keines symbolischen Ausdrucks und keiner symbolischen Kommunikation fähig wäre, aber im übrigen einen vollkommen gesunden Eindruck machte, sich in der Welt selbständig und ohne fremde Hilfe orientieren könnte, offenbar ausgestattet mit einer Instinktorganisation, die normalen Menschen fehlt. Ein solches Wesen wäre tatsächlich ein Tier. Es wäre nicht durch die eigentümliche Unspezialisiertheit und Instinktoffenheit charakterisiert, die Menschen auszeichnen. Gerade seine Gesundheit wäre der Grund dafür, es nicht als Person zu betrachten. Solange wir aber die Abwesenheit der sonst für Personen charakterisierten Merkmale notwendigerweise als Krankheit, als Defekt der Natur betrachten müssen, solange müssen wir davon ausgehen, daß diese kranke Natur jenes Geheimnis in sich birgt, das wir Person nennen und das uns Ehrfurcht gebietet.

Ebenso gehört es zu unserer Wahrnehmung kleiner Kinder, daß wir in ihnen wesentlich die Ausdrucksmöglichkeiten sehen, die sie künftig gewinnen werden und derentwegen wir sie schon jetzt als Personen betrachten. Der Zoologe Portmann hat darauf hingewiesen, daß die Menschen im ersten Lebensjahr, also genau in der Zeit, in der Singer Kinder als Freiwild betrachtet, Wesen sind, deren Analoga im Tierreich sich noch im Mutterleib befinden. Er spricht von der extrauterinen Schwangerschaft. Die umgebende gesellschaftliche Welt, die Personen, die das Kind umgeben, bilden sozusagen eine kulturelle Haut um das Kind, und eben dies hat zur Folge, daß Kinder von vornherein jene zweite Natur annehmen, die symbolisch, kulturell und sprachlich vermittelt ist.

Rückkehr zur Rede vom "lebensunwerten Leben"

Zum Schluß möchte ich noch eine Bemerkung über die gegenwärtige Debatte um sogenanntes lebensunwertes Leben machen. Die Autoren, die diesen Ausdruck wieder ins Spiel gebracht haben, verwahren sich heftig dagegen, mit den Nationalsozialisten in irgendeinen Zusammenhang gebracht zu werden. Die Nationalsozialisten, so argumentiert zum Beispiel Hoerster, beurteilten den Wert eines Lebens an einem für den einzelnen Menschen äußeren Maßstab, nämlich nach seinem Nutzen für die Gesellschaft. Die neuen Euthanasiebefürworter aber fragten ausschließlich nach dem Wert, den ein Leben für den Menschen selbst habe, der es lebt. Es gäbe - so meint Hoerster - keinen gleitenden Übergang von der einen Sicht zu der anderen. Das ist leider vollkommen falsch.

Joseph Goebbels, der nationalsozialistische Propagandaminister, hat die Euthanasieaktion der Nazis sorgfältig vorbereitet mit Hilfe eines Films, der den Titel trug: "Ich klage an". In diesem Film wird eine schwerkranke Frau gezeigt, die ihren Mann anfleht, sie zu töten. Der Mann folgt dieser Bitte, er wird anschließend vor Gericht angeklagt und verurteilt. Der Film sollte die Emotionen des Publikums gegen Staatsanwalt und Richter mobilisieren und Verständnis für diese Tötung auf Verlangen wecken. Goebbels ging davon aus, daß, wenn erst einmal auf diese Weise das Tabu beseitigt sei, auch andere Tötungen unheilbar Kranker und Geisteskranker leichter zu bewerkstelligen sein würden. In dem großartigen Roman "Das Thanatos-Syndrom" des amerikanischen Schriftstellers Walker Percy, der unlängst verstorben ist, wird von einem weisen alten Priester in den USA, der Euthanasiekandidaten ihrem Schicksal entreißt und in einem Heim unter seine Obhut bringt, mit Bezug auf die deutsche Theorie vom lebensunwerten Leben gesagt: "Weichherzigkeit führt zur Gaskammer." Es beginnt mit sentimentalen Argumenten und endet mit der brutalen Ausmerzung aller, von denen andere sich erlauben zu beurteilen, daß ihr Leben nicht lebenswert sei.

Wenn einmal die Tötung auf Verlangen freigegeben ist, dann ist es vorauszusehen, daß man von alten und kranken Menschen erwarten wird, daß sie endlich den Wunsch äußern, getötet zu werden. Wenn ein chronisch leidender Mensch sieht, wie er seinen Mitmenschen zur Last fällt, und wenn er weiß, daß er sie von dieser Last befreien kann durch einen Tötungswunsch, und wenn er weiter weiß, daß jedermann es für akzeptabel hält, einen solchen Wunsch zu äußern, dann wird in der Tat für ihn persönlich das Weiterleben unerträglich und er wird schließlich wirklich den Wunsch äußern, um sich von einem unerträglichen Leiden zu befreien. Aber das Leiden ist dadurch verursacht, daß es nun als seine persönliche Schuld erscheint, wenn andere Lebenszeit, Kraft und Geld aufwenden müssen, um ihn zu pflegen. Schuldlos ist er nur, wenn die Äußerung eines solchen Wunsches oder gar seine Erfüllung völlig außer Diskussion steht.

Ich sagte, als ich über John Locke sprach, daß wir Person nicht verstehen können als eine Folge aktueller Bewußtseinszustände eines Menschen. Person ist der Mensch selbst, nicht ein bestimmter Zustand des Menschen. Wenn dies aber so ist, dann gibt es auch keinen Zustand des Menschen, der es rechtferigen könnte, ihn in seiner irdischen Existenz zu vernichten. Wir leben in einer hedonistischen Gesellschaft. Diese Gesellschaft ist potentiell terroristisch. Es gibt in ihr so etwas wie eine Pflicht zum Glücklichsein, zum keep smiling. Der Anblick von Schmerz, Leiden, Krankheit, Verunstaltung und Tod gilt als unzumutbar. Es gibt zwar eine große Bereitschaft, viel aufzuwenden, um Menschen das Leben zu erleichtern. Aber nur so lange, wie jemand sich in dieser Hinsicht helfen läßt, hat er ein Recht, überhaupt dazusein. Helfen dürfen Sie einem Menschen nur, wenn Sie ihm komplett helfen können. Jemandem, der keine Arbeit hat, eine Arbeit für so lange und zu der Entlohnung zu geben, die Sie bezahlen können, ist nicht erlaubt. Wenn Sie die Standards nicht einhalten können, dürfen Sie gar nicht helfen. Das mag, was das Arbeitsrecht betrifft, in unserem sozialen System gewisse Gründe haben. Aber wenn es an die Existenz der Person selbst geht, wird das potentiell Terroristische in dieser Denkweise deutlich.

Leiden soll nicht sein. Das ist die oberste Maxime. Wenn also dem Leidenden nicht geholfen werden kann, dann kann das Leiden immer noch dadurch beseitigt werden, daß der Leidende beseitigt wird. Aber die Inkommensurabilität der Person, die Tatsache, daß sie eine Würde und keinen Wert hat, bedeutet, daß der Wert des Lebens einer Person an gar keinem Maßstab gemessen werden kann. Peter Singer will Kinder töten lassen, die aufgrund bestimmter Erkrankungen nur ein äußerst leidvolles Leben zu erwarten haben. Erschütternd war es, als Singer im Schweizer Fernsehen plötzlich mit Menschen konfrontiert war, die genau an den von ihm genannten Krankheiten und Verkrüppelungen litten und Singer entgegenhielten: "Wenn es nach Ihnen ginge, säßen wir hier nicht." Einer von diesen sagte zu Singer: "Ja, ich leide und habe gelitten. Aber Sie können sich nicht vorstellen, welches unendliche Glück das Dasein auch für einen Menschen sein kann, der leidet." Ein solches Argument hat natürlich in der keimfreien hygienischen Welt des Hedonismus keinen Platz.

Anhang:

Zur Diskussion um RU 486

Bernhard Kerdelhué

Chemische Eingriffe zum Schwangerschaftsabbruch und chirurgisches Verfahren im Vergleich

Die Freigabe des von Roussel Uclaf entwickelten Moleküls RU 486, bekannt auch unter dem Namen Mifepriston, für den französischen Markt erfolgte am 28. Dezember 1988 durch den damaligen Minister für Solidarität, Gesundheit und Soziales Claude Evin.[1] RU steht für das französische Pharmaunternehmen Roussel Uclaf, 486 sind die Endziffern der internen Seriennummer des Moleküls. Die im Titel mir gestellte Frage, ob für den gewollten Schwangerschaftsabbruch die chemische Methode mit einer Kombination von RU 486 und Prostaglandinen eine Alternative zum chirurgischen Schwangerschaftsabbruch darstellt, ist keine moralische, sondern eine technische Frage.

Meine Ausführungen stütze ich auf ein Papier, das eine Gruppe französischer, aber auch internationaler Experten, Biologen und Mediziner, darunter auch Gynäkologen, ausgearbeitet haben. In diesem Dokument, dem ich inhaltlich folge, wollten wir bewußt von moralischen und religiösen Gesichtspunkten absehen und ausschließlich, aber präzise die Frage beantworten, ob der chemische Eingriff dem bislang

[1] Eine Aufforderung des Ministers an Roussel Uclaf vom 28. Okt. 1988, das Produkt auf den Markt zu bringen, wurde - allerdings erst am 25. Jan. 1991 - vom Conseil d'Etat "wegen Amtsmißbrauch" verworfen und aufgehoben. Rechtsfolgen hatte dies nicht mehr. Lt. Gesetz vom 2.1.68 kann der Gesundheitsminister, wenn das im Interesse öffentlicher Gesundheit geboten erscheint, durch den Industrieminister Herstellung und Vertrieb zugelassener Medikamente erzwingen lassen. Dies gilt aber nicht für noch nicht markteingeführte Produkte (Anm. d. Hrsg.).

und auch heute noch angewandten chirurgischen Verfahren der Absaugung oder Curettage verantwortlich als Alternative gegenübergestellt werden kann. Dagegen haben wir eine ganze Reihe erheblicher Bedenken erhoben und formuliert:

1. Zulassungsverfahren

1987 war in Frankreich eine Marktgenehmigung für das Molekül RU 486 (Mifepriston allein) beantragt worden. Der Antrag wurde abgelehnt. Nicht aus ethisch-moralischen, sondern aus technischen Gründen. Ausschlaggebend war, daß das Präparat zur Herbeiführung eines Aborts nicht hinreichend wirksam war. Ein Jahr später wurde es im Kombinationsverfahren mit Prostaglandin-Analog-Gaben zugelassen.

Vor der Entscheidung über die Marktfreigabe eines Medikaments beruft nach französischem Recht der zuständige Minister eine medizinische Kommission zu seiner Beratung. Er kann dem Votum der Kommission folgen, kann aber auch ihrer Stellungnahme entgegen entscheiden. Aufgabe der Kommission ist die Stellungnahme zur beantragten Marktzulassung eines Medikaments.

Für uns erhebt sich zunächst die Frage, ob eine solche Kommission angesichts der Tatsache, daß es sich bei RU 486 gemäß den vom Herstellerlabor ausgewiesenen Wirkungen nicht um ein Heilmittel handelt, allein kompetent war. M.a.W.: Hier hat eine Kommission, die Medikamente zu begutachten hat, über ein Produkt entschieden, das wir nicht als Medikament betrachten.[2]

[2] Im Deutschen Arzneimittelgesetz (Gesetz über den Verkehr mit Arzneimitteln - AMG) wird in § 2 der Arzneimittelbegriff in 5 Punkten definiert. Ziff. 1-4 beschreiben Heil- und Diagnostikzwecke, Ziff. 5 spricht darüber hinaus von Mitteln, um "die Beschaffenheit, den Zustand oder die Funktionen der Körper- oder seelischen Zustände zu beeinflussen". Der Wortlauf von Ziff. 5 entstammt dem Zweiten Gesetz zur Änderung des Arzneimittelgesetzes vom 16.8.1986 (Anm. d. Hrsg.).

Es war das erste Mal, daß ein Molekül dieser Art zur Begutachtung stand. Es gab auch keine Vergleichsmöglichkeiten oder Analogien für ein solches - womöglich fragwürdiges - Kombinationsverfahren.

Es wäre daher nicht nur wünschenswert, sondern unter ethischen Gesichtspunkten wie solchen der Sicherheit auch angemessen gewesen, den Kreis der Beratenden weiter zu ziehen. Der Gynäkologen-Verband, einschlägige Fachleute des Nationalen Instituts für Gesundheit und medizinische Forschung (INSERM) und des Nationalen Zentrums für wissenschaftliche Forschung (CNRS) hätten unseres Erachtens beteiligt werden müssen. Dies ist nicht geschehen. Die Empfehlungen des Nationalen Ethik-Komitees wurden darüber hinaus ebensowenig beachtet wie die Internationale Konvention von Helsinki[3].

[3] Die Deklaration von Helsinki der World Medical Association (Juni 1964, fortgeschrieben Tokio 1975, Venedig 1983, Hongkong 1989) unterscheidet diagnostisch-therapeutische Forschung am Patienten und rein wissenschaftlich-biomedizinische Forschung "ohne direkten diagnostischen oder therapeutischen Wert für die in die Forschung einbezogene Person".
Bei der Behandlung Kranker sind neue diagnostische und therapeutische Maßnahmen unter den Bedingungen der Deklaration zulässig, "wenn diese nach Ermessen des Arztes eine Hoffnung auf die Erhaltung des Lebens, Wiederherstellung der Gesundheit oder Linderung des Leidens bietet. Die möglichen Nutzen und Gefahren oder Unannehmlichkeiten einer neuen Methode sind gegen die Vorteile der besten zur Verfügung stehenden diagnostischen und therapeutischen Methoden abzuwägen."
Bei der nichttherapeutischen biomedizinischen Forschung "darf das wissenschaftliche und gesellschaftliche Interesse in keinem Falle Vorrang haben vor den Belangen des Wohlergehens der Versuchspersonen". In Betracht kommen als Versuchspersonen freiwillige "Gesunde oder Patienten, deren Krankheit nicht mit der Versuchsanordnung in Zusammenhang steht".
Da es sich bei der Indikation Schwangerschaftsabbruch nicht um Diagnose, Therapie oder Prophylaxe von Erkrankungen handelt, sind diesbezügliche Versuche mit RU 486 demnach nichttherapeutische biomedizinische Forschung an gesunden Versuchspersonen. Diese sind aber offenbar nicht gedeckt von dem in der Präambel der Deklaration erklärten Ziel. "Ziel biomedizinischer Forschung am Menschen muß es sein, diagnostische, therapeutische und prophylaktische Maßnahmen sowie das Wissen um die Ätiologie und Pathogenese von Erkrankungen zu verbessern" (Anm. d. Hrsg.).

Und schließlich wurden die in Frankreich durchgeführten Untersuchungen zum nicht-therapeutischen Schwangerschaftsabbruch auch keineswegs alle im engen Rahmen des VEIL-Gesetzes von 1975 vorgenommen. Manche Abtreibungen wurden außerhalb der autorisierten Zentren durchgeführt.

2. Pharmakologie

Zur Sache selbst: Wissenschaftlich und medizinisch wurde zunächst eine starke antiglukokortikoide Wirkung des Moleküls erwiesen und weithin bestätigt. Warum hat Roussel Uclaf ein Antiglukokortikoid gesucht? Daran bestand ein großes Interesse mit Blick auf eine Therapie des Cushing-Syndroms, einer Krankheit, die durch Hyperfunktion der sogenannten adrenokortikotropen Achse, durch Hyperproduktion von Kortikosteron durch die Nebennierenrinde entsteht. Die Suche nach einem Molekül, das die Überproduktion der Glukokortikoide oder ihre furchtbaren Wirkungen hemmt, ist legitim. Das war der Forschungsgrund bei Roussel Uclaf. Erst später wurde auch die Antiprogesteron-Wirkung des Moleküls entdeckt. Innerhalb der hormonellen Systeme der Wirbeltiere und des Menschen sind viele Moleküle untereinander sehr ähnlich, auch wenn sie ganz verschiedene Funktionen erfüllen. Zwischen Kortisol und Progesteron etwa besteht eine große strukturelle Analogie. Chemiker nehmen die Herausforderung an, die damit gegeben ist. RU 486 hat eine ebenso hohe antiglukokortikoide wie antiprogesterone Wirkung.

Es ist schade, daß die Entscheidungsträger bei Roussel Uclaf sich dann nicht dazu durchgerungen haben, ein Molekül zu entwickeln, dessen antiglukokortikoide Wirkung gering ist im Verhältnis zur Antiprogesteron-Wirkung.

RU 486 greift stark und nachhaltig in das Gleichgewicht des kortikotropen Regelkreises ein. Die starke antiglukokortikoide Wirkung von RU 486 hat zwar bislang noch nicht zu Komplikationen geführt. Das mag auf die gleichzeitige Stimulation der ACTH- und Kortisol-Produktion zurückzuführen sein, die, wie man sich vorstellt, einen Kortisolmangel wieder ausgleiche. Bei einer Frau aber mit zum Zeitpunkt der RU 486-"Behandlung" nicht erkannter Dysfunktion der Nebennierenrinde etwa ist leider ein solcher Zwischenfall auch nicht auszuschließen.

Im Rahmen begrenzter Untersuchungsreihen tauchen solche Zwischenfälle oft nicht auf. Es entspricht einer geläufigen Erfahrung in der klinischen Toxikologie, daß Gelegenheitsrisiken sich erst bei mittleren Reihen von 1.000 bis 10.000 Fällen zeigen und schwere Zwischenfälle erst im Rahmen großer Reihen (20.000-50.000 Fälle) beschrieben werden.[4]

Es befremdet uns außerdem, daß die für die angestrebte abortive Wirkung erforderliche Dosis von RU 486 unverhältnismäßig groß ist (etwa 1000 mal höher als die üblicherweise im Rahmen von Steroid-Behandlung verabreichten Mengen). Die Wirkung steht also in keinem Verhältnis zur verabreichten Menge. Die Halbwertzeit des Plasmaspiegels von RU 486 ist zudem lang. Sie beträgt etwa drei Tage.

3. Prostaglandine

Entgegen der Behauptung, das Präparat sei aufgrund der Kenntnis seines Wirkungsmechanismus zum Tragen gekommen, sind die Wirkungsmechanismen von RU 486, aufgrund deren es zum Ausstoß des Foeten kommt, keineswegs geklärt. Inzwischen weiß man, daß das Molekül nur bei einer hinreichenden Konzentration von Progesteron wirkt. Es muß also eine gewisse Progesteronproduktion geben, damit der Antagonist RU 486 seine Funktion wahrnehmen kann. Außerdem stimuliert RU 486 vorübergehend und zeitweise nicht nur die kortikotrope Achse, sondern greift auch in die Steuerung der gonadotropen Regelkreise

[4] Inzwischen wird die Zahl der in Frankreich mit RU 486 und Prostaglandinen durchgeführten Abtreibungen mit 60.000 oder mehr angegeben. Einschlägige klinische Studien erfaßten in der Regel 1.000-2.000 Fälle. 1992 veröffentlichten Ulman A. et al. (Acta Obstet. Gynecol. Scand. 71, 1992) eine Auswertung von 15.709 Fällen (Anm. d. Hrsg.).

ein, das heißt auch in die für die Progesteronproduktion verantwortlichen Systeme.

Das Labor von Bygdeman[5] kam nach einer Studienreihe mit RU 486 allein zu dem Schluß, die Wirksamkeit müsse verbessert werden, wenn damit eine Alternative zur Absaugung des Foeten angeboten werden soll. Als Grund wurde zu häufiges Versagen angegeben. Die seitdem in größeren Reihen mit RU 486 allein erzielten Ergebnisse sprechen für eine Versagerquote um 40%. Tatsächlich gibt es hier große Unterschiede je nach Experimentator. Sie reichen von 20 bis 40%. Die Abweichungen sind schwer zu erklären.

Das Bygdeman-Labor, das zuvor Untersuchungen über die abortiven Wirkungen der Prostaglandine - allein wohlgemerkt - gemacht hatte, schlug deshalb Untersuchungen mit Vorabgabe von RU 486 und anschließender Verabreichung von Prostaglandinen vor. Prostaglandine allein waren ab 1965 als Abortiva eingesetzt worden. Dies hat sich nicht durchgesetzt wegen der gravierenden Kontraindikationen. Keine Forschungsgruppe wollte das Risiko der Methode auf ihre Fahne schreiben. Und keine Expertenkommission konnte sie berechtigterweise gutheißen.

Das kombinierte Verfahren führte zu "Erfolgs"-Raten von über 90%, war allerdings belastet mit den schon seit 1965 bekannten Nebenwirkungen der Prostaglandine:

- erhebliche Verdauungsstörungen, Durchfälle, Schwindel, Erbrechen,
- starke Gebärmutterschmerzen, so stark wie unter einer Geburt,
- Herz-Kreislauf-Risiken und Atmungsprobleme.

Auch wenn Prostaglandine nach RU 486 verabreicht werden, bleiben ihre Nebenwirkungen vorhanden. Noch weiß man gegenwärtig wenig über Nebenwirkungen, die sich aus der Verbindung von Prostaglandinen mit RU 486 ergeben.

[5] *Contraception*, 29, 1984, 399-409.

4. Nebenwirkungen der Kombination

Die Hauptnebenwirkung der Methode sind heute Gebärmutterblutungen, die länger als eine Woche anhalten (8 - 35 Tage, im Mittel 12 Tage). Sie treten nach Einnahme von RU 486 in über 90% der Fälle auf. In vielen Fällen waren Nachuntersuchungen, oft als Notfallmaßnahmen mit chirurgischen Eingriffen zur Eindämmung der Blutungen, erforderlich, gelegentlich auch Bluttransfusionen - mit den Risiken, die sie mit sich bringen. Die Experten streiten, ob Bluttransfusionen in 1%, 0,5% oder 0,6% der Fälle nötig werden. Das sind kleine Zahlen, die kaum beeindrucken. Andererseits machen 0,5% von 60.000 in Frankreich erfaßten Fällen immerhin 300 Fälle aus, was wiederum keine Kleinigkeit ist, zumal wenn man an Ereignisse wie den sogenannten französischen "Bluter-Skandal" denkt, der lange durch die Weltpresse ging und jetzt zu Gerichtsurteilen geführt hat.[6]

Unabhängig vom Gelingen oder Nichtgelingen des Schwangerschaftsabbruchs kam es in vielen Fällen zu einem erheblichen Hämoglobinabfall mit Abfall des Hämatokritwertes um bis zu 30%. Behandlung mit Vitaminen, Eisen oder Methylergometrin sind keine Seltenheit. Möglicherweise leistet dieser Abfall hämatologischer Standardwerte mitunter auftretenden Koronarschädigungen Vorschub. Es handelt sich um Präinfarktzustände. Drei oder vier Fälle von Myokardinfarkt wurden beschrieben, und ein Todesfall kam vor. Man vermutet, daß dafür die Prostaglandine verantwortlich sind, was im Zweifel zugunsten von RU 486 gelten mag. Allerdings darf man auch die Hypothese nicht von der Hand weisen, daß die kardialen Zwischenfälle auf das Zusammenwirken von RU 486 mit den Prostaglandinen zurückzuführen sind. Jedenfalls ist seitdem eine kardiologische Beobachtung Pflicht.

[6] Das für Blutspendedienst, Blutbanken und Blutkonservenversorgung der Kliniken zuständige Centre National de Transfusion Sanguine (CNTS) ist eine staatliche Einrichtung. Durch mangelnde Sorgfalt wurden 1984-85 durch Bluttransfusionen Tausende mit Aids infiziert (Anm. d. Hrsg.).

Diese eingehende kardiologische Kontrolle wird jetzt zwingend gefordert. Es macht uns betroffen, daß diese kardiologische Überwachung erst etwa zwei Jahre nach Marktfreigabe des Verfahrens verlangt wird. Für NALADOR (Handelsname von Sulproston: ein synthetisches Prostaglandinderivat E2) in Verbindung mit RU 486 macht der "VIDAL" (Verordnungsrichtlinien für Medikamente) zur Pflicht, daß:

- die Behandlung unter ständiger medizinischer Kontrolle erfolgt (in einer gynäkologisch-geburtshilflichen Facheinrichtung, in der die Vorrichtungen zur Reanimation und die Überwachungsgeräte bereitgehalten werden, so daß ein etwaiger Zwischenfall sofort behandelt werden kann),
- die Atmungs- und Kreislauffunktionen vor, während und nach der "Behandlung" überwacht werden.

Davon ist in den Marktfreigabevorschriften nichts zu lesen.

Manches spricht dafür, daß die beschriebenen Komplikationen (auch Perikarditiden und ein 1990 beobachtetes 36-Stunden-Koma) auf Nichtbeachtung dieser Vorsichtsmaßnahmen zurückzuführen sind.

Neuerdings ist eine weitere bedeutende Einschränkung des potentiellen Benutzerkreises veranlaßt worden: wegen der Prostaglandine werden Frauen über 35 Jahre und Raucherinnen, die in den letzten zwei Jahren mehr als 10 Zigaretten täglich geraucht haben, ausgeschlossen.

5. Dosisminderung

Die Experten scheinen sich darüber gegenwärtig einig zu sein, daß die "Vorbehandlung" mit RU 486 die Dosis der für einen Abort notwendigen Prostaglandine herabsetzt. So gesehen ist es nicht ganz unzutreffend, von einer abortiven Wirkung des RU 486 zu sprechen, aber bei RU 486 allein stellt sich diese Wirkung nur in 60-80% der Fälle ein. Um die ursächlich noch nicht aufgeklärten Schwankungen um bis zu 20% je nach Forschergruppe zu erklären, hat sich übrigens die Rede von einem

“Lerneffekt” des Experimentators eingebürgert, was immer das auch bedeuten soll.

6. Alternative?

Nun stellt sich die eigentliche Frage: Wo ist nun unter diesen Umständen die “echte” chemische Alternative zum chirurgischen Schwangerschaftsabbruch? Die Ausgangsfrage war ja: Ist es eine Alternative, eine gleichwertige Methode? Offenkundig sind unseres Erachtens die Risiken größer als beim chirurgischen Verfahren (für das wir aber deswegen auch keine Werbung machen wollen). Bei der chemischen Methode herrscht 5 bis 12 Tage oder länger Ergebnisunsicherheit. Beim chirurgischen Verfahren ist nach 6 Stunden bei äußerst geringen Komplikationen alles vorbei, wenn der Eingriff vor Ablauf der 7. Woche nach der letzten Menstruation erfolgt. Das einzige eigentliche Risiko ist ein Anaesthesie-Risiko, das sich in einer Wahrscheinlichkeit von 1:500.000 bewegt.

In der Praxis spielt sich der Schwangerschaftsabbruch mit RU 486 plus Prostaglandin-Analog wie folgt ab:

- Arztbesuch, Beratung, Aufklärung, Einnahme der drei Pillen von je 200 mg RU 486.
- 48-72 Stunden danach, 8-12 stündige stationäre Aufnahme, Prostaglandininjektion (ggf. vaginal oder neuerdings oral).
- Austreibung des Foeten am gleichen Tag oder in der folgenden Nacht (80% der Fälle).
- In 20% der Fälle umgehend erneute Prostaglandingabe.
- In 5% der Fälle Versagen und Zuweisung der Frauen zum chirurgischen Verfahren. Das betrifft von 60.000 Frauen immerhin 3.000.
- Etwa 5-10% hartnäckige Dauerblutungen, die medikamentöse oder chirurgische Behandlung erfordern.
- Um jedes Risiko unvollständiger Abstoßung des Embryos auszuschließen, nach einigen Tagen zwingend erforderliche Ultraschalluntersuchung und Bestimmung des HCG-Titers (Human Chorionic Gonadotropin).

HCG ist ein Hormon, das vom Chorion, der Plazenta zu Beginn der Schwangerschaft, produziert wird und die Schwangerschaft anzeigt. Es muß abgesichert werden, daß nicht der Hormongehalt im Blut steigt, daß ein Abort stattgefunden hat. Ist das nicht der Fall, hat also das RU 486 zusammen mit den Prostaglandinen die Wirkung als Abortivum verfehlt, muß unbedingt der chirurgische Eingriff doch noch erfolgen.

Daten über die toxische Wirkung von RU 486 auf menschliche Foeten liegen gegenwärtig noch nicht hinreichend vor. Die Pflicht zum chirurgischen Eingriff nach verfehltem Abort - die Marktfreigabevorschriften der französischen Regierung sprechen von einer unbedingten Pflicht zum chirurgischen Abort, wenn die chemische Methode versagt - geht auf Untersuchungen von A. Jost zurück. Jost beschreibt nach Anwendung von RU 486 schwere teratologische Mißbildungen an den Foeten schwangerer Kaninchen.[7] Teratogene Wirkungen sind auch bei Prostaglandinen seit langem bekannt, sowohl beim Tier[8] wie beim Menschen.[9]

Über dies alles müßten Frauen, die dieses Verfahren wünschen, rückhaltlos aufgeklärt werden. Dies geschieht aber so nicht.

7. Unwägbarkeiten

Hier stellt sich auch die Frage, wie sich der verschreibende Arzt denn nun verhalten soll, wenn die schwangere Frau nach Einnahme von RU 486 nicht zurückkommt, um sich die Prostaglandine spritzen zu lassen oder sie einzunehmen, ohne die RU 486 nicht hinreichend wirkt. Was ist zu tun? Soll man die Polizei schicken, um die Frau zu holen oder sie zu überzeugen, daß sie andernfalls Gefahr läuft, ein mißgebildetes Kind zu gebären?

[7] C.R. Acad. Sc. Paris, Ser. III, 303, 1986, 281-284.
[8] Teratological testing, 2, 1979, 161-177.
[9] J. Pediatr., 102, 1983, 620-621.

E. E. Baulieu, der in Frankreich die Methode vorangetrieben hat und noch vorantreibt, sagte einmal, sie könne vielleicht die Probleme der Überbevölkerung in der Welt lösen. Als er von Überbevölkerung sprach, dachte er gewiß nicht an die Überbevölkerung Frankreichs, Deutschlands, Englands, Italiens oder Israels, der großen westlichen Länder, vielmehr wohl an die Überbevölkerung von Afrika, Asien, womöglich in Südamerika. Hält man sich die Komplexität der Methode, ihre Dauer, die Vorsichtsmaßnahmen, die sie erfordert, vor Augen, wird auch dem Nichtfachmann sofort klar, daß diese Methode in diesen Ländern auf keinen Fall angewandt werden kann. Sie kommt allenfalls in Frage für die westlichen Industrienationen mit der biologischen und medizinischen Infrastruktur, wie wir sie hier haben.

Ferner wird darauf verwiesen, RU 486 könne sich bewähren als ein Heilmittel zur Behandlung von Brustkrebs, neuro-psychiatrischer Erkrankungen, des "stress" und ... schwieriger Entbindungen.[10] Auf welchen experimentellen Grundlagen gründen diese Erwartungen? In der Tat gibt es Untersuchungen. Aber keine einzige Studie hat wirklich ein Ergebnis erbracht, das für eine ernsthafte Möglichkeit spricht, das Molekül therapeutisch bei einer dieser Krankheiten einzusetzen. Vielmehr sprechen wichtige internationale Veröffentlichungen, was den Brustkrebs angeht, für das Gegenteil. Sie weisen einen stark stimulierenden Effekt von RU 486 auf

[10] Näheres hierzu wie auch Ergänzendes zu RU 486 als Abortivum findet sich literarisch sorgfältig belegt in der monographischen Zusammenstellung von R.M. BONELLI und A. SCHWARZ: *Antigestagene,* Imabe-Dokumentation Wien 1.1.93. IMABE (Institut f. med. Anthropologie u. Bioethik), Landstraßer Hauptstr. 4/13, A-1010 Wien, Tel. 43-222-7153592; Fax 44-222-7153593. Die Dokumentation spiegelt auf 9 Seiten (zuzgl. Lit. Angaben = 114 Titel) den Stand der Forschung zu Pharmakologie und Toxikologie sowie der vorklinischen und klinischen Untersuchungen mit RU 486 zu Anfang 1993 wider (Anm. d. Hrsg.).

das Wachstum bestimmter Brustkrebszellen - konkret der Zellinie T 47 D - nach.[11]

Bei vielen der infragekommenden Erkrankungen muß man zudem vor Augen haben, daß sie Langzeitbehandlungen erfordern. Einer Dauerbehandlung steht aber die stark antiglukokortikoide Wirkung der Substanz im Weg. Auch wurde seltsamerweise von einer das Immunsystem hemmenden Eigenschaft von RU 486 berichtet.[12]

9. Marktgerechtigkeit

Abschließend eine Bemerkung zur Frage der Kosten und Finanzierbarkeit im öffentlichen Gesundheitswesen. Was den Aufwand angeht, kann man sich über ein Plädoyer für diese neue "Behandlungsart" als wünschenswerter Alternative zum Schwangerschaftsabbruch durch Absaugen, zumal angesichts des viel größeren Überwachungszwangs nur wundern. Die größere Zahl pflichtiger Arztbesuche und der Einsatz komplizierterer Untersuchungstechniken (das EKG wurde auf die ohnehin schon teure Reihe noch aufgesattelt), läßt bezweifeln, daß die offiziell ausgewiesenen Preise alle inzwischen anfallenden Kosten der zwingend vorgeschriebenen Techniken abdecken. Vor zwei Jahren betrug der offizielle Preis FF 1.407.65, Ende 1991 FF 2.450. Davon übernimmt die Sozialversicherung 75%.

Und wenn schon von wirtschaftlichen Aspekten die Rede ist: Kein Pharmaunternehmen kann erwarten, auf einem Markt mit derart gezielten Risiken auch nur "die Investitionen wieder einzuspielen". Mit den professionellen Kriterien, die in der Pharmaindustrie allgemein herrschen, läßt sich diese Erwartung nicht vereinbaren. Jenseits irgendwelcher moralischer Gründe genügt nach liberalen Wirtschaftsauffassungen für ein Pharmaunternehmen, das wie jedes Industrieunternehmen angetre-

[11] Endocrinology, 124, 1989, 2642-2644.

[12] J. Clin. Endocrinol. Metab., 69, 1989, 1195-1199.

ten ist, um Geld zu verdienen, daß ein Produkt oder eine Produktreihe kein Geld bringt, um es oder sie abzusetzen.

10. Schlußbetrachtung

Auf vielen Gebieten ist die französische Medizin nach wie vor ausgezeichnet und angesehen. Es sind aber Zweifel geboten, ob es ihrer Vernunft und ihrer Würde entspricht, eine so belastete und so schwer zu handhabende Technik im eigenen Land zu etablieren oder sie gar in Länder der Dritten Welt zu exportieren, die nicht über unsere medizinische Hochtechnologie verfügen, wie sie zur Überwachung solcher Schwangerschaftsabbrüche erforderlich ist.

Private Aktionäre
Jetzt:
Hoechst

H. Nour-Eldin

Entscheidung über Mifepriston - ein Dilemma?

Zum Stand der Erkenntnisse aus Unternehmenssicht

Die Erfahrung der Hoechst AG mit Mifepriston ist seit der Zulassung 1988 in Frankreich für das Unternehmen einmalig, vielschichtig und umfangreich. Mifepriston ist der wissenschaftliche Name, RU 486 die Firmenbezeichnung, Mifegyne das französische Warenzeichen des Produkts. Es liegt mir fern, irgendwelche neuen Methoden oder Verbindungen zu verteidigen oder abzuurteilen. Ich möchte vielmehr den Sachstand der Dinge aus der Sicht des Unternehmens Hoechst darlegen, mich dabei auf das Wesentliche konzentrieren und es zur Diskussion stellen, um unsere Positionn zu präzisieren und in der Gesellschaft vorhandene oder von Interessengruppen vertretene Ansichten und Meinungen besser zu verstehen und aufzunehmen.

Kritik von allen Seiten

Als eines der führenden Wirtschaftsunternehmen ist Hoechst mit einem Umsatz von über 47 Milliarden DM im Jahre 1991, davon im Pharmabereich etwa 22%, in unterschiedliche ökonomische, kulturelle und politische Ordnungen eingebunden. Ebenso unterschiedlich sind die Erwartungen der Menschen an die Versorgungsleistungen des Unternehmens. Die Nachfrage variiert von Land zu Land und oft auch innerhalb eines Landes selbst.

Normalerweise reguliert der Markt Angebot und Nachfrage innerhalb der staatlich vorgegebenen rechtlichen Rahmenordnung. Wenn aber fundamentale Interessen, die die Menschen berühren, kontrovers diskutiert werden, und wenn sich die Gesellschaft darüber nicht einigen kann und will, ob ein Produkt wünschenswert ist oder nicht, dann reichen die rechtlichen Ordnungen zur Orientierung von Unternehmensentscheidungen nicht aus. In diesen Fällen befindet sich der Markt in einer angespannten, polarisierten Situation, auf die ein Anbieter umsichtig und verantwortungsvoll reagieren muß. In einer solchen Situation standen und stehen Hoechst und Roussel Uclaf besonders in der Bundesrepublik Deutschland. Bekanntlich hat Roussel Uclaf in Deutschland keinen Antrag auf Zulassung des Produkts gestellt.

Hoechst und Roussel Uclaf waren und sind sich der Tatsache bewußt, mit Mifepriston über ein Produkt zu verfügen, das in nationalen und internationalen Gesellschaften wegen der Schwangerschaftsabbruch-Indikation nicht auf ungeteilte Zustimmung stoßen kann. Aus vielen Tausenden von Zuschriften, die wir in den letzten Jahren erhalten haben, möchte ich Ihnen das mit folgenden Zitaten verdeutlichen. Zitat eines Gegners der die Produktion dieser Substanz ablehnt: "Die Zeit des Spätkapitalismus ist vorbei. Ein Unternehmen, das Gewinnmaximierung als oberstes Ziel, ohne Berücksichtigung ethischer Normen, verfolgt, kann auf die Dauer nicht erfolgreich sein." Ein weiteres Beispiel aus dem Gegnerlager: Ein Verein kündigte eine "militante" Aktion gegen das Unternehmen an, mit dem Ziel, die Produkte der Firma Hoechst zu boykottieren. Von Interessengruppen, die die Zulassung forderten, kam nicht minder scharfe Kritik: "Es dürfte überhaupt kein Hindernis für die Hoechst AG geben, die Zulassung von RU 486 zu beantragen. Die Verweigerungshaltung des Unternehmens kann daher nur als eine erneute Bevormundung von Frauen in einem Schwangerschaftskonflikt gedeutet werden." Ein anderer Verein, der die Zulassung befürwortete, stellte eine umfangreiche Liste der Produkte von Hoechst zusammen, die durch Produkte anderer Hersteller ersetzt werden könnten. Diese Liste sollte im Rahmen einer Boykottkampagne an Ärzte verteilt werden mit der Aufforderung, die Produkte von Hoechst nicht zu verschreiben.

Diese Beispiele zeigen, wie sehr das Unternehmen im Kreuzfeuer der Kritik steht. Da wir von Anfang an darauf bedacht waren, umsichtig zu handeln, haben uns derlei Drohungen nicht sonderlich beeindruckt.

Geschäftsbeziehung Hoechst/Roussel Uclaf und die Entwicklung von RU 486

Die Kooperation von Hoechst und Roussel Uclaf begann 1968. Hoechst erwarb die Aktienmehrheit bei Roussel Uclaf 1974. 1982 hat der französische Staat 40% des Kapitals erworben. Seitdem verteilten sich die Aktien wie folgt:

Hoechst	54.50%
franz. Staat	36,25%
ERAP (staatl. Unternehmen)	4,20%
Privataktionäre	5,05%

Diese Kapitalaufteilung wurde 1990 geändert. Der französische Staat veräußerte seine Anteile an das französische Unternehmen Rhone Poulenc. Die Aufteilung seit 1990 sieht folgendermaßen aus:

Hoechst	54,50%
Rhone Poulenc	35,00%
ERAP	5,00%
Privataktionäre	5,50%

Als weltweit tätiges Unternehmen ist Roussel Uclaf in der Forschung und in Marketingfragen selbständig. Entscheidungen zu grundlegenden Fragen werden gemeinsam getroffen. Wir haben es hier nicht mit einer deutschen Tochtergesellschaft, sondern mit einer französischen zu tun. Da gelten andere Beurteilungsmaßstäbe.

Das Produkt RU 486 ist ein Ergebnis fünfzigjähriger Hormonforschung von Roussel Uclaf. Es stellt ein Novum dar und eröffnet neue Wege, hormoninduzierte Krankheiten zu therapieren. Mifepriston ist ohne Zweifel ein medizinischer Fortschritt. Die Anwendung beim Schwangerschaftsabbruch im frühen Stadium ist nur eine Möglichkeit. Professor Kerdelhué weist auf noch offene Fragen in der Pharmakologie, in der Klinik usw. hin. Es kommt kein Arzneimittel zur Anwendung, das in den Folgejahren nicht Fragen aufwirft. Daß offene Fragen auftauchen, ist nicht überraschend. Man muß ihnen allerdings nachgehen.

Bei Roussel Uclaf begann die Hormonforschung mit der Isolierung von Hormonen aus tierischen Organen. Über Teilsynthese schritt man zur Synthese von Hormonen fort. Mit zunehmender Aufklärung der Wirkungsmechanismen kam es zur Synthese wirkungsvollerer Derivate. Man fand heraus, daß ein Hormon im Zielorgan spezifische Hormonrezeptoren voraussetzt, um zur Wirkung zu kommen. Überproduktion bestimmter Hormone führt zu bestimmten, oft schweren Krankheiten.

Damit war das Ziel gesetzt, Mittel zu finden, die die Überproduktion oder die Wirkung von Hormonen blockieren. Dieser Grundidee der Entwicklung von Antihormonen entspricht RU 486. Die Substanz wurde als Antihormon zum Nebennierenrindenhormon Cortisol hergestellt. Dann hat man festgestellt, daß sie auch Progesteron-Rezeptoren blockiert. Progesteron ist ein in den weiblichen Geschlechtsorganen während der reproduktiven Phase (temporär) produziertes Geschlechtshormon von essentieller Bedeutung für die Aufrechterhaltung der Schwangerschaft. Pro-Gestare heißt: für die Aufrechterhaltung der Schwangerschaft. Wie alle Hormone, entfaltet Progesteron seine Wirkung nur, wenn es seine Rezeptoren im Bestimmungsort erreicht hat. Die Gebärmutterschleimhaut bildet wenige Tage vor dem Eisprung vermehrt Progesteron-Rezeptoren aus. Für die Einnistung des befruchteten Eies ist Progesteron lebenswichtig. Werden die Progesteron-Rezeptoren blockiert durch das Antihormon RU 486, dann kommt es nicht zur Progesteronwirkung, sondern zur Ausstoßung des befruchteten Eies. Soviel über das Wirkungsprinzip der Substanz. Die Substanz ist sowohl pharmakologisch wie auch toxikologisch untersucht worden. Sie verbleibt etwa 192 Stunden im Körper, ca. eine Woche.

Abweichend vom Zyklus wird bei einer Befruchtung das Progesteron oder Gelbkörperhormon stark produziert. Untersuchungen sowohl an Tieren wie auch am Menschen haben ergeben, daß der Schwangerschaftsabbruch mit Mifepriston in dieser Periode am geeignetsten ist. Innerhalb von drei Wochen nach Ausbleiben der Menstruation oder sieben Wochen nach der letzten Regelblutung ist die Erfolgsquote am höchsten.

Erfahrungen mit RU 486 in Frankreich

Die Substanz wurde von Roussel Uclaf gemeinsam mit einem nationalen Forschungsinstitut in Frankreich entwickelt. Ihre Zulassung erfolgte im Dezember 1988 in Verbindung mit Prostaglandin-Analog als medikamentöse Alternative zur Uterusabsaugung. Der Abbruch der Schwangerschaft nach dieser Methode muß spätestens am 49. Tag nach Beginn der letzten Menstruation durchgeführt werden. Prostaglandin-Analog wird 36 bis 48 Stunden nach Einnahme von Mifepriston verabreicht. Aufgrund heftiger Kontroversen in Frankreich um eine bereits im September 1988 erteilte Marktzulassung hatte Roussel Uclaf auf den Vertrieb des Präparates verzichtet, folgte dann aber einer Anordnung des französischen Gesundheitsministers, Mifepriston in Frankreich zur Verfügung zu stellen.

Die Schwangerschaft muß bestätigt und darf nicht älter als 49 Tage sein. So ist die Vorgabe in Frankreich. In England hat man die gleichen Erfolgsquoten erzielt bei Anwendung der Methode bis zum 64. Tag. Gegenanzeigen, Fälle, bei denen diese Methode nicht angewendet werden darf, gibt es, wie bei jeder anderen Behandlung, auch hier. Das Verfahren darf nicht angewendet werden bei Eileiterschwangerschaft, bei allen Kontraindikationen zu Prostaglandin, wenn Unverträglichkeiten von Mifepriston oder stärkere Blutungsneigung der Frau bekannt sind, wenn diese bis zwei Jahre vor der Anwendung stark geraucht hat oder älter als 35 Jahre ist. Die beiden letzteren Gegenindikationen wurden zwei Jahre nach der Zulassung von Mifepriston eingeführt, nachdem Fälle von Herz-Kreislauf-Versagen aufgetreten waren. Von Kreislaufbelastungen nach Prostaglandin-Medikation weiß man seit Jahren. In drei Fällen war es zu einem starken Blutdruckabfall, außerdem zu einem Todesfall gekommen. Man ist der Ursache nachgegangen und fand heraus, daß diese Frauen starke Raucherinnen und älter als 35 Jahre waren. Um das Risiko zu minimieren, hat man diese Risikogruppen von der Methode ausgeschlossen. Die Verstorbene war eine starke Raucherin mit der 13. Schwangerschaft.

Bei Tierversuchen an Ratten, Mäusen, Affen und Kaninchen wurden Mißbildungen nur bei Kaninchen beschrieben. Es handelte sich um Mißbildungen der Gehirnzellen.

Der Zulassung in Frankreich waren intensive Studien vorausgegangen. Die Auswertung von 2.040 Fällen in 73 autorisierten französischen Kliniken (April-November 1988) ergab ein Durchschnittsalter von 29 (22-36) Jahren und Anwendung der Methode im Mittel am 44. (39.-49.) Tag nach Beginn der letzten Regelblutung. Die Erfolgsquote lag bei etwa 96%. Mifepriston wird in drei Tabletten zu je 200 mg gegeben, die in Gegenwart des Arztes in dessen Praxis einzunehmen sind. Am dritten Tag wird dort Prostaglandin-Analog gespritzt oder intervaginal, neuerdings auch oral, verabreicht. Die Frau bleibt für mindestens drei Stunden zur Beobachtung in der ärztlichen Ambulanz. Am achten bzw. zwölften Tag muß sie zur Generaluntersuchung den Arzt wieder aufsuchen.

Nebenwirkungen und Unverträglichkeiten verteilten sich wie folgt: Übelkeit/Erbrechen stellten sich ein bei etwa 1,9%; Benommenheit, Unwohlsein, Leib- oder Kopfschmerzen bei je ca. 1.5%. Am schwersten wogen starke Blutungen, die in 0.8% der Fälle beobachtet wurden. Gelegentlich trat Juckreiz (0,6%), Fieber (0,3%), Entzündung der Gebärmutterschleimhaut (0,1%) auf.

Die Versagerquote lag etwa bei 4%: Bei 1% der Frauen blieb die Schwangerschaft erhalten; unvollständiger Ausstoß lag vor bei 2% der Fälle; Blutstillung wurde notwendig bei 1%.

Wenn es nach der Verabreichung von Mifepriston und Prostaglandin nicht zu einem Schwangerschaftsabbruch kommt, muß die Schwangerschaft chirurgisch abgebrochen werden. Das verlangt die französische Zulassungsurkunde des Präparats, ist gesetzliche Pflicht und Vorschrift der Behandlungsmethode. Die Frau wird über die möglichen Risiken aufgeklärt und unterschreibt, daß sie informiert worden ist und sich für den Fall eines Versagens der Methode dem chirurgischen Abbruch unterzieht.

Bei einer weiteren, 1992 veröffentlichten Studie von Roussel-Uclaf an 16.000 Fällen unter den gleichen Bedingungen wie die erste Studie mit 2.040, lag das Ergebnis wieder bei 96%. Die Nebenwirkungen waren ähnlich: Krämpfe, Übelkeit, Müdigkeit, Kopfschmerzen, Hautreaktionen, Fieber, Schleimhautauswanderungen und Uterusschleimhautentzündungen. In Frankreich darf der Schwangerschaftsabbruch - unabhängig von der Methode - nur in autorisierten Kliniken durchgeführt werden.

Der Einsatz von Mifepriston und Prostaglandin-Analog sieht in der Praxis so aus: Der Schwangerschaftsabbruch muß in einer vom Staat autorisierten Klinik beantragt werden. Der Arzt klärt über die Risiken der Methoden auf. Es folgt eine psychologische Beratung - nach Möglichkeit mit dem Partner, der aber oft nicht anwesend ist - die auch über die sozialen Hilfen des Staates informiert. Dann wird der Frau eine Woche Bedenkzeit auferlegt.

Beim zweiten Arztbesuch entscheidet die betroffene Frau, ob sie die Schwangerschaft abbrechen lassen will oder nicht und wählt die Methode, sofern die Dauer der bestätigten Schwangerschaft nicht 49 Tage seit Beginn der letzten Regelblutung überschreitet. Der Arzt prüft die Ausschlußkriterien, die Gegenanzeigen, und bestätigt, daß diese Frau für diese Methode geeignet ist, und sie bestätigt schriftlich, daß sie aufgeklärt wurde über die Risiken, die sozialen Hilfen, über die Notwendigkeit, nach drei Tagen zur Verabreichung der erforderlichen Gaben von Prostaglandin und nach 10 Tagen zur Abschlußuntersuchung wieder beim Arzt vorstellig zu werden sowie, wenn die Methode versagt, den chirurgischen Abbruch vornehmen zu lassen. Dann erfolgt die Einnahme der drei Tabletten. Sie verbleibt einige Stunden in der Klinik, bekommt - für den Fall von Komplikationen - die Telefonnummer des Arztes. Dann kann sie nach Hause gehen.

Beim dritten Besuch erfolgt die Prostaglandin-Verabreichung. Sie verbleibt danach ca. sechs Stunden in der Klinik, in oder nach denen es normalerweise zum Ausstoß kommt. Nach etwa zwei Wochen muß sie zur Abschlußuntersuchung wieder vorstellig werden. So sieht die Praxis aus.

Für die Vertriebskontrolle gelten in Frankreich ebenfalls strenge Vorschriften. Der Produzent, Roussel-Uclaf, bekommt einen Auftrag von der Klinikapotheke. Das Produkt darf nicht an öffentliche Apotheken abgegeben werden, sondern nur an autorisierte Krankenhausapotheken. Geliefert wird mit einem Lieferschein. Jede Packung hat auf der Rückseite drei Etiketten. Jedes dieser Etiketten hat eine Codenummer. Roussel entnimmt ein Etikett, klebt es auf den Auftragsschein, liefert und läßt bestätigen. Roussel darf nicht mehr liefern als einen Wochenbedarf des Krankenhauses. Der Apotheker wiederum bekommt ein Rezept vom Arzt über eine Packung à drei Tabletten, nimmt ein Etikett ab und klebt es auf das Rezept. Dann liefert er persönlich an den Arzt, und dieser muß unterschreiben, daß er die Packung erhalten hat. Das dritte Etikett wird mit der Patientenkartei aufbewahrt. Die Frau nimmt die Tabletten in Gegenwart des Arztes ein.

Der Staat übt Kontrollen aus: Roussel Uclaf muß regelmäßig Inventur machen. Das Gesundheitsministerium kann sporadisch kontrollieren sowohl bei Roussel als auch bei der Apotheke. Mit diesem Kreislauf meint man, den Mißbrauch oder den sogenannten Schwarzen Markt zu verhindern.

Hoffnung auf therapeutische Indikationen

Außer der Indikation Schwangerschaftsabbruch verbindet sich mit RU 486 die Hoffnung auf weitere klinische Indikationen. An anderweitigen Einsatzmöglichkeiten wird zur Zeit gearbeitet mit Aussicht auf Erfolg. Unter den gynäkologischen Indikationen ist Mifepriston ein aussichtsreiches Hilfsmittel bei der Geburtseinleitung, zumal bei schwieriger Geburt. Mifepriston erweicht den Gebärmutterhals und weitet den Muttermund. Im kommenden Jahr wird eine Studie zum Einsatz bei Schleimhautentzündung der Gebärmutter abgeschlossen. Vorversuche zur Wirkung als Kontrazeptivum weisen darauf hin, daß Mifepriston in der geringen Dosierung von 5-10 mg täglich eine kontrazeptive Dauerwirkung entfaltet. Das wäre die erste hormonfreie Antibabypille. Über den Einsatz zur Krebsbehandlung, speziell bei Brustkrebs, gibt es einen Forschungsvertrag mit dem Canadian Cancer Institute. Auch in Frankreich laufen Untersuchungen über die Wirksamkeit von Mifepriston bei Brustkrebs, bei Meningeomen und beim Cushing Syndrom, einer zwar seltenen, aber schweren Krankheit, die durch Hormonüberproduktion der Nebennierenrinde verursacht wird. Auch in der Dermatologie soll es eingesetzt werden.

Unternehmenspolitische Grundsätze

Nun zur Unternehmensentscheidung: Wir haben uns bei Hoechst, als die Diskussionen vor etwa drei Jahren begannen, sehr intensiv mit der Sache beschäftigt, Fachgremien konsultiert (Theologen, Philosophen, Moraltheologen, Soziologen, Gynäkologen: alle Bereiche, die in Frage kommen) und schließlich unsere Unternehmensstrategie formuliert und bekanntgegeben. Gefordert war eine ausgewogene Entscheidung. Aber wir wußten, daß auch Entscheidungen auf der Basis sorgfältiger Güterabwägung in ethischer Hinsicht zweischneidige Schwerter sein können.

Für Hoechst gab es eine Zwangslage, zwischen zwei oder mehreren Handlungsweisen zu entscheiden, deren jede ein gewisses Maß an Schuld im Sinne der Nichtachtung sittlicher Forderungen beinhaltete. Es bestand gar nicht die Wahl zwischen ethisch gebotenem oder verbotenem Handeln, sondern nur die Wahl zwischen zwei oder mehreren Übeln. Das Produkt war entwickelt. Das war und ist die Situation mit RU 486: ein Dilemma, worüber wir zu entscheiden hatten und haben. Es galt also, eine ethisch akzeptable Entscheidung zu finden, wobei man berücksichtigen sollte, daß auch das Nichthandeln ethisch unzulässig sein kann. Als Voraussetzung für einen Antrag auf Zulassung von RU 486 verlangen Hoechst und Roussel Uclaf, daß in dem betroffenen Land

- der Schwangerschaftsabbruch gesetzlich geregelt ist und
- in der Gesellschaft Akzeptanz genießt,
- eine entwickelte medizinische Infrastruktur vorhanden und ein Prostaglandin-Analog verfügbar ist,
- eine strikte Vertriebskontrolle gewährleistet ist und
- das schriftliche Einverständnis der Schwangeren eingeholt wird.

Außerdem muß der ausdrückliche Wunsch auf Zulassung von Mifepriston von einer repräsentativen, verantwortlichen Instanz eines Landes vorliegen. In England handelte es sich um den Wunsch des Royal College of Obstetricians and Gynecologists, eines Organs der verfaßten Ärzteschaft. Eine klare rechtliche Regelung des Schwangerschaftsabbruchs reicht als Kriterium für einen gesellschaftlichen Konsens über den Umgang mit dem Faktum des Schwangerschaftsabbruchs nicht aus. Gerade die rechtlichen Regelungen des Schwangerschaftsabbruchs befinden sich in zahlreichen Ländern im Stadium öffentlicher Kontroverse, so in den USA, in Polen, Irland und Deutschland. Der gesellschaftliche Konsens soll in der Gesellschaft weiter reichen, als es die jeweiligen demokratischen Mehrheiten anzeigen.

Das Unternehmen stellt fest, daß die Frage nach der Legitimität des Schwangerschaftsabbruchs in Deutschland nicht im Sinne eines mehrheitlich getragenen Konsens beantwortet ist. Auch mit der Entscheidung des Bundestages und Bundesrates vom Juni 1992 ist das Problem noch nicht gelöst. Die Tatsache, daß das Bundesverfassungsgericht sich mit der Frage befaßt, bestätigt die Richtigkeit unserer Entscheidung.

In die Polarisierung der Gesellschaft kann sich ein Wirtschaftsunternehmen nicht einmischen. Unsere Gesellschaft wird von drei Bereichen geprägt und kontrolliert: von der Kultur, die grundlegende Werturteile trifft, dem Staat, der die Regelung herbeiführt, der Wirtschaft, die die Produkte liefert. Jeder Bereich hat seine Aufgabe und jeder muß seinen Teil für das Ganze leisten. Oft müssen alle drei Bereiche zusammenarbeiten. In moralische Fragen, die in der Gesellschaft diskutiert werden, kann der Staat sich nicht einmischen. Erst recht kann das nicht die Aufgabe eines Unternehmens sein. Die Kultur hat die Aufgabe und die Kompetenz, in der Gesellschaft bestimmte Handlungsweisen zu klären.

Aussprache

Leitung: Hans Thomas

Thomas: Aus manchen persönlichen Gesprächen habe ich den Eindruck von einer eigenartigen Ratlosigkeit gegenüber dem Thema RU 486 mitgenommen. Ich nehme mich da nicht aus. Wo ist der richtige Platz, über das Technische, und wo der richtige Platz, über das Ethische zu sprechen? Professor Kerdelhué hat mehr über das Technische gesprochen, Dr. Nour Eldin stärker auch ethische Fragen berührt - für mich eine erste Überraschung. Und beide haben mir den Schluß nahegelegt, daß das Produkt RU 486 gegenwärtig nicht wegen dem auf dem Markt ist oder gefordert wird, was es jetzt leistet, sondern wegen einer Zukunftserwartung, die man damit verbindet - meine zweite Überraschung.

Warum lädt das Lindenthal-Institut, das kein medizinisches Lehrinstitut ist, sondern sich interdisziplinären Studien zur Gegenwartskultur widmet, zu einem Gespräch über RU 486 ein? Wir können und wollen hier nicht die ganze Abtreibungsdebatte neu aufrollen, sondern die spezifischen Fragen in den Blick nehmen, die dieser Debatte durch die Entwicklung von RU 486 hinzugefügt werden. Das Präparat weckt die Erwartung eines einfachen "medikamentösen" Schwangerschaftsabbruchs. Die Medien vermitteln das Bild pflegeleichter Handhabung. Zu den Gründen für dieses Colloquium gehören drei spezifische Folgen einer solchen Erwartung. Bei anwendungswilligen Schwangeren fördert erstens diese Erwartung eine weitere Verfremdung der eigentlichen Qualität der Tötungshandlung, die - unabhängig von der Methode - Kern jedes Schwangerschaftsabbruchs ist.

Mit dieser Erwartung wächst zweitens in der Gesellschaft nicht mehr nur die semantische ("medikamentös", "Antigestagen"), sondern nun auch die technische Verschleierung der Tötungshandlung am Ungeborenen (anonyme Arbeitsteilung zwischen Forscher, Hersteller, Gesetzgeber, Apotheker, Arzt, Anwenderin). Mit der Vorstellung vom "medikamentösen" Verfahren wächst auch die Vorstellung von Schwangerschaft als Krankheit. Schließlich, drittens, weckt bei vielen Ärzten eine Antipathie gegen den Schwangerschaftsabbruch Sympathie für das Produkt. Viele Ärzte, die sich dem Schwangerschaftsabbruch zwar nicht grundsätzlich verweigern, wollen Patientinnen ersparen, was man Patientinnen ersparen kann. Als Arzt schließe ich mich dem Argument uneingeschränkt an. Es muß sich aber um Patientinnen handeln. Als Inhaber eines Heilberufes empfinden viele dieser Ärzte gegenüber dieser "Dienstleistung" Unbehagen, sie verbinden mit der Erwartung einer pflegeleichten chemischen Abtreibungsmethode die Hoffnung, ihrerseits "das Problem loszuwerden": Die Frauen machen es selbst. RU 486 als Psychopharmakon für Ärzte also.

Mit Blick auf alle drei Punkte stand daher zuerst die Frage nach der Stichhaltigkeit des Arguments von der "Pflegeleichtigkeit" der Methode im Vordergrund, die Professor Kerdelhué bestritten hat.

Nun ist das vom französischen Pharmahersteller Roussel-Uclaf entwickelte Präparat RU 486 als "Abtreibungspille" in Frankreich seit 1988, in England seit 1991, in Schweden seit 1992 zugelassen. Obwohl in Deutschland bereits von öffentlicher Seite dazu ebenfalls animiert, hält sich die Hoechst AG mit einem Antrag auf Marktzulassung (noch?) zurück. Das ist interessant. Was würde, Herr Nour Eldin, denn nun die Erfüllung der von Ihnen genannten gesellschaftlichen Bedingungen - gesetzliche Regelung des Schwangerschaftsabbruchs und Akzeptanz in der Gesellschaft - sachlich an der bislang aus offenbar ethischen Gründen bei Hoechst geltenden Entscheidung ändern?

Nour Eldin: "Animation aus der Gesellschaft" reicht für eine Entscheidung, die Zulassung zu beantragen, nicht aus. Das eigentliche Problem lautet: Ist ein Schwangerschaftsabbruch in der Gesellschaft legitim oder ist er es nicht? Wie ich es dann mache, spielt eine untergeordnete Rolle. Ihre psychologischen Formulierungen, Herr Thomas, klingen gewiß gut, sind aber der Sache, um die es geht, wenig dienlich. Schlagworte wie "pflegeleichte Handhabung", "Verfremdung der eigentlichen Qualität der Tötungshandlung", "Verschleierung der Tötung", "Ärzte wollen das Problem loswerden", nennen rein psychologische Aspekte, die vielleicht der Einschüchterung dienen könnten. Wenn sie nicht der Manipulation und Einschüchterung dienen sollten, dann gibt es für mich nur eine Erklärung: daß Ihnen wahrscheinlich bisher keine ausreichende Information über die praktische Anwendung von Mifepriston vorlagen.

In der Sache geht es um die Sicherheit der Methode. Die psychologischen Aspekte stehen auf einem anderen Blatt. Meine Erfahrung der letzten Jahre zeigt immer deutlicher, daß die Interessengruppen, daß die gesamte Gesellschaft, von der ich auch ein Teil bin, das eigentliche Problem verdrängt und über Neben- und Scheinthemen spricht. Für Versäumnisse der Vergangenheit wird jetzt ein Sündenbock gesucht. Am *Wie* versuchen wir, die Hauptsache zu verdrängen. Vor der Frage, ob man das überhaupt darf oder nicht darf, will ich auch nicht verschweigen, daß ich als Mann nicht das letzte Wort haben kann. Die Frage, ob Schwangerschaftsabbruch legitim ist oder nicht, muß in der Gesellschaft verhandelt und geklärt werden. Wie es nachher gemacht wird, darüber kann man dann in der Medizin und der biologischen Forschung diskutieren.

Selbst wenn wir Ihrer These, Herr Kerdelhué, nach der der chirurgische Schwangerschaftsabbruch vorteilhafter sei, glauben würden, bliebe die ethisch-moralische Frage nach der Legitimität des Schwangerschaftsabbruchs immer noch unbeantwortet. Zu der These selbst: Es gibt andere Forscher, die auf dem Gebiet arbeiten. Die Engländer und Schweden haben das Produkt zugelassen und die Amerikaner reißen sich um die Substanz, um Forschung zu betreiben. Meine Aufgabe besteht darin zu zeigen, wo Hoechst und Roussel Uclaf stehen.

Dr. Veronika Siebenkotten: Herr Nour Eldin, Sie sprachen davon, daß ein Wirtschaftsunternehmen für ethische Fragen nicht zuständig ist. Dort arbeiten aber Menschen, die sich eine Meinung über eine ethische Frage bilden. Warum sollte sich ein solches Unternehmen in deren Namen nicht auch entscheiden können, die Zulassung nicht zu beantragen?

Nour Eldin: Hoechst ist auch in diesem Sinne nur ein Teil der Gesellschaft. Unter den Mitarbeitern ist die Meinung bestimmend, die auch in der Gesellschaft vorherrscht. Wir haben alle Meinungen gehört. Es geht aber nicht nur um Deutschland, sondern auch um Länder mit verschiedenen Wertvorstellungen. In Frankreich wird das Problem anders beurteilt und angegangen. Die Wertvorstellungen und die Gesetzgebung sind dort anders als in Deutschland. Wir sprechen hier mit den Ablehnern und den Befürwortern. Unsere Schlußfolgerung: Wenn es so weitergeht in Deutschland mit der Polarisierung der Diskussion, kann sich Hoechst nicht einmischen. Dann wird eine Zulassung nicht beantragt.

Siebenkotten: Wie Sie dargestellt haben, wird in Frankreich die Indikation von den Ärzten gestellt und die Apotheke bekommt von der Firma den Wochenbedarf geliefert. Der Wochenbedarf ergibt sich aus Anforderung der Ärzte für eine teilambulante oder teilstationäre Behandlung. Wie kann man da Mißbrauch verhindern?

Nour Eldin: Es liegen drei Jahre Erfahrung in Frankreich vor. Laut Vorschrift unterschreibt der Arzt das Rezept. Der Apotheker liefert. Beide bestätigen den Empfang. Als Realist sage ich, daß es 100%ige Sicherheit im Leben nicht gibt. Daß ein Arzt gegen die Vorschriften verstößt, sich gesetzwidrig verhält, ist nicht auszuschließen. Aber bei dem System, wie es heute in Frankreich funktioniert, ist der Mißbrauch gleich Null. In Frankreich ist Schwangerschaftsabbruch zulässig. Man braucht sich nicht zu verstecken, um ihn vornehmen zu lassen. Das ist in Deutschland anders. Die Diskussion in der Gesellschaft ist dort, soweit ich das beurteilen kann, bei weitem nicht so polarisiert wie hier.

Siebenkotten: Der Transfer über die Grenze ist ausgeschlossen?

Nour Eldin: Den kann ich ausschließen. Roussel Uclaf beliefert nur die Krankenhäuser, die bei der Firma registriert sind. Jede Klinik, die Schwangerschaftsabbrüche vornimmt, muß dazu autorisiert sein. Roussel führt eine Liste. Nur die Klinik oder der Arzt, der auf der Liste steht, wird beliefert.

Thomas: Vorgestern rief mich ein Bekannter an und sagte, er habe wissen wollen, ob er an RU 486 kommt, ohne Deutschland zu verlassen. Es stehe jetzt auf seinem Schreibtisch.

Nour Eldin: Dann möchte ich diesen Herrn begleiten, um zu sehen, wie er das macht. Sie können ja mitgehen. Oft wurde ich im Büro angerufen, meist von Presseleuten, die sagten, daß es hier und dort einen Schwarzen Markt gibt. Ich sagte dann, daß ich mit ihnen dorthin gehe. Passiert ist nichts.

Thomas: Damit bin ich in Ihrer Schuld. Ich gebe das so weiter.

Siebenkotten: Könnten Sie, Herr Kerdelhué, die erwähnte immunsuppressive Wirkung von RU 486 konkretisieren? Für den Fall Aids-infizierter Frauen wäre das von großem Belang.

Kerdelhué: An kultivierten Lymphozyten wurde bei Anwesenheit von RU 486 eine Wachstumshemmung beschrieben. Bestätigungen liegen meines Wissens noch nicht vor. Ein experimentelles Ergebnis sollte man in der Gesamtbeurteilung nicht übergehen. Ich würde mich aber hüten, zu voreilig auf ein einziges solches Resultat zu setzen. Wenn sich das Ergebnis bestätigen sollte, müßte man in der Tat bei einer HIV-positiven Frau mit einer Beschleunigung des Aids-Prozesses rechnen, wenn sie RU 486 einnimmt, wenn auch vielleicht nicht mit einer einmaligen Dosis.

Rainer Klawki: Offenbar wird die Patientinnengruppe, die man für einen Abbruch mit RU 486 als geeignet betrachtet, im Laufe der Jahre immer kleiner (keine Raucherinnen, nur Frauen unter 35 Jahren, ungeeignet für die Dritte Welt, für die es E.E. Baulieu selbst doch einmal als vermutlich aussichtsreiches Mittel gegen die Überbevölkerung dargestellt hat). Wird damit für die Hoechst AG aus einem globalen Geschäft eine Fehlinvestition?

Nour Eldin: Wie schon gesagt, war das Produkt ursprünglich gar nicht auf Schwangerschaftsabbruch gerichtet, sondern auf Therapie von Krankheiten. Dann kam der Nebeneffekt. Für Presseberichte, es sei als Mittel zur Lösung der Überbevölkerung gedacht worden, ist weder Hoechst noch Roussel verantwortlich. Aus unserer Sicht war das nicht so. Ich sage Ihnen heute: Dieses Produkt ist für Entwicklungsländer nicht geeignet.

Prof. Dr. Rudolf Schöttler: Daran, daß RU 486 ein mögliches Mittel der Familienplanung sei, wie es früher in einem Ihrer Papiere zu lesen war, halten Sie nicht mehr fest?

Nour Eldin: Was ich über Entwicklungsländer gesagt habe, gilt nicht nur, weil die medizinische Infrastruktur nicht da ist. Die Probleme der Dritten Welt liegen ganz woanders. Mit Schwangerschaftsabbrüchen löst man sie nicht.

Klawki: Auf dem Berliner Gynäkologenkongreß war davon die Rede, daß die 40% Frauen, bei denen RU 486 allein nicht wirkt, womöglich einen Rezeptor-Defekt haben. Dort sei am Progesteronrezeptor eine Aminosäure verändert. Womöglich wirkt dann RU 486 statt als Antagonist als Agonist, in umgekehrter Richtung sozusagen. Mindestens aber wirkt bei Frauen, die einen Rezeptor-Defekt haben, dann wohl nur das

Prostaglandin. Anfang der 70er Jahre meinte man schon, mit Prostaglandin einen medikamentösen Abbruch zu haben. Bekanntlich wurde er wegen der Nebenwirkungen aufgegeben. Man müßte nun eigentlich zusätzlich vorher feststellen - einen Test oder eine Biopsie machen - ob der Rezeptor auf Mifepriston überhaupt anspricht und je nachdem die Patientinnengruppe nochmals verkleinern.

Nour Eldin: Akademisch gesprochen, ja. Wenn es zutrifft, was in Berlin gesagt wurde, ist aus unserer Sicht diese Methode ungeeignet als Alternative zum chirurgischen Verfahren. Die bisherigen Erfahrungen in der Klinik bestätigen aber die Wirksamkeit dieser Methode in 96% der Fälle.

Klawki: Gibt es Karzinom-Risiken unter Progesteron-Mangel? Es gibt ja Tumoren, die wachsen, wenn Progesteron geblockt wird. Nun stellt sich die Frage, ob der Brustdrüsenkrebs auch dann wächst, wenn das Progesteron gegeben wird. Für solche Feststellungen genügen nicht 1-2 Jahre. Das sind mitunter Wachstumsprozesse über 15 Jahre. Gibt es diese Nachbeobachtung, die dann nach 5 oder 10 Jahren zu sagen erlaubt, der Tumor sei gewachsen?

Nour Eldin: Die Indikation Krebsbehandlung ist im Anfangsstadium. Daran forscht das Canadian Cancer Institute. Auch in USA wird darüber gearbeitet, auch in Frankreich. Welche Krebspatienten in Frage kommen, wird sich zeigen.

Michael Binzer: Wo rekrutiert man Testpersonen für RU 486?

Nour Eldin: Als präklinische Untersuchungen - Tierversuche also - gezeigt hatten, daß das Mittel für Schwangerschaftsabbruch geeignet ist, hat man, soweit ich weiß, in Frankreich eine Ethikkommission - in der auch die Kirche vertreten war - befragt, ob ein solches Mittel entwickelt werden soll. Ich habe selbst das Protokoll gelesen, in dem dies befürwortet wird. Die einzige Einschränkung lautete, es müsse im Rahmen der geltenden Vorschriften und Gesetze angewendet werden. An Frauen getestet wurde in autorisierten Kliniken. Zunächst in Frankreich, dann in Schweden, England, Dänemark und der ehemaligen DDR. Die dortigen Studien in Greifswald (G. Göretzlehner) und Jena erfolgten aber nicht direkt in Verbindung mit Roussel Uclaf, sondern im Rahmen eines WHO-Programms. Roussel hat Anfang der 80er Jahre einen Vertrag mit der Weltgesundheitsorganisation abgeschlossen. Die WHO hat im eigenen Namen, allerdings mit den von Roussel übernommenen Protokollen, klinische Studien durchgeführt.

Prof. Dr. Hans-Bernhard Wuermeling: Nach Ihrer Feststellung, Herr Nour Eldin, daß es ja im Grunde auf die ethische Frage ankommt, ob der Schwangerschaftsabbruch zulässig ist oder nicht, sagten Sie, daß die Ethik ja eigentlich eine Angelegenheit der Kultur sei. Der Staat macht die Gesetze, die Kultur macht die Ethik, die Wirtschaft stellt die Materialien her. So etwa habe ich Sie verstanden. In einer heilen Welt ist das so richtig. Die Kultur kann aber auch mörderisch sein. Und wir haben dies ja als Zeitzeugen zweimal erlebt. Die Berufung auf eine mörderische Kultur hält vor der Geschichte nicht stand, wie sich an dem zeigt, was wir in der DDR getan haben, was wir im Dritten Reich getan haben. Die Betroffenen können sich auf die damalige Kultur nicht berufen. Aus diesem Grunde wird es also sicher in kritischen Situationen auch für Wirtschaftsunternehmen erforderlich sein, ethisch Farbe zu bekennen, sich nicht einfach auf die Kultur, die da existiert, zu berufen. Deswegen hat mir die Stellungnahme von Hoechst 1946, wo gesagt wurde, wir sind ein Unternehmen, das Heilmittel und keine Rüstungsmittel herstellt, besser gefallen als die jetzige, die sich auf die Institutionen beruft und dabei so tut, als seien die Institutionen in Ordnung. Man glaubt ja immer, daß sie in Ordnung sind.

Nour Eldin: Hoechst wälzt doch nicht das Problem auf die Kultur. Es sagt vielmehr, die Kultur habe nicht mehr die Kompetenz, die sie einmal hatte, und beantragt die Zulassung deshalb nicht. Sie, Herr Wuermeling, sagen, die Kultur sei keine Berufungsinstanz, sie sei nicht stark genug. Sie ist es doch. Es sollte mindestens ihre Aufgabe sein, in der Gesellschaft aktiv zu werden. Das kann ein Wirtschaftszweig nicht. Wir haben vielleicht durch das Produkt die Diskussion angeregt. Wir sind in einer pluralistischen Gesellschaft, die uns ganz anderes erzählt. Ich bin, ebenso wie Sie, gegen die Selbstbestimmung der Frau auf diesem Gebiet. Dazu gehören immer zwei Menschen, Frau und Mann. Und dafür ist der Gesetzgeber da, der den Rahmen schaffen muß. Das kann weder die Kultur noch die Wirtschaft. Das muß der Staat machen. Also ist es doch ein Zusammenspiel zwischen allen dreien. Ich meine nach wie vor, die Kultur muß mehr tun, was die gesellschaftlichen Fragen angeht.

Schöttler: Ich komme aus der chemischen Industrie. Für die deutsche chemische Industrie gibt es drei Tabus, die der Bundesverband der Chemischen Industrie nachhaltig öffentlich erklärt hat: 1. Kampfstoffe, 2. Drogen, 3. Eingriffe in die menschliche Keimbahn. Wurde in Ihrem Hause oder vielleicht auch beim VCI nicht erwogen, ob es womöglich auch ein viertes Tabu gibt, nämlich sich an der direkten oder indirekten Tötung menschlicher Lebewesen, also von Menschen zu beteiligen?

Noch etwas: Sie sind Arzt. Wir sprechen über ein Produkt für die Indikation Schwangerschaftsabbruch. Deutlicher: Indikation Tötung. "Versagen" bedeutet, daß die Schwangerschaft erhalten bleibt. Fortbestehende Schwangerschaften bilden die Versagerquote. Das ist ja symptomatisch für das, was Roussel Uclaf tut. Wie vereinbaren Sie das mit Ihrem ärztlichen Ethos? Stehen Sie zum Genfer Gelöbnis, zur Berufsordnung der Deutschen Ärzte, die Menschen vom Tag der Empfängnis an ehren und schützen wollen?

Nour Eldin: Die drei Grundsätze, die der Bundesverband der Chemischen Industrie erklärt hat, haben nach wie vor Gültigkeit. Die Frage: Schwangerschaftsabbruch akzeptieren oder nicht akzeptieren, das ist meines Erachtens keine Frage, die ein Unternehmen beantworten kann. Es ist eine individuelle Frage. In der Gesellschaft wird darüber sehr unterschiedlich gedacht. Deshalb versucht das Unternehmen Hoechst/Roussel Uclaf eine Lösung zu finden, die alle diese Stimmen in der Gesellschaft berücksichtigt. Wir können nichts dafür, daß beide Gruppierungen auf ihrer jeweiligen Meinung beharren und - wenn Sie so wollen - nicht miteinander reden. Jeder redet vor sich hin. Die Situation sieht ganz anders aus in der Gesellschaft als Ihre Darstellung vermuten läßt.

Ich stehe zu meiner beruflichen Ordnung. In der geordneten ärztlichen Tätigkeit wird auch in Deutschland der Schwangerschaftsabbruch nicht abgelehnt. Es gibt bestimmte Vorschriften, wann man einen Schwangerschaftsabbruch vornehmen kann. Trotz Ethik ist er nicht verboten, auch nicht seitens der ärztlichen Ordnung. Noch einmal: Ich bin nicht hier, um den Schwangerschaftsabbruch zu verteidigen. Ich bemühe mich, den Sachstand zu erklären. Zur Frage an mein Gewissen: Ich habe eine private Meinung. Ich habe mir als Mensch die Frage gestellt: Was würdest du eigentlich tun, wenn du in dieser Lage wärest? Machtest du es oder machtest du es nicht? Die Frage kann ich nicht beantworten. Ich muß zuerst in der Lage sein. Ich habe die Frage auch meiner Tochter gestellt: Würdest du oder würdest du nicht? - Du spinnst, so ungefähr hat sie gesagt. Das ist Theorie. Wir können ja spekulieren. Ich muß zuerst in die Lage versetzt sein, in die unglückliche Lage. Und dann kann ich dir sagen, was ich machen würde.

Zwischenruf: Dann brauchen wir keine Normen mehr.

Nour Eldin: Die Normen sind gegeben.

Thomas: Zum Verständnis des Begriffs Normen: Die drei Tabus, von denen die Rede war, sind doch, wenn sie Sinn haben sollen, von der chemischen Industrie errichtet worden, damit sie gerade dann greifen, wenn die Leute (wieder) meinen, man sollte doch ruhig tun, was die Tabus ausschließen. Das ist doch exakt das, wozu Grundsätze da sind. Wenn sie nur gelten sollen, wenn sowieso niemand etwas anderes will, dann brauchen wir überhaupt keine Grundsätze. Dann sind die drei Tabus der chemischen Industrie auch nichts anderes als Rhetorik danach.

Kluth: Zu Ihrer Berufung auf die Kultur, Herr Nour Eldin: In der dritten Auflage der Hoechst-Broschüre über RU 486 legen Sie gegen Ende ein gesellschaftspolitisches Konzept dar, aus dem die Zuständigkeit der Institution Kultur für die Ethik folgen soll. Dabei wird der Staat als ein Subsystem der Gesellschaft beschrieben. In der Broschüre heißt es dann sinngemäß, daß man, wenn der Konsens der Gesellschaft von den demokratischen Mehrheiten abweicht, neue Wege suchen müsse. Es wird auf die relative Autonomie der gesellschaftlichen Bereiche Kultur, Wirtschaft und Staat verwiesen, der Staat beschränkt auf gewisse gesellschaftliche Randregelungen. Nach diesem Konzept muß das Problem der Abtreibung vom Bereich Kultur bewältigt werden.

Diese Sicht ist allerdings nicht die Sicht des Grundgesetzes. Das Grundgesetz lehnt die Auffassung, der Staat sei ein Subsystem der Gesellschaft, ab. Sie gehört zu einer Theorie, die in der Politikwissenschaft entwickelt wurde gegen die herrschende Meinung in der Staatslehre und gegen das klassische, auch ins Grundgesetz aufgenommene Staatsverständnis. Das Grundgesetz geht außerdem davon aus, daß der Staat, also die Bundesrepublik Deutschland, an vorstaatlich begründete Menschenrechte, an Grundrechte gebunden ist. Das Grundrecht auf Leben und der Schutz dieses Rechts und des Rechtsgutes, das damit verbunden ist, bindet den Staat. Diese Bindung setzt dem Mehrheitswillen und dem gesellschaftlichen Konsens Grenzen.

Das ist eine wichtige Feststellung für die ganze Abtreibungsdiskussion, in der sich sonst die Markierungen verschieben. Das BVG geht davon aus, daß bei der Abtreibung eine Unrechtshandlung vorliegt, weil hier ein Menschenleben vernichtet wird. Danach hat niemand ein Verfügungsrecht über einen anderen Menschen, auch nicht die Frauen oder der Arzt. Der Staat ist zum einen gefordert, das möglichste zu tun, um etwa durch soziale

Maßnahmen entsprechende Konfliktsituationen zu vermeiden oder zu mindern. Wenn es doch zu solchen Zuspitzungen kommt, kann er allenfalls solche Handlungen dulden, sie aber nicht gutheißen. Er kann sagen, es gehe über seine Möglichkeit und Fähigkeit hinaus, in jedem Einzelfall zu verhindern, daß ein Mensch getötet wird.

Der Staat schwankt also nicht, wie Ihre Argumentation, zwischen zwei möglichen Optionen, sondern hat selbst eine klare Vorgabe, die er auch durchhalten muß. Er darf sich an bestimmten Dingen nicht beteiligen. Dazu gehören die Förderung und die Billigung der Abtreibung. Die gegenwärtige Rechtslage in Deutschland entspricht meines Erachtens de facto dieser Verfassungsforderung nicht.

Für ein Unternehmen sind diese Voraussetzungen des Staates und der Rechtsordnung hinreichend durchsichtig, so daß es durchaus eine eigene Verantwortung hat zu entscheiden, ob Präparate im Dienste der Abtreibung - auch wenn sie zusätzlich anderen Zwecken dienen - zulässig sind. In der Argumentation der Firma Hoechst vermisse ich nun vollständig jeden Ansatz vom Menschenrechtsschutz her, der aber meines Erachtens eine wichtige Legitimationskomponente ist.

Sie, Herr Nour Eldin, gehen einfach davon aus, daß es Frauen gibt, die abtreiben wollen. Ob das legitim sei, ergebe sich aus einem Verfahren: man muß diskutieren, man muß einen Konsens finden. Sie sagen zwar, der Konsens müsse weitergehen als einfache Mehrheitsmeinung. Aber kein Mensch versteht, was das bedeuten soll. In Wirklichkeit läuft es doch auf das hinaus, was eine Mehrheit will.

Die amerikanische Bioethik spricht von "mittleren Prinzipien", die aber zur Folge haben, daß elementare Prinzipien ihren Wert einbüßen, sobald sie Minderheitenpositionen werden. Wir sprechen rechtlich - analog zu solch elementaren Prinzipien - von "Wesensgehaltsgarantien". Diese haben dann einfach keinen Bestand mehr. Spielen denn Fragen wie Menschenrechtsschutz in den Diskussionen bei Hoechst überhaupt keine Rolle? Ich wüßte gern, was Sie diesbezüglich an Rechtfertigung für ein Präparat wie RU 486 vorzutragen haben.

Nour Eldin: Hoechst steht auf dem Boden des Grundgesetzes. Bloß läßt das gleiche Gesetz für den Schutz des ungeborenen Lebens unter bestimmten Voraussetzungen Ausnahmen zu. Und auch diese Tatsache wird von Hoechst gesehen und anerkannt. Wenn der Gesetzgeber sagt: Das kann ich nicht verhindern in der Gesellschaft, stehen wir wieder vor einer Frage, die nur die Gesellschaft lösen kann, nicht aber ein Unternehmen. Das Unternehmen respektiert das Grundgesetz, respektiert aber auch das Handeln in der Gesellschaft. Das Verhalten vieler Gruppen in der Gesellschaft zeigt, was alles die sogenannte Kultur versäumt hat, und jetzt wird ein Sündenbock gesucht.Und dafür bietet sich eine Methode an. Mit oder ohne Zulassung von RU 486: Das Problem bleibt auf dem Tisch.

Man darf die Hauptsache nicht verdrängen und auf ein Nebenthema ausweichen. Das eigentliche Problem muß gelöst werden. Und jeder von uns hat die Aufgabe, auch unter Respektierung des Grundgesetzes, sich zu fragen, was er tun kann, um das Übel zu verhindern. Warum tut ein Mensch das? Was kann die Gesellschaft tun, was kann ich - als einzelner - tun, um diesen Menschen zu helfen? Wenn in unserer Verwandtschaft oder Bekanntschaft ein Schwangerschaftsabbruch vorgekommen ist, so muß ich mich doch fragen, was haben wir in der Umgebung getan, um diesem Menschen zu helfen? Dieser Frage muß sich jeder stellen. Und meistens lautet die Antwort: Ich habe mich nicht gestellt, sondern Augen und Ohren verschlossen, nichts gesehen und nichts gehört. So kann man die Probleme auch sehen, sie aber nicht lösen.

Dr. Erwin Odenbach: Wenn die Bundesstiftung "Hilfe für Mutter und Kind" aufgestockt würde um die Beträge, die für die Abtreibung ausgegeben werden, dann wäre die Möglichkeit zu helfen, wirklich groß.

Wuermeling: Die Unterscheidung von Hauptproblem und Nebenwirkung wirft tatsächlich eine interessante Frage auf: Warum kümmern sich eigentlich diejenigen, die den Schwangerschaftsabbruch ethisch ablehnen, um Wirkungen und Nebenwirkungen usw. von RU 486? Bestehen zwischen der Einführung einer solchen Methode und der Stellungnahme zur Hauptsache nicht doch noch tiefere Verbindungen? Herr Kerdelhué, was ist eigentlich der Grund dafür, daß für ein solches Mittel, das soviele Nachteile hat und sowenige Vorteile bietet, sich ein Staat, eine Firma und die Öffentlichkeit einsetzen?

Kerdelhué: Zunächst stelle ich einmal ganz nüchtern fest, daß man so tut, als ob alle technischen Probleme der chemischen Abtreibung gelöst seien. Neu sei nur eine andere - chemische - Methode. Aber die Diskussion, die jetzt geführt wird, wurde genauso geführt, als die chirurgische Abtreibung zur Debatte gestellt wurde. In Frankreich wurde RU 486 als alternative Methode zum chirurgischen Schwangerschaftsabbruch dargestellt. Das Wort ist wichtig: alternativ. Wir sind nicht wenige, die nicht daran glauben, daß es sich um eine Alternative handelt. Sie ist viel langwieriger - sie dauert insgesamt 3 Wochen -, eingreifender, teurer. Die Sache ist in einer Sackgasse. Nun behauptet man einfach, die Alternative sei gleichwertig ... und diskutiert wieder über Ethik. Der Vertreter von Hoechst spricht zu uns über ethische Aspekte. Vielleicht kommt morgen ein anderes pharmazeutisches Labor, trägt eine andere Methode vor. Und dann kommt der Vertreter dieses anderen Pharmaunternehmens und liefert uns den gleichen Diskurs noch einmal. Was steckt dahinter? Man muß bei dieser Art der Diskussion höllisch aufpassen.

Wuermeling: Ich will versuchen, eine Teilantwort darauf zu geben: Ich habe den Eindruck, daß mit der Einführung dieses Mittels die Verantwortung für die Abtreibung, selbst wenn es sich nur um einen Vorwand zur Abtreibung handeln sollte, in die Hand der Frau gegeben werden soll. Darin liegt eine Parallele zu der politischen Entwicklung, die sagt, die Schwangere allein soll darüber entscheiden, ob sie die Abtreibung wolle. Die propagierte Methode wäre die faktische Vollendung jener politischen Tendenz. Das chemische Verfahren eröffnet die Möglichkeit, daß die Frau nicht nur im Sinne der Entscheidung, sondern auch im Sinne des Tuns die letzte, ganze Verantwortung des Schwangerschaftsabbruchs trägt. Dies hat im Verhältnis zum Mann eine ganz erhebliche Folge. Der Mann kann der Frau, ganz gleich, was sie tut, Vorwürfe machen, entweder daß sie *sein* Kind abgetrieben habe, oder daß sie *ihr* Kind nicht abgetrieben habe - nicht nur im Sinne der gesetzlichen Verantwortung, sondern auch des Tuns. So scheint mir als ein Motiv, das zur Beantwortung Ihrer Frage geeignet ist, dahinter zu stehen, daß RU 486 ein sehr raffiniertes Mittel im Geschlechterkampf darstellt, in dem die Überlegenheit des Mannes über die Frau erneut - nun auch in einem pharmakologischen Gebiet - zum Ausdruck kommt.

Kerdelhué: Als Franzose möchte ich zur Entlastung von Hoechst etwas über die Vorgeschichte beitragen. Dieses Molekül erblickte in Frankreich das Licht der Welt - durch Zufall. Man war auf der Suche nach einem Antiglukokortikoid. Das Molekül wirkte ebenso als Antiglukokortikoid wie als Antiprogesteron. Die "chemische Methode" arbeitet mit einem Gemisch aus halbem Antiprogesteron und Prostaglandinen. Man weiß nicht genau, wie es wirklich funktioniert. Wissenschaftliche Redlichkeit - jenseits aller Moral, rein unter wissenschaftlichem Gesichtspunkt - verlangt, das zu sagen. Daran darf man nicht vorbei.

Hoechst ist ein ausgezeichnetes Forschungszentrum, das exzellente Produkte herstellt: Antibiotika, Antidiabetika, Kreislaufmittel, mit recht großem Geschäftsvolumen, die weltweit bekannt sind und großes Ansehen genießen. Meine Frage ist: Warum fällt ein Großlabor wie Hoechst schließlich auf ein zweifelhaftes Ding herein? So fragt man sich überall, und was bleiben wird, ist ein ungünstiges Bild, ein beschädigtes Markenzeichen "Hoechst". Mein Verdacht ist: Hoechst hat keinen speziellen Expertenstamm im Bereich der Steroide. Roussel Uclaf hat sie. Hoechst wurde gezwungen, sich Roussel Uclaf anzuschließen. Hoechst war nicht frei. Inzwischen handelt es sich um ein Molekül, das kein Geld bringt. Hoechst ist auch als Mehrheitsaktionär von Roussel ein privates Unternehmen, das antritt, um Geld zu machen. Die anderen Produkte des Unternehmens bringen Geld. Dieses bringt keines. Meine Frage: Warum hält ein Privatunternehmen am Verkauf eines Produktes fest, das kein Geld bringt?

Nour Eldin: Es ist wahr, daß Hoechst seine Hauptprodukte auf bestimmten Gebieten in der Branche hat: Herz-Kreislauf, Diabetes, Antibiotika. Unter marktwirtschaftlichen Aspekten spricht aber gar nichts dagegen, daß ein Unternehmen eine Tochter hat, die auf ganz anderen Gebieten besonders sachkundig ist. Das ist normal und legitim. Daß es bei diesem Novum offene Fragen gibt, bestreitet niemand. Und ich bin dafür, daß man den offengebliebenen medizinischen Fragen in Frankreich nachgeht, sie diskutiert und publiziert. Auch bei Kontrazeptiva oder Antibiotika, die dreißig Jahre im Gebrauch sind, gibt es immer noch offene Fragen. Bei bestimmten Patienten gibt es Probleme. Und es gibt Versagerquoten. Dafür ist die Forschung da. Sie geht diesen Fragen nach.

Kerdelhué: Gewiß zeigen sich bei jedem neuen Medikament bald nach seiner Markteinführung bestimmte Kontraindikationen. Im vorliegenden Fall haben sich aber deutlich mehr Kontraindikationen ergeben als bei klassischen Medikamenten. Üblicherweise vergehen 10 Jahre von der Entdeckung der Haupteigenschaft eines Moleküls bis zu seiner Marktfreigabe als Medikament. Meistens handelt es sich um ein einziges Molekül. Ganz allgemein mögen Spezial-Kommissionen, die Medikamente für den Markt freigeben sollen, Kombinationen nicht. Man hat dann immer den Verdacht, ein Molekül mit nicht hinreichender Wirksamkeit solle durch ein anderes Molekül gerettet werden. So wäre es heute gewiß sehr schwer, ein neues Schmerzmittel mit Aspirin zu kombinieren. Das Aspirin gilt als Modell-Molekül mit hoher Wirkung und wäre wohl imstande, ein Molekül ohne Wirkung “durchzubringen”. Im Fall des “Antigestagen” RU 486 sind nur vier Jahre vergangen bis zur Marktfreigabe. Treibendes Moment in Frankreich war dafür ein politischer Wille, die Kombination auf den Markt zu bringen. Roussel Uclaf hatte die Genehmigung der Regierung schon im September 1988 in der Tasche. Der Vorstand des Unternehmens hat sie mit Blick auf noch ungelöste Probleme und auf erhebliche Widerstände in der französischen Gesellschaft zurückgewiesen. Er wollte kein schlechtes Marktimage riskieren. Dann war es die sozialistische französische Regierung, die Roussel Uclaf gezwungen hat, dieses Präparat auf den Markt zu bringen.

Und nun sieht sich Hoechst, weil es zur Gruppe Roussel Uclaf gehört, sogar Mehrheitseigner ist und in der Gruppe das Sagen hat, gezwungen, mitzumachen. Und das verstehe ich persönlich offengestanden nicht.

Dr. Heinz-Georg Ley: Unter welchen Bedingungen sind die Untersuchungen in Großbritannien gelaufen? Die Fristen für die Einnahme des Präparates sind dort verschoben: nicht bis zum 49. sondern bis zum 64. Tag der Schwangerschaft. Wie kommen die Engländer darauf? Unter welchen Bedingungen ist das Präparat in Schweden eingeführt worden ist und was sagen die USA? Was sagt Japan? Offensichtlich geht der "Siegeszug" des RU 486 ja weiter. Damit dürften gewiß auch marktstrategische Aspekte eine Rolle spielen.

Nour Eldin: In Großbritannien hat die Gesellschaft der Gynäkologen und das Gesundheitsministerium Roussel aufgefordert, die Zulassung zu beantragen. Beide Institutionen haben sich mit den medizinischen Daten befaßt und das Produkt positiv beurteilt. Es berge einen medizinischen Fortschritt. Man dürfe es den Medizinern und Frauen in England nicht vorenthalten. Die gleiche Situation ist in Schweden. Auch dort hat das Gesundheitsministerium Roussel Uclaf aufgefordert, die Zulassung des Produkts zu beantragen. In den USA gibt es einen gesellschaftlichen Konflikt wie in Deutschland. Dort geht es militant zu. Beide Interessengruppen gehen gegeneinander auf die Straße. Wir wollen uns da nicht einmischen.

Roussel Uclaf hat gesagt: USA nein. Das Kapitel ist abgeschlossen.

Ley: Was ist mit Japan?

Nour Eldin: Sie meinen vielleicht China. Die WHO hat in China ähnliche Studien durchgeführt. Die Regierung dort hat gedacht, mit dem Produkt das Überbevölkerungsproblem lösen zu können. Die Chinesen haben gesagt, wenn Roussel Uclaf kommt und dieses Produkt anbietet, dann nehmen wir es - unter der Prämisse, daß es geprüft und in Ordnung ist. Weil wir, vor allem Roussel Uclaf, bestens Bescheid wissen über die Infrastruktur in China, haben wir gesagt: Dorthin liefern wir nicht. Roussel Uclaf hat nie eine Zulassung für China beantragt, und hat auch nicht vor, dort tätig zu werden.

Thomas: Ist Ihnen bekannt, ob es zutrifft, daß in China eine Variante von RU 486 produziert wird?

Nour Eldin: Was ich kenne, sind vermutlich genau die Berichte, von denen auch Sie Kenntnis haben. Aber von "Wissen" kann ich hier nicht sprechen.

Ley: Wäre es nicht unternehmenspolitisch, ethisch, auch wirtschaftlich sinnvoller, die Indikation Schwangerschaftsabbruch beiseite zu lassen und sich den Fragen der Gegenhormonwirkung zu widmen bei so wichtigen Erkrankungen wie Endometriose, für die es bislang kein einziges gescheites Mittel gibt, bei Mama-Carcinom und möglicherweise anderen Carcinomen, sowie bei glukokortikoid-abhängigen Krankheiten? Die Beschäftigung mit solchen Fragen paßt doch vermutlich besser in die Unternehmensstrategie und in die Unternehmenspalette einer Firma Hoechst. Unter Medizinern erlebe ich gar nicht selten eine große Sorge, daß sich eine weltbekannte Firma, die sie irgendwie auch als *ihre* Hoechst AG empfinden, mit diesen Dingen herumschlagen muß. Diese Diskussion mag von seiten der Firma zwar ernsthaft geführt werden. Man hat aber letzten Endes den Eindruck, daß sie nicht glaubwürdig ist.

Nour Eldin: Obwohl Sie meinen, wir seien nicht glaubwürdig, hat uns die Konzentration auf die anderen Indikationen, für die die Substanz überhaupt entwickelt werden sollte, beschäftigt. Nicht nur in den eigenen vier Wänden. Wir haben verschiedene Gremien konsultiert. Es wäre für Hoechst und Roussel Uclaf leicht zu sagen: Wir schließen das Kapitel ab, damit wir unsere Ruhe haben. Dann wäre aber die Forschung auf den anderen Gebieten ebenfalls blockiert. Der zuständige Minister in Frankreich hat angeordnet: Die Frauen haben ein Recht darauf. Entweder ihr macht es, oder... Er hätte auch die Macht gehabt - was es weder in Deutschland noch meines Wissens in sonst einem anderen Land gibt - Roussel Uclaf anzuweisen, anderen Firmen ihr Wissen weiterzugeben: also Zwangslizensierung. Damit lag bei uns die Frage auf dem Tisch, was tun. Die Kritik, wir seien unmoralisch, weil wir die Verantwortung, die uns zu groß sei, in die Hand irgendeiner womöglich fragwürdigen Firma geben, lag förmlich in der Luft. Wir waren der Meinung: Roussel Uclaf oder niemand. Das war die Voraussetzung für *unsere* Entscheidung.

Ley: Wenn Sie auf die Indikation Schwangerschaftsabbruch verzichtet hätten, hätten Sie auch die anderen Indikationen fallenlassen müssen?

Nour Eldin: Wahrscheinlich. Welche Eigenschaften ein Produkt sonst noch hat - es wird ja alles publiziert. Und damit ist das Problem Mißbrauch auf dem Tisch. Auf dem europäischen Markt ebenso wie in den USA gibt es ein Prostaglandinprodukt, das in bestimmter Dosierung für die Behandlung von Magenerkrankungen eingesetzt wird. Natürlich wird es im Stillen für Schwangerschaftsabbrüche mißbraucht. Wäre es glaubwürdiger, RU 486 für andere Indikationen zu vertreiben, Augen und Ohren zuzuhalten und zu sagen, von etwas anderem wüßten wir nicht?

Kerdelhué: Aber das Problem ist doch, daß nach Einschätzung vieler Leute, die etwas davon verstehen, die "anderen Indikationen" Roussel Uclaf und Hoechst nur als Strategie dienen. Mindestens bei Roussel Uclaf gehe ich davon aus. Hoechst wurde eine oder zwei Wochen später über deren Entscheidung informiert und muß Folge leisten. Angesichts so magerer Hinweise auf evtl. Wirkungen bei Brustkrebs oder Meningeomen denken doch viele Wissenschaftler jetzt, daß Hoechst diese dünnen Anhaltspunkte nutzt als Vorwand, um den abortiven Effekt zu entwickeln. Man spricht von Krebs. Warum nicht auch von Alzheimer? Bei vielen Alzheimer-Patienten ist ein bemerkenswerter Anstieg des Kortisols im Blut zu beobachten. Könnte ein Antiglukokortikoid RU 486 nicht vielleicht den Plasmaspiegel des Kortisols herabsetzen? Mit "Krebs" oder "Alzheimer" kann die Öffentlichkeit etwas anfangen. Mit solchen Argumenten sind Punkte zu gewinnen.

Das Molekül RU 486 ist als Antiprogesteron und Antiglukokortikoid gewiß ein bemerkenswertes Molekül. Es ist aber auch nicht die Bibel. Andere Pharmaunternehmen, die auf dem Gebiet tätig sind, so Schering in Deutschland, arbeiten an einem anderen Antiprogesteron und an Anti-Östradiol-Derivaten. Möglicherweise werden wirklich überzeugende Substanzen für Brustkrebs, Prostatacarcinome und viele andere hormonabhängige Krankheiten entdeckt.

Nour Eldin: Ich kann Ihnen aufrichtig sagen, daß es bei uns für eine "Strategie" zugunsten des Schwangerschaftsabbruchs keinen Grund gibt. Wir haben keine Veranlassung, die Abbruch-Indikation zu rechtfertigen. Meines Erachtens hat Roussel Uclaf erst recht keinen Anlaß, eine Geschichte zu erfinden, die andere Indikationen vorschiebt. Das ist einfach nicht wahr. Ihren Einwänden steht das Interesse von Krebsforschungsinstituten in den USA, Kanada und Deutschland daran entgegen, Untersuchungen mit RU 486 zu machen. Ich bin kein Spezialist in Krebsforschung. Wenn die Forscher um Lieferung der Substanz für Untersuchungen bitten, dann muß es doch mindestens Hinweise darauf geben, daß das Präparat für diese Indikationen brauchbar sein könnte. In Frankreich entfällt die Notwendigkeit, eine Rechtfertigung der Abbruchsindikation zu schmieden. Die Legitimität des Schwangerschaftsabbruchs ist gesellschaftlich akzeptiert.

Kerdelhué: Die Marktfreigabegenehmigung war eine Aktion der sozialistischen Regierung, eine Machtdemonstration. Als die Franzosen diese Leute wählten, sagten sie vorher nicht, daß sie chemische Abtreibung einführen oder die Genehmigung dazu erteilen wollen. So wie Sie sagen, ist es nicht.

Odenbach: Es ist wahr, Herr Nour Eldin, es ist die Gesellschaft, die die Forderung stellt. Sie schreit nach dem Produkt. Das tut sie nicht bei Unternehmen, die im Walfang tätig sind, die Giftgas oder Raketen herstellen. Es sind dieselben Menschen, die gegen den Walfang auf die Straße gehen und sich für RU 486 engagieren. Jeder Laubfrosch, der über die Straße hüpft, muß geschützt werden, aber das ungeborene Kind soll zur Disposition stehen.

Ich denke an die Zukunft und auch daran, ob die strengen Regeln der Vergabe, wie sie in Frankreich jetzt üblich sind, sich in der Bundesrepublik mit ihrem generell permissiveren Klima aufrechterhalten lassen. Ich male mir das so aus:

- Erstens: Die Nebenwirkungen, von denen wir gehört haben, werden im Laufe der Zeit sicher durch Perfektionierung gemindert werden.
- Zweitens: Die Popularisierung dieses Produktes wird mit Sicherheit zunehmen. Landläufig wird es als die einfachste Möglichkeit gelten, zumal bei den Frauen. Jeder nimmt lieber eine oder auch mehrere Pillen, als sich in einen Operationssaal zu begeben und sich einer Narkose zu unterziehen.
- Drittens: Damit wird die Nachfrage nach dem neuen Produkt zweifellos größer.

Ich sehe also eine Zunahme der Popularisierung voraus, aufgrund deren es zum Schwarzmarkt kommen wird. Eine Abgaberegelung wie in Frankreich, die noch strenger ist als die für Morphin, wird sich in Deutschland nicht halten lassen. Denken wir doch nur an die Drogenszene. An jedem Brennpunkt in Köln ist Kokain und Heroin mühelos zu erhalten, ohne daß deswegen viel geschieht.

Wie in Holland und in der Schweiz wird man nach der kompletten Liberalisierung schreien: das Zeug muß gratis verteilt werden. Genauso werden wir in Deutschland einen Schwarzmarkt für RU 486 bekommen, auf dem das "do-it-yourself-Verfahren" propagiert wird. Ich sehe das Szenario in zehn Jahren voraus. Wenn das do-it-yourself ist, muß es auch liberalisiert werden. Dann muß es auch umsonst an die armen Frauen verteilt werden.

Läßt es sich vermeiden, daß daraus eine Art Gratis-Hilfe wird? Ich erinnere nur an die Kondom-Kampagne. Unter dem Schutz von Aids ist doch eine Reklame im Gange, die in dieser Form mindestens nicht ganz unumstritten ist. Ich kann nur warnen, daß auch RU 486 einmal ein Allgemeingut und für jedermann zugänglich ist. Die Frage ist ohne Zweifel eine ethische Frage an die gesamte Gesellschaft.

Nour Eldin: Ich stimme erstens mit Ihnen darin überein, daß man mehr Geld zur Verfügung stellen muß, um das Grundproblem zu minimieren, auch wenn wir es nicht ganz aus der Welt schaffen werden.

Die Situation in Deutschland hier und jetzt erlaubt zweitens nicht, ein solches Produkt zu verbreiten, weil die Kontrollmaßnahmen fehlen. Die Medien sagen zwar, alles sei da, zumal die Paragraphen. Aus Sicht von Roussel Uclaf sind die Voraussetzungen in Deutschland nicht gegeben. Deshalb stellt sich die Frage der Zulassung nicht.

Ich würde drittens das Produkt aus medizinischer Sicht nicht mit Heroin vergleichen. Da sind ganz andere Probleme, Komplikationen und Abhängigkeiten impliziert. Nach meiner Überzeugung wird nie der Tag kommen, an dem es das Produkt RU 486 auf Vorrat zu kaufen gibt, weder hier noch sonstwo.

Kerdelhué: Meine letzte Äußerung wird eine Frage sein. Hoechst verfügt bei Roussel Uclaf über eine Technik, die sich noch in einem ausgesprochenen Versuchsstadium befindet. Sie ist anfällig. Sie wird noch Tote bescheren. Das kann jeden Tag passieren. Und Gewinnerwartungen fallen nicht ins Gewicht. Warum treibt Hoechst als Pharmaunternehmen die Sache weiter an, obwohl sie kein Geld bringt?

Nour Eldin: Weder Roussel Uclaf noch Hoechst "treiben" in irgendeiner Weise dieses Produkt.

Kerdelhué: Wenn Sie das Produkt nicht "treiben", wer treibt dann?

Nour Eldin: Die Gesellschaft...

Kerdelhué: Die Gesellschaft? Also gut. Sie drängen nicht. Die Gesellschaft drängt nach dem Produkt. Aber die Gesellschaft bezahlt nicht dafür. Die Gesellschaft drängt, Sie liefern, aber das Geld kommt nicht. Sind Sie sozusagen Philanthropen? Wo ist der Haken?

Nour Eldin: Gut. Damals hat der Gesundheitsminister Roussel Uclaf angewiesen, es auf den Markt zu bringen. Jetzt spreche ich über die letzten drei Jahre. Die Bemerkung, Roussel Uclaf dränge, ist abwegig. Wir haben hunderttausende Briefe erhalten und sind zu Hunderten von Treffen gebeten worden von zwei entgegengesetzten Interessengruppen. Hoechst geriet unter Druck, das Produkt auf den Markt zu bringen. Wir haben das abgelehnt.

Hoechst, Geschäftsbereich Pharma hat einen Jahrenumsatz weltweit von 10 Milliarden DM. Vom wirtschaftlichen Gesichtspunkt her hat dieses Produkt jetzt keinerlei Bedeutung für das Unternehmen. Aber die Hoechst AG ist ein Wirtschaftsunternehmen. Wir hoffen, daß die anderen Indikationen einen Einsatz in respektablem Volumen erreichen.

Kerdelhué: Die anderen Indikationen - das ist aber nichts für morgen. Das wissen Sie.

Nour Eldin: Forschung ist nicht nur für morgen. Forschung ist ein langwieriger Prozeß.

Kerdelhué: In diesem Jahrtausend wird daraus nichts mehr. Und noch einmal: Nicht die Gesellschaft, die französische Regierung hat das Produkt “getrieben”.

Biographische Notizen

Diehl, Volker, Prof. Dr. med., geb. 1938 in Berlin. Stud. in Marburg, Wien, Freiburg 1959-63; Promotion 1966; Auslstud: Children's Hospital Philadelphia (Dep. of Virology/Prof. Dr. W. Henle) 1966-68; am Kenyatta Hospital, Nairobi/Kenya (u.a.Forsch.Burkitt-Lymphom) 1968; Karolinska Sjukhuset, Stockholm (Tumorimmunologie u. -virologie, klin. Onkologie) 1969-71. 1972-78 Kliniktätigkeit Innere Medizin an der Med. Hochschule Hannover (bes. Klin. Onkologie, Forschungen über Morbus Hodgkin, Tumorimmunologie, Virologie, Zellbiologie), 1978 Leiter der klinisch-onkologischen Abteilung. 1983 Lehrstuhl für Innere Medizin an der Univ. Köln. Zahlr. wissensch. Veröffentlichungen. Mitglied nationaler und internationaler Gesellschaften für Innere Medizin, für Klinische Onkologie, für Virologie. Ausgez. f. Arb. in der Zellbiologie und Tumorimmunologie.

Ermacora, Felix, Prof. Dr. iur. DDr. hc., geb. 1923 in Klagenfurt. Stud. d. Rechtswiss. in Innbruck und Paris, Prom. Innsbruck 1948, Habil. für Staatslehre u. Verfassungsrecht Innsbruck 1951, für Verwaltungsrecht Wien 1954. 1951-56 Verfassungsdienst im österr. Bundeskanzleramt. Seit 1957 o. Prof. f. Öfftl. Recht in Innsbruck, seit 1964 für Staats- u. Verwaltungsrecht a.d. Univ. Wien sowie Doz. in Innsbruck. Seit 1958 Tätigkeit in Menschenrechtsorganen des Europarates und der Vereinten Nationen; 1971-90 Tiroler Abgeordneter zum österr. Nationalrat. Seit 1984 Spezialberichterstatter der UNO betr. Menschenrechte in

Afghanistan. Seit 1971 Korr. Mitglied der österr. Akademie der Wissenschaften. Dr. h.c. Köln 1988. Dr. h.c. Straßburg 1990. Festschriften 1974 u. 1988.

Gormally, Luke, Ph.D., Direktor des Linacre Center for Health Care Ethics in London. Geb. 1939 bei Manchester. Stud. der Philos. u. Theol. in Prinknash Abbey/Gloucester und am Heythrop College. Univ. London 1962-66. Tätigkeit als Ethik-Lehrer in der Industrie und an Techn. Hochschulen. 1977-80 Research fellow des Linacre Center for Health Care Ethics in London, seit 1981 Direktor.

Herranz, Gonzalo, Prof. Dr. med., geb. 1931 in Porriño-Galizien/Spanien. Med.-Stud. in Barcelona, Prom. 1957, Auslandsstudien in Bonn 1962-64, Lehrst. f. Pathologie a.d. Univ. von Oviedo 1971, a.d. Univ. von Navarra/Pamplona 1972-85 (Dekan der med. Fak. 1974-78). Seit 1985 o. Prof. für Bioethik in Pamplona und Präs.des Ethik-Ausschusses im Consejo General de Colegios Médicos de España; 1986-88 Vizepräs. des Ethik-Unterausschusses im Perman. Ärzteaussch. der EG; Fachberater im Programm AIM d. EG-Kommission. Zahlr. Veröffentl. auf dem Gebiet der patholog. Anatomie sowie über Fragen der Bioethik.

van Kaick, Gerhard, Prof. Dr. med., geb. 1935 in Karlsruhe, Stud. d. Med. in Heidelberg 1955-61, Promotion 1962, Approb. 1963. Innere Med., Pathol., Röntgenologie 1963-72, Facharzt Innere Medizin 1972. Seitdem Institut für Nuklearmedizin am Deutschen Krebsforschungszentrum (seit 1987 "Institut für Radiologie und Pathophysiologie des DKFZ") Heidelberg, 1977 Habilit., 1978 C3-Professor (Leiter der Abt. f. spez. onkol. Diagnostik), seit 1980 Mitgl. d. Lenkungsaussch. Tumorzentr. Heidelberg-Mannheim, 1983 stellv. Dir. Inst. f. Nuklearmed. d. DKFZ, 1984 Facharzt Röntgenol. 1986/87 Vorsitz Onkol. Arbeitskreis Heidelberg, 1989-92 Präs. Dtsch. Ges. f. Ultraschall i.d. Medizin (DEGUM).

Kerdelhué, Bernard, Prof. Dr. rer. nat., Directeur de Recherche de 1[ére] classe au Centre National de Recherche Scientifique (CRNS), Frankreich. Geb. 1937 in Dakar/Senegal, Stud.d. Chemie und Physiol. in Paris 1962-67, Prom. a.d. Univ. Pierre et Marie Curie, Paris 1973, dort 1984 apl. Prof. Seit 1987 Directeur du Laboratoire de Neurobiol. de la Reproduction du CRNS-INRA. Lehrauftrag a.d. Univ. Norfolk/USA 1990. Ancien Membre (1987-90) de la Commission Scientifique Specialisée "Endokrinologie, Reproduction et Developpement" de l`Institut de la Santé et de la Recherche Medicale (INSERM), seit 1991 Mitgl. der Section de Pharmacologie et Therapeutique du Comité National du CNRS. Zahlr. Veröfftl. zu endokrin. Steuerungsmechanismen der Reproduktionsphysiologie bei Säugern und Menschen.

Kluth, Winfried, Dr. iur., geb. 1959 in Bonn, 1979-1984 Stud. der Rechtswiss. und Geschichte in Bonn und Münster. 1984 erstes jur. Staatsex., 1987 Prom. a.d. Univ. Münster. 1988-1991 jur. Vorbereitungsdienst, 1991 zweites jur. Staatsex. Dzt. Ass. am Inst. f. Staatsrecht Univ. Köln. Zahlr. Veröffentl. im Staats- und Verwaltungsrecht sowie zu Medizin Recht Ethik. Seit 1991 ständige wiss. Mitarbeit im Lindenthal-Institut.

Linke, Detlef Bernhard, Prof. Dr. med., geb. 1945 in Struwenberg b. Eberswalde. Stud. d. Medizin, Philosophie, Kommunikationswiss. u. Phonetik in Bonn, Prom. in Med. Bonn 1974, Habil. 1977 (über Sprachmotorik i. Fachb. Klin. Neurophysiol. u. neurol. Rehabil.). Auslandsstud: 1977 Marseille, 1980 Harvard Univ. Boston. Seit 1982 o. Prof. für Klin. Neurophysiologie und Neurochirurgische Rehabilitation. Mitbegr. Zentrum f. Altersforschung (Univ. Bonn); Mitgl. der Akademie für Ethik in der Medizin.

v. Lutterotti, Markus, Prof. Dr. med., geb. 1913 in Trient (damals Österr.-Ungarn); Stud. d. Med. in Wien und Bologna, Promotion 1937 in Bologna. Habilitation in Erlangen für Innere Medizin 1954, apl. Prof. 1960. 1957-1983 Chefarzt Innere Medizin im Loretto Krankenhaus Freiburg. Seit 1983 Vortragstätigkeit zu zahlr. Veröffentl. zum Thema "Menschenwürdiges Sterben" und Hospizbewegung. Mithrsg. "Lexikon Medizin Ethik Recht" Freiburg 1989. 1991 Mitgründung der Hospizgruppe Freiburg e.V.; Mitgl. der Akademie für Ethik in der Medizin.

Nour Eldin, Hassan, Dr. rer. nat. geb. 1936, Studium der Pharmazie und Medizin in Würzburg, Düsseldorf und Braunschweig 1954-1962, Staatsexamina, Approbation und Promotion. Tätigkeit in Klinik und Apotheke in Düsseldorf (1962-1964). Eintritt in die Hoechst AG 1964 als wissenschaftlicher Mitarbeiter in der Zentrale und in asiatischen Ländern. Seit 1985 Gesundheitspolitische Abteilung International, der Hoechst AG.

Solbakk, Jan Helge, Doz. Dr. med. D. theol., geb. 1957 in Oslo. Stud. d. Math., Med. u. Theol. in Oslo 1976-84 und Straßburg 1984-86, Prom. Med. Oslo 1987, Staatsex. Theol. 1989; dzt. Habil. i.d. Philosophie (Platon und die Medizin). Seit 1989 Direktor der Nationalen Kommission für Forschungsethik in Norwegen.

Spaemann, Robert, Prof. Dr. phil., geb. 1927 in Berlin. Stud. d. Philosophie, Geschichte, Theologie, Romanistik in Münster, München und Freiburg i.Ü. Prom. i.d. Philos.1952 bei Joachim Ritter, von 1952-1956 Verlagslektor, 1962 Habilitation u. o. Prof. a.d. Techn. Hochschule Stuttgart, 1968 a.d. Universität Heidelberg (Nachfolge Gadamer), 1972 Lehrstuhl für Philosophie Univ. München (em. 1992). Honorarprofessor an der Univ. Salzburg. Zahlr. Veröffentl., u.a. Stellungnahmen zu drängenden politischen und ethischen Problemen der Gegenwart. Zu Grundfragen des Sittlichen: "Moralische Grundbegriffe" 1982, "Glück und Wohlwollen" 1989.

Thomas, Hans, Dr. med., geb. 1937 in Aachen. Stud. d. Medizin und Philosophie in Bonn, Düsseldorf, Wien. 1966 Prom. (Neuropathologie) a.d. Univ. Bonn. Von 1967 an zunehmend in Beratung und Förderung privater Bildungs- und Wissenschaftseinrichtungen im In- und Ausland tätig. Gründung des priv. Lindenthal-Instituts in Köln 1973; seitdem Direktor des Instituts. Hrsg. u. Verf. v. Publikationen zum interdisziplinären Dialog.

Das Lindenthal-Institut:

Das Lindenthal-Institut ist ein privates wissenschaftliches Institut. Interdisziplinäre Studien zur Gegenwartskultur bilden den Ausgangs- und Schwerpunkt seiner Tätigkeit. Es verdankt sich der (Bürger-) Initiative eines Freundeskreises von Hochschullehrern und Hochschulangehörigen, die 1973 einen gemeinnützigen, in Köln eingetragenen Verein gleichen Namens ins Leben riefen, um den Mut zu mehr privatunternehmerischer Initiative in der Forschung und im Bildungswesen zu wecken. Das Institut finanziert sich durch Spenden von Freunden und Förderern, ist weder parteilich gebunden, konfessionell festgelegt noch abgestützt durch sogenannte "repräsentative Gruppen der Gesellschaft" oder Interessengruppen.

Das Lindenthal-Institut will motivieren. Jungen "Köpfen" will es eine Möglichkeit bieten, neben den eingefahrenen Bahnen des offiziellen Wissenschafts- und Bildungsbetriebs und jenseits der längst untauglich gewordenen Polit-Kategorien von "links" und "rechts", "progressiv" und "konservativ" miteinander zu denken und zukunftsweisende Antworten auf die drängenden Fragen einer zwar offenen, aber sich unter der Bedrohung durch totale Verwaltung selbst nivellierenden Gesellschaft zu suchen.

Nach Überzeugung der Institutsleitung sind solche Antworten christliche Antworten.

Organe des Instituts:

1. Der Vorstand: Prof. Dr. Gerhard van Kaick, Heidelberg, Präsident; Konrad Kurt Jungmann, Köln, Generalsekretär; Dr. Hans Thomas, Köln, Geschäftsführer; Prof. Dr. Albert Gil, Bonn.
2. Weitere Mitglieder des Lindenthal-Institut e. V.: Prof'res Fernando Inciarte, Münster; Hermann Olbing, Essen; Dietmar Stehlik, Berlin; D'res Ruthard v. Frankenberg, Köln; Winfried Kluth, Köln.
3. Direktor des Instituts: Dr. Hans Thomas.

Tätigkeitsfelder des Instituts:

1. Interdisziplinäre Studien zu Kultur, Ethik, Bildung.
2. Förderung wissenschaftlichen Nachwuchses.
3. Förderung internationalen wissenschaftlichen Austauschs zwischen privaten Wissenschafts- und Bildungseinrichtungen.

Anschrift des Instituts

Friedrich-Schmidt-Strasse 20 a, 50935 Köln Lindenthal,
Tel.: (0221) 40 10 92.

Publikationen Lindenthal-Institut

Unternehmenskultur - Leitbild der Darstellung oder Abbild der Einstellung

Hrsg. v. Géza Csomós u. Hans Thomas ; 153 S., 6 Abb., brosch.; Verlag Busse-Seewald, Herford 1992, DM 19.80
Mit Beiträgen von Albert Gil (Bonn), Boris Groys (Köln/Moskau), Augustinus Graf Henckel von Donnersmarck (Düsseldorf), Wolfgang Paul (Bonn), Hans Thomas (Köln).
Das Buch geht der Frage nach, an welchen Leitbildern die Menschen im Unternehmen sich orientieren sollen, damit sich im Unternehmensalltag Vertrauen einstellen kann. Das Beziehungsgefüge im Unternehmen steht zwischen den Erfahrungsbereichen der Familie einerseits und des Wettbewerbs und der Demokratie andererseits, zwischen persönlicher Begegnung und Anonymität, Vertrautheit und Innovationen, Offenheit und Öffentlichkeit, Erfüllung und Erfolgszwang.

Amerika - Eine Hoffnung, zwei Visionen

Hrsg. v. Hans Thomas; 316 S., 11 Abb., brosch.; Verlag Busse Seewald, Herford 1991, DM 28.-
Mit Beiträgen von Antonio Annino (Florenz), Boris Groys (Moskau/Köln), Georg Kamphausen (Bayreuth), Anthony Pagden (Cambridge), Horst Pietschmann (Hamburg), Josep-Ignasi Saranyana (Pamplona), Walter Schweidler (München), Victor Tau Anzoátegui (Buenos Aires), Hans Thomas (Köln), Hermann Wellenreuther (Göttingen).
Am Freitag, dem 12. Oktober 1492, wird im Logbuch des Christoph Kolumbus die erste Begegnung mit Indianern beschrieben. Im Abstand von 500 Jahren will es uns nicht in den Kopf, daß Europäer ihnen unsere Menschenrechte absprachen, sogar ihr Menschsein in Frage stellten. Wie begegnet uns Amerika, wenn wir verstehen wollen, statt zu moralisieren? Dieses Buch fragt nach dem Verhältnis von Geschichte und Geschichtsschreibung.

Naturherrschaft - Wie Mensch und Welt sich in der Wissenschaft begegnen

Hrsg. v. Hans Thomas; 336 S., 11 Abb., brosch.; Verlag Busse Seewald, Herford 1991, DM 28.-

Mit Beiträgen von Patrick Bahners (Frankfurt), John S. Bell (Genf), Gottfried Küenzlen (Stuttgart), Reinhard Löw (Hannover), Peter Mittelstaedt (Köln), Günther Pöltner (Wien), Herwig Schopper (Genf), Dietmar Stehlik (Berlin), Antoine Suarez (Zürich), Hans Thomas (Köln), Anton Zeilinger (Innsbruck).

Der Band "Naturherrschaft" dokumentiert einen Dialog zwischen Naturwissenschaftlern und Philosophen über das Verhältnis von Weltverständnis und Weltwirklichkeit, um darüber nachzudenken, wie Natur und Mensch verflochten sind und wie sie doch einander unterschieden gegenüberstehen.

Chancen einer Kultur der Arbeit - Abschied von der Entfremdung

Hrsg. v. Hans Thomas; 208 Seiten, 8 Abb., brosch.; Verlag Busse Seewald, Herford 1990, DM 22.-

Mit Beiträgen von Rafael Alvira (Pamplona), Franz Borgers (Bocholt), Rocco Buttiglione (Rom/Schaan), Boris Groys (Moskau/Köln), Georg Kamphausen (Bayreuth), Josef Stingl (Rheinbrohl), Hans Thomas (Köln).

Eine Gesellschaft, die die Arbeit einseitig ökonomisiert, ökonomisiert auch den Staat; und dieser revanchiert sich, indem der die Arbeit politisiert. Der Offenbarungseid des real existierenden Sozialismus scheint diese These zu bestätigen. Arbeit entfremdet, hatte Marx gemeint. Wir meinen heute: Arbeitslosigkeit entfremdet. Die Würde der menschlichen Arbeit erscheint als eine zutiefst christliche Botschaft, die gerade heute ganz neu auf sich aufmerksam macht. Diese Botschaft stellt das Buch in ein neues, aktuelles Licht.

Die Welt als Medieninszenierung - Wirklichkeit, Information, Simulation

Hrsg. v. Hans Thomas; 198 Seiten, 6 Abb., brosch.; Verlag Busse Seewald, Herford 1989, DM 19.80

Mit Beiträgen von Gianfranco Bettetini (Mailand), Sir John C. Eccles (Contra/Ti), Boris Groys (Moskau/Köln), Fernando Inciarte (Münster), Martin Kriele (Köln), Hans Thomas (Köln).

Über Macht und Mißbrauch klagen? Ehe wir die Moral bemühen, bedürfen wir einer tieferen Einsicht in die kulturelle Eigenart der Medienwelt und ihre Versuchungen. Opfer sind Produzenten und Konsumenten gleichermaßen. Das Buch untersucht das Verhältnis von

Information und Inszenierung, Reproduktion und Kreativität, Wahrhaftigkeit und Authentizität der Darstellung, Wirklichkeit und Simulation, Leben und Kunst...

Ethik der Leistung

Hrsg. v. Hans Thomas; 320 Seiten, 14 Abb., brosch.; Verlag Busse Seewald, Herford 1988, DM 24.-
Mit Beiträgen von Rocco Buttiglione (Rom/Schaan), Boris Groys (Moskau/Köln), Josef Kardinal Höffner (Köln), Peter Koslowski (Witten-Herdecke), Martin Rhonheimer (Zürich), Rolf Langhammer (Kiel), Perez Lopez (Barcelona), Hans Thomas (Köln), Bernardo M. Villegas (Manila), Peter Zürn (Köln).
Ethik ist die Lehre von der richtigen Entscheidungsfindung. Leistung gilt als Maßstab für die Beurteilung von Menschen. Obwohl: In der Familie wird der Mensch nicht danach bewertet, was er leistet. Er wird gewürdigt, weil er da ist. Das Buch stellt die ethische Gültigkeit des Leistungsprinzips heraus. Aber es zeigt auch Geltungsgrenzen auf. Wo nur das Leistungsprinzip gilt, disqualifiziert es sich moralisch. Die totale Leistungsgesellschaft sägt den Ast ab, auf dem sie sitzt und hebt sich schließlich selbst auf.

Persönliche Verantwortung

Geach, Inciarte, Spaemann
Adamas-Verlag, Köln 1982, DM 16.-
Beiträge: Spaemann, R: Verantwortung; Geach, P.T.: Wille; Inciarte, F.: Freiheit.

Recht auf Gerechtigkeit

Finnis, Gritschneder, Suarez
Adamas-Verlag, Köln 1978, DM 12.80
Beiträge: Suarez, A.: Handlung und Bewußtsein - Zur Psycho-Logik revolutionären Terrors; Finnis, J.M.: Menschenrechte und die letzte Begründung des Rechts; Gritschneder, O.: Die Entrechtung der Ehefrau in den Gesetzen und Gerichtsurteilen der Bundesrepublik Deutschland

Familie - Feindbild und Leitbild

Fontes, Hassenstein, Lobkowicz, Rhonheimer
Adamas-Verlag, Köln ^{2}1979, DM 12.80
Beiträge: Rhonheimer, M.: Die Entdeckung der Familie; Fontes, J.-M.: Familie - Wege zur Selbsthilfe; Hassenstein, B.: Die Bedeutung der Familie für die Persönlichkeitsentwicklung der Kinder; Lobkowicz, N.: Familie als Bildungsinstanz.

Die Moral des Wohlstandes

De Jonghe, Millán-Puelles, Wertenbruch
Adamas-Verlag, Köln 1977, DM 12.80
Beiträge: Wertenbruch, W.: Person und Recht; De Jonghe, E.: Utopien des totalen Wohlbefindens; Millán-Puelles, A.: Gemeinwohl, Armut, Wohlstand.

Der Mythos von der Überbevölkerung

Colin Clark
Adamas-Verlag, Köln 1975, DM 12.80

Globale Gesellschaft und Zivilisation

Anscombe, Berglar, Clark
Adamas-Verlag, Köln 1975, DM 12.80
Beiträge: Berglar, P.: Der Mensch zwischen Natur und Geschichte; Anscombe, E.: Ursprung und Grenzen staatlicher Autorität: Clark, C.: Natur, Bevölkerung und Wirtschaftswachstum.

Altes Ethos - Neues Tabu

Frankl, Pieper, Schoeck
Adamas-Verlag, Köln 1974, DM 12.80
Beiträge: Pieper, J.: Die Aktualität der Kardinaltugenden: Klugheit, Gerechtigkeit, Tapferkeit, Maß; Schoeck, H.: Die verschulte Gesellschaft - Zur Pluralität der Erziehungsinstanzen; Frankl, V. E.: Neurotisierung der Menschheit - oder Rehumanisierung der Psychotherapie?